ARD-Ratgeber Recht
Herausgeber: Dr. Frank Bräutigam

WAS ICH ALS RENTNER
WISSEN MUSS

Rente, Steuern, Finanzen

Eine Produktion des Südwestrundfunks in Zusammenarbeit
mit den Verbraucherzentralen

Endlich geschafft, der Eintritt in die Rentenphase steht bevor. Doch bis es
so weit ist, muss einiges geklärt werden: Unterlagen müssen gesammelt,
Formulare ausgefüllt und Anträge gestellt werden. Die bürokratischen
Begriffe machen die Sache nicht leichter. Und auch als Rentner muss man
vieles beachten: Hinzuverdienstgrenzen, Besteuerung, neue Finanzstrategie, Überprüfung der Versicherungen und anderes.

Dieses Buch hilft Ihnen dabei, das Richtige rechtzeitig zu tun.

Joachim Fox hat das Kapitel zu den Renten verfasst. Er ist Rentenberater
und war bis zu seinem Ruhestand für das Bundesministerium für Arbeit
und Soziales tätig.

Gudrun Reichert ist Professorin für Steuerrecht an der Dualen Hochschule
Baden-Württemberg. Von ihr stammt das Kapitel zu den einkommensteuer-
rechtlichen Fragen.

Thomas Hammer schrieb das Kapitel zu den Finanzen und Versicherungen. Er ist Wirtschaftsjournalist und hat schon zahlreiche Bücher für die
Verbraucherzentrale verfasst.

Joachim Fox · Gudrun Reichert ·
Thomas Hammer

WAS ICH ALS RENTNER
WISSEN MUSS

Rente, Steuern, Finanzen

Tipp, Ratschlag

 Wichtig

 Beispiel

 Vorsicht, Risiko!

 Checkliste

Um die Lesbarkeit des Textes zu erleichtern, verzichten wir in der Regel darauf, die weibliche und die männliche Form einer Bezeichnung zu verwenden. Stattdessen benutzen wir das sogenannte generische Maskulinum, also die verallgemeinernde, grammatikalisch männliche Form. Damit ist keinerlei Diskriminierung verbunden, diese Form umfasst beide Geschlechter.

Bibliografische Information der Deutschen Nationalbibliothek
Die Deutsche Nationalbibliothek verzeichnet diese Publikation in der Deutschen Nationalbibliografie; detaillierte bibliografische Daten sind im Internet über http://dnb.ddb.de abrufbar.

1. Auflage 2014, 16.000 Exemplare
© Verbraucherzentrale NRW, Düsseldorf, www.vz-nrw.de
Printed in Germany.
ISBN 978-3-86336-618-6

LIEBE LESERIN, LIEBER LESER, UND NATÜRLICH AUCH: LIEBE ZUSCHAUERIN, LIEBER ZUSCHAUER DES ARD-RATGEBERS RECHT,

das Recht gilt gemeinhin als eine trockene und komplizierte Angelegenheit. Da ist durchaus etwas dran. Trotzdem lautet meine Erfahrung und meine Überzeugung: Hinter jedem schwierigen Paragrafen, hinter jedem Urteil im Juristendeutsch der Gerichte verbergen sich fast immer die Geschichten, Probleme und Schicksale von Menschen – und zwar von Ihnen, liebe Leserinnen und Leser, liebes Publikum. Die schwierigen Paragrafen und ihre Folgen zu erklären, gleichzeitig aber die Geschichten der Menschen dahinter nicht zu vergessen, das ist das erklärte Ziel unserer Sendung „ARD-Ratgeber Recht".

Wohl kaum eine Redaktion im deutschen Fernsehen bekommt so viel Zuschauerpost mit konkreten „Hilferufen". Sie schildern uns Ihre Fälle und bitten uns in Briefen und E-Mails oft um Unterstützung. Dieses Vertrauen in unsere Arbeit ehrt uns sehr, und Ihre Probleme und Fragen sind uns ein wichtiges Anliegen. Allerdings müssen wir Ihnen oft auch antworten, dass wir Ihnen eine konkrete Rechtsberatung im Einzelfall leider nicht geben können und dürfen. Wir haben einen Programmauftrag, der darin besteht, rechtliche Fragen allgemein und leicht verständlich im Fernsehen aufzuarbeiten. Dafür nehmen wir dann gern Ihre konkreten Fälle als Beispiele und sind deshalb weiterhin für jede Zuschrift dankbar. Alles Weitere aber übersteigt in der Regel unsere Möglichkeiten – mit einer Ausnahme: der traditionsreichen Buchreihe zum ARD-Ratgeber Recht.

Damit können wir Ihnen – immer anknüpfend an die Themen unserer Sendungen – umfangreichere Informationen an die Hand geben; mehr, als wir im Fernsehen leisten können. Das Ziel der Reihe ist es, verständliche und erschwingliche Bücher zu den juristischen Themen der Sendung ARD-Ratgeber Recht anzubieten. Unsere erfahrenen Autoren wollen Sie im juristischen Alltagsdschungel an die Hand nehmen und Ihnen Orientierung bieten – mit gut verständlichen Erklärungen, einem klaren Aufbau und einem modernen Design. Hinzu kommen Musterbriefe, Tipps und viele Ratschläge.

Betreut wird die Buchreihe – wie auch die Sendung ARD-Ratgeber Recht – von der ARD-Rechtsredaktion des Südwestrundfunks (SWR) in Karlsruhe, der „Residenz des Rechts". Von dort aus produzieren wir den ARD-Ratgeber Recht und berichten darüber hinaus in den Nachrichtensendungen von ARD und SWR über „alles, was Recht ist". Ich würde mich freuen, wenn Sie diese Buchreihe wie unsere Arbeit auf dem Bildschirm weiterhin so freundlich und kritisch begleiten und uns die Treue halten!

Eine aufschlussreiche und angenehme Lektüre wünscht Ihnen

Dr. Frank Bräutigam,
Leiter der ARD-Rechtsredaktion, Karlsruhe

INHALT

02 EINKOMMENSTEUERRECHTLICHE FRAGEN

04 ANHANG

AUF DEM WEG IN DEN RUHESTAND: DIE WICHTIGSTEN FRAGEN IM ÜBERBLICK

Wer jahrelang seine Beiträge zur Rentenversicherung mehr oder weniger automatisch eingezahlt hat, kann auf den Gedanken kommen, dass der Eintritt ins Rentenalter ebenso automatisch verläuft. Doch das ist leider ein Trugschluss. Bis die erste Auszahlung auf dem Konto eintrifft, ist eine Menge zu tun. Da man in der Regel nur einmal im Leben eine Rente beantragt, muss man sich erst einmal mit den vielfach unbekannten Begriffen beschäftigen und die Formulare studieren, die auszufüllen sind. Außerdem gilt es auch nach erfolgreichem Rentenantrag einiges zu beachten, sowohl was die Besteuerung als auch was die Geldanlage angeht.

Einige der wichtigen Fragen, die in diesem Buch beantwortet werden:

Wann muss ich anfangen, die Unterlagen für den Antrag zusammenzustellen?
Das hängt davon ab, ob Ihr Rentenkonto geklärt ist oder nicht, also beispielsweise ob es Lücken bei den Nachweisen von Beitragszeiten gibt. Wie der Zeitplan ungefähr aussieht, lesen Sie ab Seite 21.

Welche Arten von Renten gibt es eigentlich und welche Unterlagen muss ich dafür zusammenstellen?
Den Überblick finden Sie ab Seite 36. Es gibt mehrere Arten von Altersrenten, außerdem Erwerbsminderungsrenten, Erziehungsrenten und Hinterbliebenenrenten. Die Ausführungen zu den jeweiligen Renten und ihren Voraussetzungen beginnen auf Seite 38.

Wie wird die Rentenhöhe bemessen und kann ich das überhaupt nachvollziehen?

Die Rentenhöhe ergibt sich nach der sogenannten Rentenformel, in der vier Faktoren zusammenkommen: Entgeltpunkte, Zugangsfaktor, Rentenartfaktor und aktueller Rentenwert bzw. aktueller Rentenwert (Ost). Die Berechnung ist nicht ganz einfach, es lohnt sich aber, sie nachzuvollziehen. Wie das geht, lesen Sie ab Seite 61.

Wie regele ich meine Krankenversicherung als Rentner?

Wenn Sie zum Beispiel eine bestimmte Vorversicherungszeit nachweisen können, kommen Sie in die Kranken- und Pflegeversicherung der Rentner (KVdR/PVdR). Sie wird von den normalen Trägern der gesetzlichen Krankenversicherung getragen, also etwa AOK, BKK und den Ersatzkassen. Man kann sich unter bestimmten Voraussetzungen von der Versicherungspflicht befreien lassen und Mitglied einer privaten Kasse werden bzw. bleiben. Die Voraussetzungen für die Krankenversicherung und die Ermittlung der Beitragshöhe werden ab Seite 30 erläutert.

Spielt der Wohnsitz beim Rentenbezug eine Rolle?

Innerhalb der Bundesrepublik in der Regel nicht. Er wirkt sich jedoch auf die Hinzuverdienstgrenzen bei vorzeitig in Anspruch genommenen Altersrenten aus. Auch für Bezieher von Hinterbliebenenrenten kann sich unter diesem Aspekt ein Umzug von den alten in die neuen Bundesländer nachteilig auswirken. Sind in der Rente Zeiten nach dem Fremdrentengesetz (FRG) enthalten, gelten ebenfalls Besonderheiten. Details dazu lesen Sie ab Seite 71.

Gehört die Grundsicherung zu den Rentenzahlungen?

Die Grundsicherung ist keine Leistung der gesetzlichen Rentenversicherung, sondern Teil der Sozialhilfe. Die Grundsicherung soll den grundlegenden Bedarf für den Lebensunterhalt sicherstellen, wenn jemand wegen Erreichen der Regelaltersgrenze oder voller Erwerbsminderung aus dem Arbeitsleben ausgeschieden ist und seine Einkünfte für den Lebensunterhalt nicht ausreichen. Dazu mehr ab Seite 80.

Sind gesetzliche Renten steuerfrei?

Nein. Sie werden seit 2005 nach dem Alterseinkünftegesetz besteuert. Gesetzliche Renten wurden zu mindestens 50 Prozent steuerpflichtig. Das Gesetz sieht eine 35-jährige Übergangsfrist bis 2040 vor, in der der Besteuerungsanteil für Neurentner jährlich um 1 bzw. um 2 Prozent steigt. 2014 etwa beträgt der Besteuerungsanteil 68 Prozent, 2015 70 Prozent. Mehr dazu ab Seite 86.

Wie verhält es sich mit der Besteuerung privater Renten?

Zusatzrenten, die nicht steuerlich gefördert wurden, werden nur mit dem meist niedrigen Ertragsanteil besteuert. Das gilt jedoch nicht für Rürup- und Riester-Renten. Die Unterschiede und ihre Auswirkungen werden ab Seite 94 erläutert.

Wenn ich nach dem Renteneintritt weiterarbeite, muss ich dann Steuern zahlen?

In der Regel ja, es kommt auf den Umfang sowie die Dauer der Tätigkeit und auf den Verdienst an. Auf jeden Fall sind außer dem Steueraspekt aber auch die Konsequenzen für die Sozialversicherung zu bedenken und vorher zu klären. Wie Sie böse Überraschungen vermeiden können, lesen Sie ab Seite 102.

Wie werden Kapitalerträge besteuert?

Sie werden nicht nach dem persönlichen Einkommensteuersatz besteuert, sondern mit der Abgeltungsteuer. Dafür gilt ein besonderer Steuersatz von 25 Prozent Einkommensteuer zuzüglich 5,5 Prozent Solidaritätszuschlag, insgesamt 26,375 Prozent. Steuerfrei ist ein Sparerpauschbetrag von 801 Euro pro Person. Informationen dazu ab Seite 110.

Unterliegen Lebensversicherungen der Besteuerung?
Die Steuerpflicht betrifft Verträge, die nach dem 31.12.2004 geschlossen wurden. Kapitalauszahlungen aus früher abgeschlossenen Verträgen sind im Erlebensfall meist steuerfrei. Kapitalauszahlungen im Todesfall sind stets einkommensteuerfrei, können aber Erbschaftsteuer auslösen. Mehr dazu ab Seite 121.

Werden Erträge aus Immobilien versteuert?
Ja, das ist wie vor der Rente. Steuerlich gesehen führen Vermietung und Verpachtung zu Erträgen, die als Einnahmen zu erfassen sind. Davon abzuziehen sind Werbungskosten, die auch Instandhaltungskosten und Abschreibungen enthalten. Dazu ausführliche Informationen ab Seite 124.

Kann steuerlich etwas von den Einkünften abgezogen werden?
Ja, die Beiträge zur Kranken- und Pflegeversicherung, die für den sogenannten Basisschutz erforderlich sind, können voll abgezogen werden. Außerdem wird der Altersentlastungsbetrag gewährt, wenn der Steuerpflichtige vor Beginn des Kalenderjahres das 64. Lebensjahr vollendet hat. Im Zuge des Alterseinkünftegesetzes wird der Altersentlastungsbetrag bis 2040 allmählich reduziert, und zwar bis 2020 in Stufen von 1,6 Prozentpunkten pro Jahr und von 2021 bis 2040 in Stufen von 0,8 Prozentpunkten pro Jahr. Parallel dazu wird auch der Höchstbetrag in Schritten von zunächst 76 Euro pro Jahr abgeschmolzen. Details dazu, auch zu weiteren abzugsfähigen Ausgaben, lesen Sie ab Seite 133.

Müssen Rentner ihr Geld anders anlegen als jüngere Menschen?
Auf jeden Fall. Stark schwankungsgefährdete Finanzprodukte empfehlen sich für Rentner nicht, weil weniger Zeit bleibt, um Verlustphasen auszugleichen. Die Sicherheit einer Anlage ist

außerdem noch wichtiger als früher. Worauf Sie achten sollten, lesen Sie ab Seite 160.

Welche Finanzstrategie sollten Rentner befolgen?

Grundsätzlich verändert sich der Fokus: Während des Er-
werbslebens konzentrierte man sich auf den Vermögensauf-
bau bzw. auf den Aufbau von Vermögen für die Vorsorge. Im
Alter muss der Schwerpunkt auf der Erhaltung des Vermögens liegen und auf der regelmäßigen Nutzung der Erträge.
Wichtig ist: Prüfen Sie die Anlageempfehlungen von Beratern
und Banken besonders sorgfältig. Gerade ältere Menschen
vertrauen zu leicht den „Institutionen" und folgen falschen
Ratschlägen – teils mit sehr unangenehmen Folgen. Dazu
mehr ab Seite 190.

Was muss bei der Anlage von größeren Beträgen, etwa aus Kapitallebensversicherungen, beachtet werden?

Das hängt unter anderem von der Höhe Ihrer gesetzlichen
Rente ab. Ist sie niedrig, kann eine Anlage in eine private Rentenversicherung sinnvoll sein. Zu bedenken ist jedoch, dass in
vielen Fällen ein Teil des Vermögens später einmal kurz- oder
mittelfristig zur Verfügung stehen sollte, etwa für den alters-
gerechten, barrierefreien Umbau der Wohnung. Dafür benötigt man eine relativ flexible Anlageform. Welche Anlagen infrage kommen, lesen Sie ab Seite 195.

Solche Aspekte stellen nur einen Ausschnitt aus den Fragen
dar, mit denen sich (zukünftige) Rentner beschäftigen müssen. Dieses Buch macht es Ihnen leichter, sich zurechtzufin-
den, das Ihnen Zustehende zu bekommen sowie Ihre Rechte
und Vorteile zu wahren. Das Glossar ab Seite 219 führt die
Kurzdefinitionen zahlreicher häufig gebrauchter Begriffe auf,
sodass Sie schnell nachschlagen können und immer wissen,
woran Sie sind.

01 GESETZLICHE RENTEN-VERSICHERUNG

D ie Beantragung der Rente, sei es Alters-, Hinter-
bliebenen-, Erwerbsminderungsrente oder eine andere,
ist keine Kleinigkeit. Es geht um Ihr Geld und es gilt vieles
zu beachten, damit Sie wissen, was Sie wann tun sollten.
Auf den folgenden Seiten erfahren Sie, was wichtig für Sie
ist – mit allen Änderungen der Rentenreform 2014.

Mit der gesetzlichen Rentenversicherung kommt früher oder
später fast jeder in Kontakt, entweder als Beitragszahler oder
als Empfänger von Leistungen, zum Beispiel als Rentner. Die
Informationen in diesem Buch gelten nicht nur für abhängig
beschäftigte Arbeitnehmer, sondern für jeden, der Beiträge in
die Rentenversicherung gezahlt hat und beabsichtigt, in den
nächsten Monaten in Rente zu gehen. Dazu gehören also insbesondere auch in der Rentenversicherung pflichtversicherte
Selbstständige, wie beispielsweise freiberufliche Künstler und
Publizisten, die in der Künstlersozialkasse versichert sind, freiberufliche Hebammen und Physiotherapeuten.

01

Maßgebend für die Berechnung der Rente ist immer das
Recht, das zum Zeitpunkt des Rentenbeginns gilt. Wenn Sie im
Zusammenhang mit einer Rentenauskunft in früheren Jahren eine
Information über die Höhe Ihres bis dahin erworbenen Rentenan-
spruchs erhalten haben, wurde dieser nach dem zu diesem Zeitpunkt
geltenden Recht errechnet.

Mit dem Bemühen des Gesetzgebers, sowohl Beitragsgerech-
tigkeit – jemand der viele Beiträge gezahlt hat, soll auch viel
Rente bekommen – als auch soziale Faktoren zu berücksichtigen, hat sich das Rentenrecht im Laufe der Zeit teilweise
sehr kompliziert entwickelt. Die Schwierigkeiten für den Laien
beginnen schon beim Vokabular. Zum besseren Verständnis
daher an dieser Stelle bereits einige Begriffe, die Ihnen beim
Lesen der folgenden Kapitel häufig begegnen werden und die
Ihnen einen groben Überblick verschaffen, was für Sie relevant ist. Die Seitenzahlen zeigen Ihnen, wo genau Sie mehr
dazu finden.

Altersrente ist ein Sammelbegriff für unterschiedliche Renten,
die beansprucht werden, wenn ein bestimmtes Lebensalter erreicht ist (siehe Seite 36). Die **Regelaltersgrenze** ist der Zeitpunkt, von dem an die Regelaltersrente in Anspruch genom-

men werden kann. Bei vor 1947 Geborenen ist dieser Zeitpunkt mit Vollendung des 65. Lebensjahres erreicht; bei später Geborenen wird er schrittweise auf 67 angehoben (siehe Seite 38).

Hinterbliebenenrenten sind Renten wegen Todes. Dazu gehören die Witwen-/Witwerrenten, die Erziehungsrente und die Waisenrenten (siehe Seite 48). Die **Erziehungsrente** wird im Zusammenhang mit der Erziehung eines Kindes gezahlt, wenn der frühere geschiedene Ehegatte verstorben ist (siehe Seite 54). **Erwerbsminderungsrenten** beziehen Menschen, die gesundheitsbedingt nicht oder nur eingeschränkt arbeiten können (siehe Seite 43).

Die Berechnung der Rente erfolgt nach der **Rentenformel** (siehe Seite 61). Sie besteht aus den Faktoren: Entgeltpunkte, Zugangsfaktor, Rentenartfaktor und aktueller Rentenwert bzw. aktueller Rentenwert (Ost). Wer ein Jahr lang den Durchschnittsverdienst erzielt hat, erhält dafür 1 **Entgeltpunkt**, wer das 1,5-Fache des Durchschnittsverdienstes erzielt hat, erhält 1,5 Entgeltpunkte. Entgeltpunkte werden auch im Rahmen der Gesamtleistungsbewertung für die Bewertung beitragsfreier Zeiten berechnet (siehe Seite 61 f.). **Persönliche Entgeltpunkte** (PEP) ergeben sich aus der Summe aller Entgeltpunkte in Verbindung mit dem Zugangsfaktor (siehe Seite 63). Durch den **Zugangsfaktor** wird geregelt, ob in der Rente ein Abschlag oder ein Zuschlag enthalten ist (siehe Seite 62). Der **Rentenartfaktor** bestimmt die Rentenhöhe nach der Art der Rente. So hat zum Beispiel eine Altersrente den Faktor 1,0 und eine Rente wegen teilweiser Erwerbsminderung den Faktor 0,5. Der aktuelle **Rentenwert** entspricht einer monatlichen Altersrente, die jemand erhält, der ein Jahr lang Beiträge entsprechend dem Durchschnittsverdienst an die Rentenversicherung gezahlt hat (siehe Seite 63). Da die Durchschnittsverdienste in den alten und neuen Bundesländern noch unterschiedlich sind, gibt es auch einen aktuellen Rentenwert (Ost) (siehe Seite 63).

Einfluss auf die Rente haben auch die rentenrelevanten Zeiten. Die **Mindestversicherungszeit** wird auch als „**Wartezeit**" bezeichnet. Sie ist nicht für alle Renten gleich, sondern hängt von der Rentenart ab. Je nachdem müssen in unterschiedlichem Umfang bestimmte rentenrechtliche Zeiten nachgewiesen werden, um eine Rente beanspruchen zu können (siehe Seite 36 ff.). **Anrechnungszeiten** sind für die Höhe der Rente von Bedeutung, obwohl während dieser Zeiten grundsätzlich keine Beiträge gezahlt worden sind. Dazu gehören zum Beispiel Zeiten der Arbeitsunfähigkeit, der Arbeitslosigkeit oder Schul-, Fach- oder Hochschulausbildung nach dem 17. Lebensjahr (siehe Seite 59 f.). „**Beitragsfreie Zeiten**" ist ein Sammelbegriff für Zeiten, für die keine Beiträge gezahlt worden sind, die für die Begründung des Rentenanspruchs und die Rentenberechnung trotzdem von Bedeutung sind (siehe Seite 59 f.). Die **Zurechnungszeit** gehört zu den beitragsfreien Zeiten. Sie ist für Erwerbsminderungs- und Hinterbliebenenrenten von Bedeutung (siehe Seite 60). **Beitragsgeminderte Zeiten** sind Zeiten, in denen sich beitragsfreie Zeiten mit Beitragszeiten überschneiden. **Berücksichtigungszeiten** sind Zeiten, die im Zusammenhang mit Kindererziehungszeiten oder mit Pflegezeiten entstehen (siehe Seite 60).

DER COUNTDOWN LÄUFT

In jungen Jahren machen sich die wenigsten Gedanken über ihre rentenrechtliche Situation im Fall der Erwerbsminderung, im Alter oder im Todesfall für die Hinterbliebenen. Ob alle Beitragszeiten oder andere rentenrechtliche Zeiten in ihrem Versicherungskonto beim Rentenversicherungsträger enthalten sind, spielt eine untergeordnete Rolle, weil andere Dinge Vorrang haben. Dabei bemühen sich die Rentenversicherungsträger schon sehr früh um die Klärung der Versicherungskonten bei ihren Versicherten. Dies geschieht mithilfe des **Kontenklärungsverfahrens.**

Mit dem Kontenklärungsverfahren werden alle Ihre Versicherungszeiten und Ihre persönlichen Daten beim Rentenversicherungsträger geklärt und gespeichert. Sie können leicht kontrollieren, ob alle Daten richtig erfasst sind. Fehlen rentenrechtliche Zeiten, lassen sich Nachweise in jungen Jahren sehr viel leichter besorgen als im Alter. Spätestens im Zusammenhang mit einem Rentenverfahren wird eine Klärung Ihres Versicherungskontos erforderlich.

Mit einem geklärten Versicherungskonto ist es sehr viel leichter, ein Rentenverfahren durchzuführen, als bei einem ungeklärten Versicherungskonto. Wenn Versicherte das 27. Lebensjahr vollendet haben und über 60 Beitragsmonate verfügen, erhalten sie jedes Jahr eine Renteninformation über ihre aktuelle Rentensituation. Die in der Renteninformation dargestellten Daten über einen Rentenanspruch basieren auf den dem Rentenversicherungträger vorliegenden Daten und dem zum Zeitpunkt der Auskunft geltenden Recht. Ein Kontenklärungsverfahren muss vorher nicht durchgeführt worden sein. Der Nachteil ist, dass die Renteninformation irreführend sein kann, wenn Ihr Versicherungskonto unvollständig ist. Bei der gesetzlichen Rentenversicherung können durch Unwissenheit das Rentenverfahren verzögert und durch nicht vollständige oder falsche Angaben sogar die Rentenhöhe beeinflusst werden. Was Sie als Rentner oder jemand, der sich dem Rentenalter nähert, beachten müssen, lesen Sie auf den folgenden Seiten. Dieses Kapitel beginnt mit Hinweisen und Tipps, die für alle Rentner von Bedeutung sind, gefolgt von den Informationen für die Bezieher der einzelnen Rentenarten. Die Besonderheiten der knappschaftlichen Rentenversicherung werden nicht angesprochen, da sie sich teilweise erheblich von den Regelungen in der allgemeinen Rentenversicherung unterscheiden. Dies bezieht sich auf den versicherten Personenkreis, auf die Voraussetzungen für die Leistungen und auch auf die Art und Höhe der Leistungen. Die Darstellung der Besonderheiten würde den vorgesehenen

Umfang dieses Buchs jedoch überschreiten. Knappschaftlich Versicherte finden ausführliche Informationen bei der Deutschen Rentenversicherung Knappschaft-Bahn-See in 44781 Bochum und im Internet unter www.kbs.de.

01

DER ZEITPLAN BIS ZUM RENTENBEGINN
Zwölf Monate vorher

Bei geklärtem Versicherungskonto lassen Sie die bisher erworbene Rentenanwartschaft durch eine Rentenauskunft des Rentenversicherungsträgers feststellen. Dann etwa ist bekannt, wie hoch Ihr Bruttorentenanspruch sein wird.

- Falls das Versicherungskonto noch nicht geklärt ist, leiten Sie spätestens jetzt das Kontenklärungsverfahren ein, um die Höhe Ihrer aktuellen Rentenanwartschaft zu erfahren. Vereinbaren Sie hierfür einen Beratungstermin für den Kontenklärungsantrag bei einer Auskunfts- und Beratungsstelle des Rentenversicherungsträgers (telefonisch oder im Internet) oder einem Versichertenberater (telefonisch). Geben Sie Ihre (Renten-)Versicherungsnummer an und erläutern Sie den Anlass für den Termin. Zum Beratungstermin sollten Sie alle Rentenunterlagen (siehe Seite 24 f.) und den Personalausweis oder Reisepass mitnehmen.
- Sind Kündigungsfristen für Ihr Arbeitsverhältnis zu beachten? Falls erforderlich und möglich, vereinbaren Sie einen Auflösungsvertrag.

Fünf Monate vorher

Haben Sie auch Beiträge an einen Rentenversicherungsträger in einem Land gezahlt, mit dem die Bundesrepublik ein Sozialversicherungsabkommen hat oder das Mitglied der Europäischen Union ist? In einigen Ländern reicht es aus, dort gewohnt zu haben (sogenannte Wohnsitzzeiten), um Rentenanwartschaften zu erwerben. Wenn das auf Sie zutrifft, sollten Sie bereits jetzt das Rentenantragsverfahren beim deutschen Rentenversicherungsträger einleiten. Dieser leitet auch das Rentenverfahren beim mitgliedstaatlichen (EU) oder beim vertragsstaatlichen Rentenversicherungsträger ein.

Vier Monate vorher

Bei geklärtem Versicherungskonto vereinbaren Sie einen Beratungstermin für den Rentenantrag bei einer Auskunfts- und Beratungsstelle oder bei einem Versichertenberater. Geben Sie Ihre Versicherungsnummer an und sagen Sie, worum es geht. Eine detaillierte und präzise Vorbereitung ist wichtig. Halten Sie die nötigen Unterlagen bereit. Dazu gehören unter anderem Ihre Bankverbindung (BIC und IBAN), die persönliche Steueridentifikationsnummer und soweit vorhanden Ihre Krankenversicherungskarte. Mehr dazu unter „Was Sie für den Rentenantrag benötigen", ab Seite 24.

Drei Monate vorher

Der Arbeitgeber kann auf Verlangen des Rentenantragstellers mittels einer besonderen Meldung (elektronisch) das noch nicht in Ihrem Versicherungskonto enthaltene beitragspflichtige Arbeitsentgelt für abgelaufene Zeiträume bekannt geben. Der Rentenversicherungsträger wird dann auf Basis der letzten zwölf Kalendermonate das beitragspflichtige Entgelt für die drei Monate bis zum Rentenbeginn ermitteln. Dieses Verfahren ist für Sie im Regelfall kein Nachteil, es sei denn, Sie erwarten in den letzten drei Monaten noch sehr hohe beitragspflichtige Einnahmen, die bisher in Ihren Bezügen nicht enthalten waren. Lassen Sie sich beraten, ob es in diesem Fall günstiger ist, mit der Entgeltmeldung noch bis zum letzten Monat vor dem Rentenbeginn zu warten. Der Nachteil ist, dass der Rentenbescheid in diesem Fall später kommt.

Ein Monat vorher

Fragen Sie beim Rentenversicherungsträger nach, wie weit das Rentenverfahren gediehen ist. Normalerweise sollte der Rentenbescheid bei einem geklärten Versicherungskonto spätestens zwei Monate nach der Stellung des Rentenantrags vorliegen.

Tipp

Pro 1.000 Euro Bruttoverdienst erhöht sich Ihre Rente in den alten Bundesländern um rund 0,82 Euro. In den neuen Bundesländern sind es 0,90 Euro (Stand Juli 2014).

DER RENTENANTRAG

WAS SIE GRUNDSÄTZLICH WISSEN MÜSSEN

Wie alle Leistungen einer Versicherung muss auch eine Rente beantragt werden. Bei einem geklärten Rentenkonto reicht es, wenn der Rentenantrag **drei Monate** vor dem beabsichtigten Rentenbeginn gestellt wird. In Verbindung mit ausländischen Zeiten sollten es **vier Monate** sein. Bei einem ungeklärten Rentenkonto sollten Sie, abhängig von den Ihnen zur Verfügung stehenden Unterlagen, mindestens **vier bis fünf Monate** einplanen. Um Verzögerungen zu vermeiden, sollte der Antrag möglichst bei dem für Sie zuständigen Rentenversicherungsträger gestellt werden. In allen größeren Städten gibt es Auskunfts- und Beratungsstellen der Rentenversicherungsträger, deren Mitarbeiter Ihnen beim Ausfüllen der Vordrucke behilflich sind. Einen Beratungstermin können Sie per Telefon bei einer Auskunfts- und Beratungsstelle oder über die Homepage Ihres Rentenversicherungsträgers buchen. Benutzer eines Smartphones (iPhones und Smartphones mit Androidbetriebssystem) können mit der Renten-App „iRente" der Deutschen Rentenversicherung bei ihrer Rentenversicherung einen Beratungstermin buchen. Die App ist kostenlos erhältlich. In der Auskunfts- und Beratungsstelle kann auch festgestellt werden, welcher Rentenversicherungsträger für Sie zuständig ist.

Die Rentenversicherungsträger weisen den Berechtigten darauf hin, dass er Rente erhalten kann, wenn er sie beantragt. Das funktioniert aber nur, wenn dem Rentenversicherungsträger die aktuelle Anschrift des Berechtigten bekannt ist, und dann in folgenden Fällen:

- Der Berechtigte hat die **Regelaltersgrenze** von 65 Jahren oder höher erreicht und die allgemeine Wartezeit von fünf Jahren erfüllt.
- Der Bezieher einer befristeten Rente wegen **Minderung der Erwerbsfähigkeit** soll auf die grundsätzliche Möglichkeit der

Weiterzahlung hingewiesen werden. Der Antrag auf Weiterzahlung sollte vier Monate vor dem Zeitpunkt des Wegfalls der Rente gestellt werden, da möglicherweise noch ärztliche Untersuchungen erforderlich sind. Dem Antrag sollten gegebenenfalls aktuelle ärztliche Befundberichte beigefügt werden. Liegen Ihnen aktuelle Befundberichte nicht vor, genügen die Anschriften der Sie behandelnden Ärzte.

Der Rentenantrag für eine **Rente aus eigener Versicherung** muss innerhalb von drei Monaten nach dem Vorliegen der Voraussetzungen gestellt werden. Geschieht dies erst später, beginnt die Rente mit dem Antragsmonat. Eine **Hinterbliebenenrente** wird nicht für mehr als zwölf Monate vor dem Antragsmonat geleistet.

Die Rente wegen Minderung der Erwerbsfähigkeit wird längstens bis zur Regelaltersgrenze gezahlt. Der Rentenversicherungsträger wird Sie etwa vier Monate vor Erreichen der Regelaltersgrenze darüber unterrichten. Um weitere rentenrechtliche Sachverhalte zu prüfen, zum Beispiel ob Sie nach Eintritt der Erwerbsminderung noch weitere rentenrechtliche Zeiten zurückgelegt haben oder ob Besitzschutzregelungen anzuwenden sind, ist dem Schreiben des Rentenversicherungsträgers ein verkürztes Antragsformular beigefügt. Mit Erreichen der Regelaltersgrenze wird Ihre Erwerbsminderungsrente in die Regelaltersrente umgewandelt. Für die Berechnung der Regelaltersrente werden mindestens die in der Erwerbsminderungsrente berücksichtigten persönlichen Entgeltpunkte zugrunde gelegt.

WAS SIE FÜR DEN RENTENANTRAG BENÖTIGEN
Altersrente, Erwerbsminderungsrente, Erziehungsrente

- Rentenantragsformular; verkürzter Rentenantrag, wenn bereits eine Erwerbsminderungsrente bezogen wird und diese in eine Altersrente umgewandelt werden soll

- Aufforderung zur Abgabe einer gesonderten Meldung durch den Arbeitgeber
- Meldung zur Krankenversicherung der Rentner

Im Zusammenhang mit dem Rentenantragsverfahren wird auch geklärt, wie Sie als Rentner kranken- und pflegeversichert sein werden. Waren Sie bisher Mitglied einer gesetzlichen Krankenkasse (AOK, BARMER GEK, DAK usw.) entscheidet diese, ob Sie die Voraussetzungen für die Mitgliedschaft in der Krankenversicherung der Rentner erfüllen und wenn nicht, ob Sie freiwilliges Mitglied der Krankenkasse werden können. Hierfür muss der Vordruck „Meldung zur Krankenversicherung der Rentner" ausgefüllt werden. Bereits im Rentenantragsformular müssen Sie Namen und Anschrift der gesetzlichen Krankenkasse angeben, bei der Sie zum Zeitpunkt der Rentenantragstellung versichert sind und bei der die Meldung zur Krankenversicherung der Rentner (KVdR) abgegeben wird. Dies gilt auch dann, wenn Sie schon längere Zeit privat krankenversichert sind. Geben Sie in diesem Fall die gesetzliche Krankenkasse an, bei der Sie zuletzt gesetzlich krankenversichert waren. Waren Sie noch nie in einer gesetzlichen Krankenkasse versichert, können Sie sich eine gesetzliche Krankenkasse (AOK, BARMER GEK etc.) an Ihrem Wohnort aussuchen. Diese Kasse wird dann über Ihre Pflichtmitgliedschaft in der KVdR entscheiden. Die Meldung zur KVdR sollten Sie nur dann an die gesetzliche Krankenkasse senden, wenn der Rentenversicherungsträger den Tag der Antragstellung auf dem Vordruck bestätigt hat, sonst fügen Sie die Meldung zur KVdR dem Rentenantrag bei.

- **Antrag auf Zuschuss zur Krankenversicherung**
Erforderlich, wenn Sie freiwillig bei einer gesetzlichen Krankenkasse oder bei einem privaten Krankenversicherungsunternehmen versichert sind. Nur wenn Sie Mitglied bei einer privaten Krankenversicherung sind, benötigen Sie einen besonderen Vordruck, der durch das Unternehmen bestätigt werden muss. Sind Sie bei einer gesetzlichen Krankenkasse

versichert, müssen Sie nur das entsprechende Kästchen im Rentenantrag und in der „Meldung zur Krankenversicherung der Rentner" ankreuzen.

- **Bankverbindung** für Überweisung der Rente
  IBAN (International Bank Account Number) – Ihrem Kontoauszug zu entnehmen oder bei der Bank zu erfragen
  BIC (Bank Identifier Code) – Ihrem Kontoauszug zu entnehmen oder bei der Bank zu erfragen
- **Geburtsnachweis**
  Geburts- oder Heiratsurkunde, Auszug aus dem Stammbuch, beglaubigte Fotokopie des Personalausweises, falls dieser dem Rentenversicherungsträger noch nicht vorgelegen hat.
- **Steueridentifikationsnummer**
  Ihre Rentenzahlung wird den Finanzbehörden gemeldet. Zu Ihrer Identifizierung wird Ihre persönliche steuerliche Identifikationsnummer (IdNr.) benötigt. Sie finden sie auf der Lohnsteuer- bzw. der Einkommensteuerbescheinigung. Falls sie nicht auffindbar ist, lassen Sie sich über die Homepage des Bundeszentralamts für Steuern – www.bzst.de – über ein dort zur Verfügung gestelltes Eingabeformular die IdNr. auf dem Postweg zusenden. Folgende Angaben sind erforderlich: Name, Vorname, Geburtsdatum und -ort sowie Ihre Meldeadresse. Sie können auch auf dem Postweg beim Bundeszentralamt für Steuern Ihre IdNr. anfordern. Die Anschrift lautet: An der Küppe 1, 53225 Bonn.

Zusätzlich erforderlich

- bei der Altersrente für **schwerbehinderte Menschen:** Schwerbehindertenausweis bzw. Bescheid über die Feststellung der Schwerbehinderung
- bei der Rente wegen **Erwerbsminderung:** aktuelle Arztberichte, Befundberichte, Abschlussberichte von Krankenhäusern
- bei der **Erziehungsrente:** Scheidungsurteil, Sterbeurkunde des früheren Ehegatten, eigene Geburtsurkunde, Geburtsurkunden der Kinder

Witwen-/Witwerrente, Hinterbliebenenrente für den überlebenden Lebenspartner, Waisenrente

- Antragsformular
- Meldung über Einkommen
- Anlage zum Antrag auf Waisenrente
- Sterbeurkunde, nach dem Tod des Versicherten ausgestellte Heiratsurkunde oder eigene Geburtsurkunde, Geburtsurkunde der Waise
- Meldung zur Krankenversicherung der Rentner
- Antrag auf Zuschuss zur Krankenversicherung. Dieser ist erforderlich, wenn Sie freiwillig bei einer gesetzlichen Krankenkasse oder bei einem privaten Krankenversicherungsunternehmen versichert sind. Nur wenn Sie Mitglied bei einem privaten Krankenversicherungsunternehmen sind, benötigen Sie einen besonderen Vordruck, der durch das Unternehmen bestätigt werden muss. Sind Sie bei einer gesetzlichen Krankenkasse versichert, müssen Sie nur das entsprechende Kästchen im Rentenantrag und in der „Meldung zur Krankenversicherung der Rentner" ankreuzen.

01

Weitere erforderliche Anträge bzw. Ergänzungen werden in den Antragsformularen genannt.

Wo Sie die Formulare herbekommen

Sie erhalten die Formulare
- beim Rentenversicherungsträger,
- bei den Auskunfts- und Beratungsstellen der Rentenversicherungsträger; die nächstgelegene Auskunfts- und Beratungsstelle finden Sie auf den Internetseiten der Rentenversicherungsträger,
- auf den Internetseiten der Rentenversicherungsträger (siehe Seite 78 f.),
- bei den Stadt- und Gemeindeverwaltungen,
- gegebenenfalls bei den Versicherungsämtern.

Im Rahmen der Beweiserhebung fordern die Rentenversicherungsträger Originalunterlagen oder amtlich beglaubigte Kopien. Es reicht aber auch aus, wenn eine Gemeinde- oder Stadtverwaltung, ein Versicherungsamt oder eine Auskunfts- und Beratungsstelle eines Rentenversicherungsträgers die Übereinstimmung mit dem Original bestätigt. Legen Sie dazu das Original und eine Kopie davon vor. Weisen Sie darauf hin, dass Sie den Übereinstimmungsvermerk bzw. die Beglaubigung für Zwecke der Rentenversicherung benötigen, dann müssen Sie keine Gebühr bezahlen.

Vollmacht

Sie können eine Person Ihres Vertrauens bevollmächtigen, Sie gegenüber dem Rentenversicherungsträger oder anderen Behörden zu vertreten. Diese Person kann dann zum Beispiel mit dem Rentenversicherungsträger in Ihrer Rentenangelegenheit korrespondieren. Sie können auch jemanden beauftragen, bei Ihrem Geldinstitut Geld von Ihrem Konto zu holen. Eine besondere Form der Vollmacht ist nicht erforderlich. Die Person Ihres Vertrauens sollte jedoch eindeutig identifizierbar sein.

Beispiel 1

Ich bevollmächtige Josefine Müller, wohnhaft in 53199 Musterhausen, Musterstraße 1, Personalausweis-Nr. 12345 (oder auch Reisepass-Nr.), von meinem Konto IBAN DEXY... bei der xy-Bank, 1.200,00 Euro abzuheben.

Datum und Unterschrift

Beispiel 2

Ich bevollmächtige Josefine Müller, wohnhaft in 53199 Musterhausen, Musterstraße 1, mich in meiner Rentenangelegenheit zu vertreten. Die Vollmacht berechtigt zum allgemeinen Schriftwechsel, zur Abgabe von Erklärungen, zur Entgegennahme von Bescheiden und zur Führung eines eventuellen Widerspruchsverfahrens.

Datum und Unterschrift

DIE RENTENZAHLUNG: BAR ODER UNBAR?

Die Auszahlung der Renten erfolgt im Auftrag der Rentenversicherungsträger durch den Renten Service der Deutschen Post AG. Die meisten Rentner lassen sich die Rente unbar auf ihr Konto bei einem Geldinstitut überweisen. Das ist praktischer und auch sicherer, als viel Geld im Haus zu haben. Sie können sich Ihre Rente auch auf das Konto einer Vertrauensperson überweisen lassen. Alle Rentner, deren Rente vor April 2004 begonnen hat, erhalten ihre Rente noch am Anfang des Monats für diesen Monat. Alle anderen bekommen sie rückwirkend am letzten Bankarbeitstag des Monats für den abgelaufenen Monat. Von diesem Zeitpunkt an ist die Rente frei verfügbar.

01

Sollten Sie sich die Rente nicht überweisen lassen, erhalten Sie monatlich eine sogenannte Zahlungsanweisung zur Verrechnung, die innerhalb eines Monats bei einem Geldinstitut oder bei der Post zur Barauszahlung oder zur Gutschrift auf einem Konto vorgelegt werden muss. Sie können jedoch auch jederzeit die unbare Rentenzahlung beantragen. Den Antrag erhalten Sie bei der Post, wo Sie ihn ausgefüllt auch abgeben können. Sie können ihn natürlich auch bei Ihrem Rentenversicherungsträger stellen. Geben Sie dabei immer das Aktenzeichen (Versicherungsnummer) an, unter dem Ihre Rente gezahlt wird. Die erforderlichen Angaben stehen auf dem Rentenbescheid, Ihrem Rentnerausweis oder der Rentenanpassungsmitteilung. Ihren Rentnerausweis finden Sie auf der letzten Seite Ihres Rentenbescheids und auf den Rentenanpassungsmitteilungen.

Wenn es Ihnen aus gesundheitlichen Gründen nicht möglich ist, die Rente selbst abzuholen und Sie auch keine Person Ihres Vertrauens damit beauftragen können, wird Ihnen die Rente auch unentgeltlich durch die Post zugestellt. Den Antrag dafür gibt es bei der Post.

Wenn sich Ihre Anschrift oder Ihre Kontoverbindung ändert, sollten Sie den Renten Service unmittelbar darüber informieren. Das hierfür vorgesehene Formular erhalten Sie bei der Post. Sie finden den Vordruck auch unter www.rentenservice.de und können ihn am PC ausfüllen und online übermitteln. Auf diese Weise können Sie dem Renten Service auch eine Namensänderung (zum Beispiel bei Eheschließung) oder einen Sterbefall mitteilen.

Ein Wohnsitzwechsel in die neuen Bundesländer oder ins Ausland kann unter bestimmten Voraussetzungen zu einer Minderung Ihrer Rente oder sogar zu einem Wegfall des Anspruchs führen. Was Sie dabei beachten sollten, lesen Sie im Abschnitt „Auswirkungen des Wohnsitzwechsels auf die Rente" (ab Seite 71). Sie sollten auch Ihren Rentenversicherungsträger über Ihren Wohnsitzwechsel in Kenntnis setzen und darauf hinweisen, dass Sie den Renten Service der Deutschen Post AG informiert haben.

KRANKEN- UND PFLEGEVERSICHE-RUNG DER RENTNER (KVDR/PVDR)

VORAUSSETZUNGEN FÜR DIE MITGLIEDSCHAFT

Mit dem Rentenantrag haben Sie sich bereits bei der Krankenversicherung der Rentner (KVdR) angemeldet. Die zuständige Krankenkasse hat entschieden, ob die Voraussetzungen für die Pflichtmitgliedschaft in der KVdR vorliegen. Eine wesentliche Voraussetzung für die Mitgliedschaft in der KVdR ist, dass Sie eine bestimmte Vorversicherungszeit in der gesetzlichen Krankenversicherung vorweisen können. Das ist dann der Fall, wenn seit der erstmaligen Aufnahme einer Beschäftigung bis zum Zeitpunkt des Rentenantrags die zweite Hälfte dieses Zeitraums zu neun Zehnteln mit einer Mitgliedschaft in der gesetzlichen Krankenversicherung belegt ist.

Beispiel

Sie haben vierzig Jahre gearbeitet und waren in dieser Zeit gesetzlich krankenversichert. Da Sie in der zweiten Hälfte (20 Jahre) 18 Jahre (9/10 von 20 Jahren) gesetzlich krankenversichert waren, erfüllen Sie die Voraussetzung für die Pflichtmitgliedschaft.

01

Zu dieser Mitgliedschaft werden Zeiten der Pflichtmitgliedschaft, der freiwilligen Versicherung und der Familienversicherung gerechnet. Bei Hinterbliebenenrenten kann eine Pflichtmitgliedschaft in der KVdR entstehen, wenn die Vorversicherungszeit entweder vom verstorbenen Versicherten oder alternativ vom Hinterbliebenen erfüllt wird. Darüber hinaus gibt es noch Besonderheiten für weitere Personenkreise, zum Beispiel bei Vertriebenen nach dem Bundesvertriebenengesetz (mehr Informationen zum Beispiel unter www.bund-der-vertriebenen.de).

Die Mitgliedschaft in der KVdR ist ausgeschlossen, wenn Sie noch nach anderen gesetzlichen Vorschriften der Krankenversicherungspflicht unterliegen. Das kann beispielsweise aufgrund einer Beschäftigung sein, wenn Sie noch hauptberuflich selbstständig tätig sind oder als Künstler oder Publizist nach dem Künstlersozialversicherungsgesetz der Krankenversicherungspflicht unterliegen.

Beispiel

Ein nach dem Künstlersozialversicherungsgesetz versicherungspflichtiger Publizist nimmt seit 1. April 2014 seine Regelaltersrente in Anspruch, setzt aber seine publizistische Tätigkeit unvermindert fort. Sein Gewinn liegt über 3.900 Euro jährlich. In der Rentenversicherung ist er versicherungsfrei und muss keine Beiträge zahlen. Über die Künstlersozialkasse bleibt er aber Mitglied der gesetzlichen Krankenkasse und muss aus seiner publizistischen Tätigkeit weiterhin Beiträge zur Kranken- und Pflegeversicherung zahlen. Zusätzlich behält auch der Rentenversicherungsträger von seiner Rente die Beiträge zur Kranken- und Pflegeversicherung ein.

Wird die vorrangige Krankenversicherungspflicht beendet, tritt an deren Stelle die Pflichtversicherung zur Krankenversicherung der Rentner, soweit die Anspruchsvoraussetzungen vorliegen. Die Mitgliedschaft zur Krankenversicherung ist auch ausgeschlossen, wenn Sie in der gesetzlichen Krankenversicherung versicherungsfrei sind, weil Sie Beamter sind, oder wenn Sie aufgrund einer noch ausgeübten Beschäftigung mit Ihrem Gehalt über der Jahresarbeitsentgeltgrenze von 53.550 Euro (2014) in der gesetzlichen Krankenversicherung liegen. Waren Sie bereits zum 31.12.2002 wegen des Überschreitens der Jahresarbeitsentgeltgrenze versicherungsfrei und bei einer privaten Krankenversicherung versichert, liegt die Grenze bei 48.600 Euro (2014).

Die KVdR wird von den normalen Trägern der gesetzlichen Krankenversicherung getragen, also zum Beispiel der AOK, IKK, BKK und den Ersatzkassen. Auch als Rentner können Sie sich Ihre gesetzliche Krankenkasse aussuchen. Wenn Sie sich allerdings für eine Kasse entschieden haben, müssen Sie – wie andere Kassenmitglieder auch – 18 Monate bei dieser Kasse bleiben. Der Wechsel zu einer anderen Kasse ist frühestens zwei Monate nach der Kündigung möglich. Die Kündigungsfrist müssen Sie nicht einhalten, wenn die Krankenkasse den Beitrag erhöht. Die Kündigung muss dann jedoch spätestens bis zum Ablauf des Folgemonats der erstmaligen Beitragsanhebung erfolgen.

Erfüllen Sie die Voraussetzungen für die Pflichtversicherung in der KVdR, wollen aber nicht Mitglied werden, weil Sie sich privat krankenversichern wollen, so müssen Sie innerhalb von drei Monaten nach Beginn der Versicherungspflicht bei der Krankenkasse, bei der die KVdR eintreten würde, oder bei Ihrem Rentenversicherungsträger einen Antrag auf **Befreiung von der Versicherungspflicht** stellen. Grund für eine Befreiung kann sein, dass Sie schon sehr lange Mitglied einer privaten Krankenkasse sind, bei dieser auch bleiben wollen,

und aufgrund eines Hinterbliebenenrentenanspruchs Pflichtmitglied in der KVdR werden würden.

Üben Sie bis zum Rentenbeginn noch eine krankenversi-
cherungspflichtige Beschäftigung oder hauptberuflich eine
selbstständige Tätigkeit aus, dann beginnt die Mitgliedschaft
in der KVdR erst danach.

01

Die Frist von drei Monaten ist eine Ausschlussfrist. Nach
Ablauf dieser Frist ist eine Befreiung nicht mehr möglich. Bevor Sie
sich für eine Befreiung entscheiden, sollten Sie bedenken, dass ein Wi-
derruf der Befreiung nicht möglich ist. Die Rückkehr in die gesetzliche
Krankenversicherung ist dann ausgeschlossen. Sie müssten sich also
gegebenenfalls in einer privaten Krankenkasse versichern, die bereits
bestehende Risiken nicht mehr oder sehr teuer versichert.

Beispiel

Ende der krankenversicherungspflichtigen Beschäftigung	30.4.2014
Beginn der Pflichtversicherung in der KVdR	1.5.2014
Ende der Frist	1.8.2014

Aus Ihrem Rentenbescheid können Sie ersehen, ob Sie in der
KVdR pflichtversichert sind, denn von Ihrer Bruttorente behält der Rentenversicherungsträger Ihren Beitragsanteil zur
Kranken- und Pflegeversicherung gleich ein und überweist
ihn zusammen mit seinem Anteil an die zuständige Krankenkasse. Seit dem 1.7.2005 muss der Rentner einen zusätzlichen
Krankenversicherungsbeitrag in Höhe von 0,9 Prozent zahlen,
der allein von ihm – also ohne Beteiligung durch die Rentenversicherung – zu tragen ist. Davon sind auch die Rentner betroffen, die vom Rentenversicherungsträger einen Zuschuss
zur freiwilligen oder privaten Krankenversicherung erhalten.
Deren Zuschuss mindert sich entsprechend.

BEITRÄGE ZUR KRANKEN- UND PFLEGE- VERSICHERUNG DER RENTNER

Seit dem 1.1.2009 gibt es einen von der Bundesregierung bestimmten einheitlichen Beitragssatz für die gesetzlichen Krankenkassen. Dieser beträgt 15,5 Prozent (Stand Januar 2014). Für den Rentner, der Pflichtmitglied in der Krankenversicherung der Rentner ist, berechnet der Rentenversicherungsträger dessen Anteil so:

15,5 Prozent – 0,9 Prozent = 14,6 Prozent. Davon die Hälfte, also 7,3 Prozent, zahlt der Rentenversicherungsträger als seinen Anteil. Der Anteil des Rentners beträgt: 7,3 Prozent + 0,9 Prozent (allein zu tragender zusätzlicher Krankenversicherungsbeitrag) = 8,2 Prozent der Rente. Als Beitrag zur Pflegeversicherung muss ein Rentner mit **Elterneigenschaft** 2,05 Prozent der Rente zahlen. Liegt diese Elterneigenschaft nicht vor, sind es 2,30 Prozent. Insgesamt werden Ihnen als pflichtversichertem Rentner also 10,25 Prozent bzw. 10,5 Prozent von der Rente abgezogen.

Um die Elterneigenschaft nachzuweisen, müssen Sie dem Rentenantrag die Geburtsurkunde eines Kindes beifügen. Falls bereits Kindererziehungszeiten durch den Rentenversicherungsträger anerkannt sind, müssen Sie im Rentenantrag bei den Fragen zur Pflegeversicherung nur Namen, Vornamen und Geburtsdatum des Kindes angeben.

Erhalten Sie noch eine Betriebsrente, Renten aus der Zusatzversorgung des öffentlichen Dienstes (VBL, ZVK), müssen Sie davon sogar 15,5 Prozent plus 2,05 Prozent bzw. 2,30 Prozent, insgesamt also 17,55 Prozent bzw. 17,8 Prozent, als Beitrag zur Kranken- und Pflegeversicherung der Rentner zahlen. Dies gilt allerdings nur dann, wenn diese Bezüge bundeseinheitlich insgesamt den Betrag von derzeit 138,25 Euro (2014) monatlich übersteigen.

Erhalten Sie mehrere Renten, zum Beispiel eine Altersrente und eine Hinterbliebenenrente, werden von jeder dieser Renten Beiträge erhoben.

Beispiel

Ihre Altersrente beträgt seit 1.2.2014	1.000,00 €
Beitrag bei der Krankenkasse 15,5 % von 1.000 €	155,00 €
Anteil des Rentenversicherungsträgers 14,6 % (15,5 % − 0,9 %) von 1.000 €	146,00 €
Davon die Hälfte 7,3 % von 1.000 €	73,00 € 73,00 €
Ihr Anteil (Krankenversicherung) 155,00 € − 73,00 €	82,00 €
Ihr Anteil (Pflegeversicherung) 2,05 % von 1.000 €	20,50 €
Insgesamt müssen Sie zahlen	102,50 €
Als Nettorente verbleiben Ihnen	897,50 €

Erhalten Sie neben Ihrer Altersrente noch eine Hinterbliebenenrente, so wird dafür der Beitrag zur KVdR nach demselben Schema berechnet.

01

Rentner, die freiwilliges Mitglied in einer gesetzlichen Krankenkasse oder Ersatzkrankenkasse oder Mitglied eines privaten Krankenversicherungsunternehmens sind, das der deutschen Aufsicht unterliegt, erhalten zu ihrer Rente einen Zuschuss für ihre Versicherungsbeiträge. Dieser Zuschuss muss beantragt werden. Wenn die freiwillige Mitgliedschaft erst nach dem Renteneintritt beginnt, sollte der Antrag spätestens innerhalb von drei Monaten gestellt werden, sonst steht der Beitragszuschuss erst mit dem Beginn des Antragsmonats zu. Die Höhe des Zuschusses richtet sich nach der Höhe der Rente. Bei freiwillig Versicherten berechnet sich die Höhe des Zuschusses so:

$$\frac{\text{allgemeiner Beitragssatz} - 0,9 \text{ Prozent}}{2}$$

Dies gilt auch für privat versicherte Rentner. Derzeit beträgt der Beitragszuschuss 7,3 Prozent der Rente (Stand Januar 2014). Der Zuschuss wird auf die Hälfte der Höhe der tatsächlichen Aufwendungen begrenzt.

Haben Sie als Rentner gleichzeitig auch als Beamter Anspruch auf Beihilfe, kann der Beitragszuschuss, wenn er eine bestimmte Höhe erreicht, den Beihilfeanspruch beeinflussen. Sie sollten sich gegebenenfalls bei Ihrer Beihilfestelle erkundigen, ob Sie gegenüber dem Rentenversicherungsträger auf den Teil des Zuschusses verzichten können, der beihilfeschädlich ist. Dem Rentenversicherungsträger sollten Sie dann gegebenenfalls schreiben: Ich verzichte auf den Zuschuss zur Krankenversicherung, soweit er den Betrag von xxx Euro überschreitet.

DIE RENTENARTEN UND IHRE VORAUSSETZUNGEN

Bei den Versichertenrenten wird zwischen den Altersrenten und den Renten wegen Minderung der Erwerbsfähigkeit unterschieden. Bei den Renten wegen Todes wird unterschieden zwischen der Witwen-/Witwerrente, der Erziehungsrente und den Waisenrenten.

ALTERSRENTEN

Für die verschiedenen Altersrentenarten müssen jeweils spezifische Voraussetzungen erfüllt werden. Dazu gehören unterschiedliche Wartezeiten, ein bestimmtes Lebensalter und weitere Bedingungen.

Die Hinzuverdienstmöglichkeiten sind bei allen Altersrenten, die vor der Regelaltersgrenze in Anspruch genommen werden, eingeschränkt. Bei einer Vollrente beträgt die Hinzuverdienstgrenze in den alten und neuen Bundesländern monatlich 450 Euro (Stand Januar 2014). Diesen Betrag dürfen Sie zweimal im Kalenderjahr um denselben Betrag überschreiten. Der Rentenversicherungsträger prüft, wenn Sie die Hinzuverdienstgrenze überschreiten, ob die Rente zu zwei Dritteln der Vollrente, in Höhe der Hälfte der Vollrente oder zu einem Drittel der Vollrente gezahlt werden kann. Je weniger als Rente gezahlt wird, umso höher ist die Möglichkeit des Hinzuverdienstes. Was Sie bei der jeweiligen Teilrente hinzuverdienen dürfen, können Sie Ihrem Rentenbescheid entnehmen, da hierbei auch die Höhe Ihrer Beiträge in den letzten drei Kalenderjahren vor dem Rentenbeginn von Bedeutung ist.

01

Als Altersteilrentenbezieher unterliegen Sie der Rentenversicherungspflicht, wenn Sie eine dem Grunde nach versicherungspflichtige Beschäftigung ausüben. Nur eine Altersrente, die als Vollrente gezahlt wird, führt zur Versicherungsfreiheit. Für die Rentenversicherungsbeiträge, die während des Bezugs einer Teilrente gezahlt werden, wird beim nächsten Vollrentenbezug ein Zuschlag gezahlt.

Wenn Sie die Regelaltersgrenze, also das 65. Lebensjahr oder später, erreicht oder bereits überschritten haben, können Sie neben der Altersrente unbegrenzt hinzuverdienen. Eine Umwandlung einer vorzeitig in Anspruch genommenen Altersrente in die Regelaltersrente erfolgt nicht. Üben Sie nach Vollendung der Regelaltersgrenze neben der Altersrente eine dem Grunde nach rentenversicherungspflichtige Beschäftigung aus, werden für Sie keine Beiträge fällig; allerdings muss der Arbeitgeber seinen Beitragsanteil zahlen. Dieser Beitrag erhöht Ihre Rente nicht. Weitere Hinweise zu Hinzuverdienstmöglichkeiten

Tipp

Wenn Sie von der Altersteilrente in eine höhere Altersteilrente oder in die volle Rente wechseln wollen, weil sich Ihr Einkommen gemindert hat oder weggefallen ist, müssen Sie die erhöhte Rente spätestens innerhalb von drei Kalendermonaten nach der Änderung der Verhältnisse beim Rentenversicherungsträger beantragen. Versäumen Sie diese Frist, wird die Änderung erst ab Antragsmonat berücksichtigt.

finden Sie im Folgenden bei der jeweiligen Beschreibung der Altersrenten.

Regelaltersrente

- **Lebensalter/Regelaltersgrenze:** Für vor 1947 geborene Versicherte war es das 65. Lebensjahr. Für danach geborene Versicherte ist eine schrittweise Anhebung der Regelaltersgrenze auf das 67. Lebensjahr vorgesehen. Für die Jahrgänge 1947 bis 1958 erfolgt die Anhebung in Einmonatsschritten; für Versicherte der Jahrgänge 1959 bis 1963 in zweimonatigen Schritten. Für 1964 und später geborene Versicherte liegt die Regelaltersgrenze dann beim 67. Lebensjahr.
- **Vertrauensschutz:** Wurden Sie vor 1955 geboren und haben mit Ihrem Arbeitgeber vor dem 1.1.2007 Altersteilzeitarbeit nach dem Altersteilzeitgesetz vereinbart, verbleibt es bei dem 65. Lebensjahr als Regelaltersgrenze. Diese Regelaltersgrenze wird auch nicht angehoben für vor 1964 geborene Bergleute, die Anpassungsgeld erhalten haben.
- **Wartezeit:** Die Wartezeit (die Mindestversicherungszeit) beträgt 60 Beitragsmonate. Dabei werden auch Zeiten aus einem Versorgungsausgleich, einem Rentensplitting und aus Minijobs berücksichtigt.

Altersrente für langjährig Versicherte

- **Lebensalter:** Wurden Sie vor 1949 geboren, ist die maßgebende Altersgrenze das 65. Lebensjahr. Sie können die Altersrente für langjährig Versicherte zwar zwischen dem 63. Lebensjahr und dem 65. Lebensjahr beanspruchen, für jeden Monat vor dem 65. Lebensjahr erfolgt dann jedoch ein Abschlag von 0,3 Prozent, maximal sind es 7,2 Prozent. Für nach 1948 und vor 1964 geborene Versicherte wird die Altersgrenze schrittweise angehoben. Für die Jahrgänge 1949 bis 1958 erfolgt die Anhebung in Einmonatsschritten, für Versicherte der Jahrgänge 1959 bis 1963 in Zweimonatsschritten. Für 1964 und später geborene Versicherte

liegt die Altersgrenze dann beim 67. Lebensjahr. Sie können die Altersrente für langjährig Versicherte zwar bereits
ab dem 63. Lebensjahr beanspruchen, der Abschlag beträgt dann aber 14,4 Prozent.

- **Vertrauensschutz:** Wurden Sie vor 1955 geboren und haben mit Ihrem Arbeitgeber vor dem 1.1.2007 Altersteilzeitarbeit nach dem Altersteilzeitgesetz vereinbart, bleibt es bei
dem 65. Lebensjahr als Altersgrenze. Diese Altersgrenze
wird auch nicht angehoben für vor 1964 geborene Bergleute, die Anpassungsgeld erhalten haben. Sind Sie nach 1947
und vor 1955 geboren, können Sie sogar – abhängig von
Geburtsmonat und Geburtsjahr – zwischen dem 62. und 63.
Lebensjahr die Altersrente für langjährig Versicherte in Anspruch nehmen, wenn Sie mit Ihrem Arbeitgeber vor dem
1.1.2007 Altersteilzeitarbeit nach dem Altersteilzeitgesetz
vereinbart haben. Diese Regelung gilt auch für vor 1964
geborene Bergleute, die Anpassungsgeld erhalten haben.

- **Wartezeit:** Die Wartezeit beträgt 35 Jahre mit bestimmten rentenrechtlichen Zeiten. Es zählen Beitragszeiten, aus
dem Versorgungsausgleich und dem Rentensplitting abgeleitete Zeiten, in der Zeit vom 1.4.1999 bis zum 31.12.2012
Beitragszeiten aus Zuschlägen für Entgeltpunkte aus
geringfügiger versicherungsfreier Beschäftigung, seit
1.1.2013 Beitragszeiten aus Zuschlägen für Entgeltpunkte
aus Minijobs für von der Rentenversicherungspflicht befreite Personen sowie Ersatz-, Anrechnungs- und Berücksichtigungszeiten.

- **Hinzuverdienstgrenzen:** Bis zum Erreichen der Regelaltersgrenze sind Hinzuverdienstgrenzen zu beachten.

Altersrente für besonders langjährig Versicherte

- **Lebensalter:** Versicherte, die 63 Jahre oder älter sind
und noch keine Altersrente beziehen, können für die Zeit
ab 1.7.2014 diese Rente ohne Abschlag in Anspruch nehmen. Aber auch hier wirkt sich die Anhebung der Regelaltersgrenze aus. Bei Versicherten, die nach 1952 geboren

sind, wird die Altersgrenze schrittweise angehoben. Beim Jahrgang 1953 sind es zwei Monate, beim Jahrgang 1954 sind es schon vier Monate. Ab Jahrgang 1964 kann die Altersrente für besonders langjährig Versicherte erst mit 65 Jahren abschlagsfrei in Anspruch genommen werden.

- **Wartezeit: 45 Jahre.** Neben Pflichtbeiträgen für eine Beschäftigung oder selbstständige Tätigkeit zählen auch freiwillige Beiträge mit – Letztere jedoch nur dann, wenn insgesamt mindestens 18 Jahre mit Pflichtbeiträgen für eine versicherungspflichtige Beschäftigung oder selbstständige Tätigkeit vorhanden sind. Freiwillige Beiträge in den letzten beiden Jahren vor dem Rentenbeginn werden allerdings dann nicht berücksichtigt, wenn es sich um Anrechnungszeiten wegen Arbeitslosigkeit handelt. Es zählen zum Beispiel auch Kindererziehungszeiten, Berücksichtigungszeiten wegen Kindererziehung und Pflegeberücksichtigungszeiten. Berücksichtigt werden auch Zeiten des Bezugs von Arbeitslosengeld oder Leistungen bei Krankheit, wie zum Beispiel Krankengeld, soweit es sich dabei um Pflichtbeitrags- oder Anrechnungszeiten handelt. Zeiten des Bezugs von Arbeitslosengeld in den letzten beiden Jahren vor dem Rentenbeginn werden nicht berücksichtigt, es sei denn, er ist durch Insolvenz oder durch die vollständige Geschäftsaufgabe des Arbeitgebers bedingt. Es werden außerdem berücksichtigt: in der Zeit vom 1.4.1999 bis zum 31.12.2012 Beitragszeiten aus Zuschlägen für Entgeltpunkte aus geringfügiger versicherungsfreier Beschäftigung, seit 1.1.2013 Beitragszeiten aus Zuschlägen für Entgeltpunkte aus Minijobs für von der Rentenversicherungspflicht befreite Personen. Auch Ersatzzeiten werden berücksichtigt. Pflichtbeitragszeiten aufgrund des Bezugs von Arbeitslosengeld II und Arbeitslosenhilfe zählen dagegen nicht mit. Dies gilt auch für durch den Versorgungsausgleich oder durch Rentensplitting erworbene Monate.
- **Hinzuverdienstgrenzen:** Bis zum Erreichen der Regelaltersgrenze sind Hinzuverdienstgrenzen zu beachten.

Altersrente für schwerbehinderte Menschen

Voraussetzung für diese Altersrente ist das Vorliegen von Schwerbehinderung oder alternativ für Versicherte, die vor 1951 geboren sind, das Bestehen von Berufs- oder Erwerbsunfähigkeit nach dem vor 2001 geltenden Recht. Die Schwerbehinderung muss bei Beginn der Rente bestehen. Schwerbehinderung bedeutet mindestens einen Grad der Behinderung von 50. Wird der Grad bei ununterbrochenem Rentenbezug zu einem späteren Zeitpunkt herabgestuft, hat dies keine Auswirkung auf den Rentenanspruch. Sie müssen die Schwerbehinderung durch den Schwerbehindertenausweis oder durch den Schwerbehindertenbescheid nachweisen.

- **Lebensalter:** Für vor 1952 Geborene liegt die Altersgrenze beim 63. Lebensjahr. Diese Rente kann bereits mit dem 60. Lebensjahr beansprucht werden, dann aber mit einem Abschlag von 10,8 Prozent. Wurden Sie in der Zeit nach 1951 und vor 1964 geboren, wird die Altersgrenze für eine abschlagsfreie Rente schrittweise angehoben. Für die Jahrgänge 1952 bis 1958 erfolgt die Anhebung in Einmonatsschritten, für Versicherte der Jahrgänge 1959 bis 1963 in Zweimonatsschritten. Für 1964 und später geborene Versicherte liegt die Altersgrenze dann beim 65. Lebensjahr.
- **Vertrauensschutz:** Wurden Sie vor 1955 geboren, haben mit Ihrem Arbeitgeber vor dem 1.1.2007 Altersteilzeitarbeit nach dem Altersteilzeitgesetz vereinbart und waren am 1.1.2007 schwerbehindert, bleibt es bei dem 63. Lebensjahr als Altersgrenze. Diese Altersgrenze wird auch nicht angehoben für vor 1964 geborene Bergleute, die Anpassungsgeld erhalten haben. Wurden Sie vor dem 17.11.1950 geboren, waren am 16.11.2000 schwerbehindert, berufs- oder erwerbsunfähig, konnten Sie bereits ab Ihrem 60. Lebensjahr ohne Abschlag die Rente beanspruchen.
- **Wartezeit:** 35 Jahre mit bestimmten rentenrechtlichen Zeiten. Es zählen Beitragszeiten, aus dem Versorgungsausgleich und dem Rentensplitting abgeleitete Zeiten, in der Zeit vom 1.4.1999 bis zum 31.12.2012 Beitragszeiten

aus Zuschlägen für Entgeltpunkte aus geringfügiger versicherungsfreier Beschäftigung, seit 1.1.2013 Beitragszeiten aus Zuschlägen für Entgeltpunkte aus Minijobs für von der Rentenversicherungspflicht befreite Personen sowie Ersatz-, Anrechnungs- und Berücksichtigungszeiten.

- **Hinzuverdienstgrenzen:** Bis zum Erreichen der Regelaltersgrenze sind Hinzuverdienstgrenzen zu beachten.

Altersrente wegen Arbeitslosigkeit oder nach Altersteilzeitarbeit

- **Lebensalter:** Diese Altersrente können Sie nur beanspruchen, wenn Sie vor 1952 geboren sind. Es muss sich um Altersteilzeitarbeit im Sinne des Altersteilzeitgesetzes handeln. Die abschlagsfreie Rente können Sie erst mit dem 65. Lebensjahr erhalten. Für jeden Monat der vorzeitigen Inanspruchnahme erfolgt ein Abschlag von 0,3 Prozent. Die nach 1948 geborenen Versicherten können die Rente frühestens mit dem 63. Lebensjahr beanspruchen.
- **Vertrauensschutz:** Für Jahrgänge vor 1952 wurde in Verbindung mit Arbeitslosigkeit am 1.1.2004 oder einer Vereinbarung über eine Altersteilzeitbeschäftigung nach dem Altersteilzeitgesetz vor dem 1.1.2004 oder bei Bezug von Anpassungsgeld eine Anhebung der Altersgrenze nicht vorgenommen. Für jeden Monat, den Sie die Rente vor dem 65. Lebensjahr in Anspruch nehmen, ist in der Rente ein Abschlag von 0,3 Prozent enthalten.
- **Wartezeit:** Sie müssen mindestens 15 Jahre an Beitragszeiten und Ersatzzeiten nachweisen.
- **Hinzuverdienstgrenzen:** Bis zum Erreichen der Regelaltersgrenze sind Hinzuverdienstgrenzen zu beachten.

Für diese Rente müssen Sie innerhalb der letzten zehn Jahre vor dem Beginn der Rente noch folgende weitere Voraussetzungen erfüllen. Sie müssen entweder

- bei Beginn der Rente arbeitslos sein

und

01

- nach Vollendung des 58. Lebensjahres und sechs Monaten insgesamt 52 Wochen arbeitslos gewesen sein

oder

- mindestens 24 Monate Altersteilzeitarbeit nach dem Altersteilzeitgesetz ausgeübt haben.

Altersrente für Frauen ab dem 60. Lebensjahr

- **Lebensalter:** Diese Altersrente können nur noch Frauen beanspruchen, die vor 1952 geboren sind. Die maßgebende Altersgrenze ist das 65. Lebensjahr. Sie können diese Rente bereits vor dem 65. Lebensjahr in Anspruch nehmen, dann aber mit einem monatlichen Abschlag von 0,3 Prozent vor dem 65. Lebensjahr.
- **Wartezeit:** Sie müssen mindestens 15 Jahre an Beitragszeiten und Ersatzzeiten nachweisen.
- **Hinzuverdienstgrenzen:** Bis zum Erreichen der Regelaltersgrenze sind Hinzuverdienstgrenzen zu beachten.

Nach vollendetem 40. Lebensjahr müssen Sie mehr als zehn Jahre (mindestens 121 Monate) an Pflichtbeiträgen nachweisen.

RENTEN WEGEN MINDERUNG DER ERWERBSFÄHIGKEIT

Renten wegen Minderung der Erwerbsfähigkeit werden grundsätzlich als Zeitrenten gezahlt, und zwar für höchstens drei Jahre nach dem Zeitpunkt des Rentenbeginns. Ein früherer Zeitpunkt der Befristung ist möglich. Das heißt, Sie werden im Rentenbescheid darauf hingewiesen, dass zu einem bestimmten Zeitpunkt die Rentenzahlung eingestellt werden wird, eines weiteren Bescheids bedarf es dazu dann nicht mehr. Wenn sich Ihr gesundheitlicher Status nicht geändert hat, sollten Sie daher etwa vier Monate vor dem Wegfall der Rente einen Antrag auf Weiterzahlung stellen. Erhalten Sie eine Rente wegen teilweiser Erwerbsminderung und ver-

Tipp

Eine Befristung darf nicht vorgenommen werden, wenn es aus ärztlicher Sicht unwahrscheinlich ist, dass die Minderung der Erwerbsfähigkeit in den nächsten neun Jahren (Gesamtdauer der Befristung) behoben werden kann.

schlechtert sich Ihr Gesundheitszustand, sollten Sie sofort die Umwandlung in eine Rente wegen voller Erwerbsminderung beantragen. Diesem Antrag, wie auch dem auf Weitergewährung der Rente, sollten Sie möglichst aktuelle ärztliche Befundberichte oder andere ärztliche Unterlagen beifügen.

- **Wartezeit:** Sie müssen die Wartezeit von 60 Monaten zum Zeitpunkt des Eintritts der Erwerbsminderung erfüllt haben. Ausnahmen gibt es in folgenden Sonderfällen, in denen die Erwerbsminderung eingetreten ist aufgrund
  - eines Arbeitsunfalls,
  - einer Wehrdienstbeschädigung nach dem Soldatenversorgungsgesetz als Wehrdienstleistender oder als Soldat auf Zeit,
  - einer Zivildienstbeschädigung nach dem Zivildienstgesetz als Zivildienstleistender,
  - eines politischen Gewahrsams nach dem Häftlingshilfegesetz.

In diesen Fällen genügt bereits ein Pflichtbeitrag, die Wartezeit gilt als erfüllt. Der Nachweis der Wartezeit allein genügt bei der Erwerbsminderungsrente nicht. Es müssen bestimmte anwartschaftsrechtliche Voraussetzungen erfüllt werden. Sie müssen in den letzten fünf Jahren vor Eintritt der Erwerbsminderung wenigstens drei Jahre lang Pflichtbeiträge (sogenannte Drei-Fünftel-Belegung) gezahlt haben. Zu den berücksichtigungsfähigen Pflichtbeitragszeiten · gehören auch Kindererziehungszeiten, der Bezug von Krankengeld, Arbeitslosengeld, soweit dafür Beiträge gezahlt worden sind, und Pflichtbeitragszeiten wegen Pflege. Fallen in den Fünfjahreszeitraum Anrechnungs- oder Berücksichtigungszeiten (siehe Seite 59 ff.), so verlängert sich der Zeitraum um die Dauer dieser Zeiten. In den Fällen, in denen die Wartezeit als erfüllt gilt, müssen die besonderen anwartschaftsrechtlichen Voraussetzungen nicht vorliegen. Für die Rente wegen voller Erwerbsminderung gilt eine Besonderheit: Lag die volle Erwerbsminderung bereits vor Erfüllung der allgemeinen Wartezeit vor, kann eine Rente auch gezahlt werden, wenn für 20 Jahre Beiträge gezahlt wurden. Dies kann für Versicherte von Bedeutung sein, die bereits seit Geburt voll erwerbsgemindert waren oder es im Kindesalter wurden.

Übergangsregelung

01

Die Drei-Fünftel-Belegung muss dann nicht erfüllt werden, wenn der Versicherte vor dem 1.1.1984 die Wartezeit von 60 Monaten erreicht hat. Weitere Voraussetzung ist, dass jeder Monat nach Dezember 1983 bis zum Monat vor Eintritt der Erwerbsminderung belegt ist mit

• Beitragszeiten (dabei ist es gleichgültig, ob es sich um freiwillige oder um Pflichtbeiträge handelt)

oder

• beitragsfreien Zeiten (etwa einer Fachschulausbildung)

oder

• Berücksichtigungszeiten.

Für Kalendermonate, für die eine Beitragszahlung noch möglich ist, ist eine Belegung mit anwartschaftserhaltenden Zeiten nicht nötig. Wenn also die Erwerbsminderung am 31.3. eines Jahres eintritt, könnte man für das abgelaufene Kalenderjahr noch freiwillige Beiträge zahlen. Für das Vorjahr ist deshalb keine Beitragszahlung erforderlich.

Die **Anhebung der Regelaltersgrenzen** hat auch Auswirkungen auf die Erwerbsminderungsrenten. Wenn die Erwerbsminderungsrente vor dem 65. Lebensjahr beginnt, wird sie um einen Abschlag gemindert, der durch den Zugangsfaktor bestimmt wird. Maßgebend für den Zugangsfaktor ist der Zeitpunkt des Rentenbeginns. Beginnt sie vor dem 62. Lebensjahr, sind es 10,8 Prozent. Beginnt die Erwerbsminderungsrente in der Zeit zwischen dem 62. Lebensjahr und dem 65. Lebensjahr, beträgt der Abschlag 0,3 Prozent für jeden Monat vor dem 65. Lebensjahr. Bei einem Rentenbeginn ab 2012 werden die Altersgrenzen schrittweise von 60 auf 62 bzw. von 63 auf 65 angehoben.

Liegen der Berechnung der Rente 35 Jahre an bestimmten rentenrechtlichen Zeiten zugrunde, tritt bei der Berechnung des Zugangsfaktors an die Stelle des 65. Lebensjahres die Vollendung des 63. Lebensjahres und an die Stelle des 62. Lebensjahres das 60. Lebensjahr. Für die 35 Jahre zählen Pflichtbeiträge für eine versicherungspflichtige Beschäftigung oder selbstständige Tätigkeit und Zuschläge aus einer geringfügigen Beschäftigung. Pflichtbeitragszeiten aufgrund des Bezugs von Arbeitslosengeld, Arbeitslosengeld II und Arbeitslosenhilfe sind davon ausgenommen. Weiterhin zählen auch Berücksichtigungszeiten und Ersatzzeiten dazu.

Wenn Sie neben der Rente noch etwas hinzuverdienen wollen, sind bestimmte **Hinzuverdienstgrenzen** zu beachten. Das heißt, Einnahmen aus unselbstständiger Beschäftigung oder selbstständiger Tätigkeit können – abhängig von deren Höhe – dazu führen, dass sich die Rente mindert oder der Anspruch entfällt. Zum Arbeitseinkommen aus selbstständiger Tätigkeit zählt das, was nach den allgemeinen Gewinnermittlungsvorschriften des Steuerrechts als Gewinn ausgewiesen wird. Die Hinzuverdienstgrenzen bestimmen sich auch danach, ob Sie eine Rente wegen teilweiser Erwerbsminderung oder wegen voller Erwerbsminderung erhalten und ob diese Rente als Teil- oder als Vollrente gezahlt wird. Bei einer Rente wegen teilweiser Erwerbsminderung sind die Hinzuverdienstgrenzen höher, da diese Rente insgesamt niedriger berechnet wird, und eine Zuschussfunktion hat. Der Gesetzgeber geht davon aus, dass Sie noch hinzuverdienen können. Abhängig von der Höhe Ihres Einkommens wird die Rente in voller Höhe, zur Hälfte oder auch gar nicht gezahlt.

Die Rente wegen voller Erwerbsminderung ist von der Berechnung her höher als die Rente wegen teilweiser Erwerbsminderung und hat eine

Tipp

Bei einer Rente wegen voller Erwerbsminderung dürfen Sie derzeit monatlich 450 Euro in den alten und neuen Bundesländern hinzuverdienen (Stand Januar 2014). Diese Hinzuverdienstgrenze dürfen Sie, wie auch die anderen Hinzuverdienstgrenzen, allerdings zweimal im Kalenderjahr überschreiten.

Lohnersatzfunktion. Auch in diesem Fall wird die Rente ab-
hängig von der Höhe Ihres Einkommens in voller Höhe, zu drei
Vierteln, zur Hälfte oder gar nicht gezahlt. Die Hinzuverdienst-
möglichkeiten zu Ihrer Erwerbsminderungsrente sind in Ihrem
Rentenbescheid dargestellt, da hierbei auch Ihr individuelles
Beitragsbild von Bedeutung ist.

01

Ist Ihr Verdienst so hoch, dass alle Hinzuverdienstgrenzen überschritten werden, so ruht die Erwerbsminderungsrente vollständig, solange Sie dieses Einkommen haben. Fällt das Einkommen
weg oder verdienen Sie weniger, lebt der Anspruch auf Rente unter der Voraussetzung wieder auf, dass Sie weiterhin erwerbsgemindert sind. Hierzu ist ein neuer Antrag erforderlich.

Haben Sie bereits am 31.12.2000 Anspruch auf eine Rente
wegen Berufsunfähigkeit oder Erwerbsunfähigkeit gehabt,
gelten gesonderte Regelungen. So wird die Rente wegen Berufsunfähigkeit in Abhängigkeit von Ihrem Hinzuverdienst als
Vollrente, zu zwei Dritteln, zu einem Drittel oder gar nicht gezahlt. Die Ausübung einer selbstständigen Tätigkeit schließt
die Zahlung einer Rente wegen Erwerbsunfähigkeit grundsätzlich aus. Es können dann aber die Voraussetzungen für
eine Rente wegen voller Erwerbsminderung vorliegen, wie
sie das Recht, das seit Januar 2001 gilt, festlegt. Diese Rente
muss beantragt werden.

Als Empfänger einer Rente wegen Minderung der Erwerbsfähigkeit haben Sie unter gewissen Voraussetzungen auch Anspruch auf Rehabilitationsleistungen. Dies trifft dann zu, wenn
durch diese Leistungen Ihre Erwerbsfähigkeit wesentlich ge-
bessert oder sogar wiederhergestellt oder eine Verschlechterung Ihres Gesundheitszustands vermieden werden kann.

Mit Eintritt der Regelaltersgrenze (65. Geburtstag oder später) wird Ihre Erwerbsminderungsrente von Amts wegen in

die Regelaltersrente umgewandelt. Eine Minderung der Rente wird im Regelfall nicht eintreten.

Sind Sie auf Dauer voll erwerbsgemindert und reichen Ihre Einkünfte nicht für den notwendigen Lebensunterhalt, kann Anspruch auf Leistungen nach der sogenannten Grundsicherung bestehen. Sie finden mehr dazu unter „Grundsicherung" (siehe Seite 80 ff.).

RENTEN WEGEN TODES

Bei den Renten wegen Todes wird zwischen Witwen- und Witwerrente, Erziehungsrente und Waisenrente unterschieden.

- **Wartezeit:** Für alle Renten wegen Todes gilt, dass der verstorbene Versicherte die Wartezeit von 60 Monaten Beitragszeit zum Zeitpunkt des Todes erfüllt haben muss. In bestimmten Sonderfällen gibt es – außer bei der Erziehungsrente – davon Ausnahmen. Das ist zum Beispiel der Fall, wenn der Tod des verstorbenen Versicherten aufgrund eines Arbeitsunfalls eingetreten ist, dann genügt bereits ein Pflichtbeitrag.

Witwen- und Witwerrente

Bei den Witwen- und Witwerrenten ist zu unterscheiden, ob es sich um eine Leistung handelt, auf die das **alte** oder das **neue Hinterbliebenenrecht** anzuwenden ist.

Altes und neues Hinterbliebenenrecht
Das **alte Hinterbliebenenrecht** ist anzuwenden, wenn
- der Ehegatte vor dem 1.1.2002 verstorben ist
oder
- mindestens ein Ehegatte vor dem 2.1.1962 geboren und die Ehe vor dem 1.1.2002 geschlossen worden ist.

Das **neue Hinterbliebenenrecht** ist anzuwenden, wenn
- die Ehe nach dem 31.12.2001 geschlossen wurde

oder

- Sie zwar davor geheiratet haben, aber Sie und Ihr Partner nach dem 1.1.1962 geboren wurden.

01

Für Ehen, die nach dem 31.12.2001 geschlossen wurden, besteht die Regelung, dass die Ehe mindestens ein Jahr gedauert haben muss. Davon gibt es Ausnahmen, zum Beispiel dann, wenn der Tod durch ein nicht vorhersehbares Ereignis eingetreten ist oder ein gemeinsames Kind erzogen wird.

Die Frage des anzuwendenden Rechts ist von Bedeutung sowohl für die Art des zu berücksichtigenden Einkommens als auch bei der **kleinen Witwen-/Witwerrente** für den Rentenanspruch selbst und für die Höhe des Anspruchs. Anspruch auf die **große Witwen-/Witwerrente** besteht, wenn der überlebende Ehegatte

- ein eigenes Kind oder ein Kind des verstorbenen Ehegatten erzieht, das das 18. Lebensjahr noch nicht vollendet hat,

oder

- das 47. Lebensjahr vollendet hat. Bei der großen Witwen-/ Witwerrente nach altem Recht liegt die Altersgrenze beim 45. Lebensjahr, wenn der Ehegatte vor 2012 verstorben ist. Ist der Ehegatte nach 2011 verstorben, erfolgt eine Anhebung der Altersgrenze um einen Monat pro Jahr in der Zeit bis 2023. In der Zeit nach 2023 sind es zwei Monate pro Jahr. Ab 2029 gilt dann das 47. Lebensjahr.

Gleichgeschlechtliche Lebenspartner einer eingetragenen Lebenspartnerschaft können seit Januar 2005 ebenfalls einen Anspruch auf Hinterbliebenenrente haben, wenn ein Lebenspartner verstirbt.

Maßgebend für die Höhe der Witwenrente ist die Rente, auf die der verstorbene Versicherte zum Zeitpunkt seines Todes

Anspruch gehabt hätte oder gehabt hat. Die kleine Witwenrente beträgt 25 Prozent dieser Summe, die große Witwenrente 55 Prozent. Besteht noch Anspruch nach altem Hinterbliebenenrecht, sind es bei der großen Witwenrente 60 Prozent. Hat der verstorbene Versicherte bereits Rente bezogen, wird für die auf den Sterbemonat folgenden drei Kalendermonate die Witwenrente in voller Höhe der Versichertenrente gezahlt. Hat der verstorbene Versicherte noch keine Rente bezogen, wird die Witwenrente ab Todestag und für die auf den Sterbemonat folgenden drei Kalendermonate in Höhe der vollen Versichertenrente gezahlt (sogenanntes Sterbevierteljahr). Für das Sterbevierteljahr erfolgt keine Einkommensanrechnung. Nach neuem Recht der Witwenrente erhält man bei Erziehung eines Kindes bis zum dritten Lebensjahr einen Zuschlag. Diese Regelungen gelten auch für Witwerrenten.

Die Anhebung der Regelaltersgrenzen hat auch Auswirkungen auf die Hinterbliebenenrente. Wenn der Ehe- oder Lebenspartner vor dem 65. Lebensjahr verstirbt, wird die Hinterbliebenenrente um einen Abschlag gemindert, der durch den Zugangsfaktor bestimmt wird. Maßgebend für die Bestimmung des Zugangsfaktors ist der Zeitpunkt des Todes des verstorbenen Versicherten. Liegt der Todeszeitpunkt des verstorbenen Versicherten vor dem 62. Lebensjahr, sind es 10,8 Prozent, liegt er in der Zeit zwischen dem 62. und dem 65. Lebensjahr, beträgt der Abschlag 0,3 Prozent für jeden Monat vor dem 65. Lebensjahr. Bei Todesfällen ab 2012 oder Beginn der Erziehungsrente ab 2012 werden die Altersgrenzen schrittweise von 60 auf 62 bzw. von 63 auf 65 angehoben.

Liegen der Berechnung der Rente 35 Jahre an bestimmten rentenrechtlichen Zeiten zugrunde, tritt bei der Berechnung des Zugangsfaktors an die Stelle des 65. Lebensjahres die Vollendung des 63. Lebensjahres und an die Stelle des 62. Lebensjahres das 60. Lebensjahr. Für die 35 Jahre zählen Pflichtbeiträge für eine versicherungspflichtige Beschäftigung oder selbstständige Tätigkeit und Zuschläge aus einer geringfügigen Beschäftigung. Pflichtbeitragszeiten aufgrund des Bezugs von Arbeitslosengeld, Arbeitslosengeld II und Arbeitslosenhilfe sind davon ausgenommen. Weiterhin zählen auch Berücksichtigungszeiten und Ersatzzeiten dazu.

Einkommen beeinflusst die Höhe der Hinterbliebenenrente

Hinterbliebenenrenten haben eine Unterhaltsersatzfunktion. Allerdings ist die Zahlung der Hinterbliebenenrente grundsätzlich davon abhängig, ob eigenes Einkommen erzielt wird. Als Einkommen werden berücksichtigt:

- Einkommen aus Erwerbstätigkeit, beispielsweise aus abhängiger Beschäftigung oder selbstständiger Tätigkeit, Erwerbsersatzeinkommen, wie zum Beispiel Krankengeld oder Arbeitslosengeld,
- Rente aus der gesetzlichen Rentenversicherung oder eigene Beamtenpension. Nur nach neuem Hinterbliebenenrecht wird zusätzliches Einkommen angerechnet. Dazu gehören auch Betriebsrenten wie zum Beispiel aus der Zusatzversorgung des öffentlichen Dienstes, private Versorgungsrenten oder Einnahmen aus Kapitalvermögen.

Für den überlebenden Partner einer eingetragenen Lebenspartnerschaft gelten die Regelungen für Witwen- und Witwerrenten entsprechend.

Einkommen wirkt sich auf die Witwen- oder Witwerrente jedoch nur aus, wenn ein bestimmter **Freibetrag** überschritten wird. Er beträgt in den alten Bundesländern monatlich 755,30 Euro und in den neuen Bundesländern monatlich 696,70 Euro (Stand Juli 2014).

Wenn Sie noch Kinder erziehen, erhöht sich der Freibetrag für jedes Kind, das Anspruch auf Waisenrente hat oder nur deshalb keinen hat, weil es nicht das Kind des verstorbenen Versicherten ist, um 160,22 Euro in den alten und um 147,78 Euro in den neuen Bundesländern (Stand Juli 2014). Das Bruttoeinkommen wird, abhängig von der Art des Einkommens, durch den Abzug eines pauschalen, vom Gesetz bestimmten Werts auf einen Nettobetrag gebracht. Bei einer abhängigen Beschäftigung als Arbeitnehmer werden von dem Bruttogehalt pauschal für Steuer und Sozialabgaben 40 Prozent unterstellt und zwar unabhängig davon, ob Ihre tatsächlichen Abzüge höher oder niedriger sind. Bei einer Rente aus der gesetzlichen Rentenversicherung werden als Beitrag zur Kranken- und Pflegeversicherung pauschal 14 Prozent der Rente abgezogen. Dies erfolgt unabhängig davon, ob der Rentner in einer gesetzlichen Krankenkasse versicherungspflichtig oder freiwilliges Mitglied bei einem privaten Krankenversicherungsunternehmen oder überhaupt nicht krankenversichert ist. Bei Einkommen aus Vermögen sind es im Regelfall 25 Prozent. Danach wird geprüft, ob der Freibetrag überschritten wird. Ist dies der Fall, werden 40 Prozent des den Freibetrag überschreitenden Betrags von der Witwen- bzw. der Witwerrente abgezogen.

Beispiel

Sie leben in den alten Bundesländern und die Witwenrente berechnet sich nach neuem Recht. Die monatliche Witwenrente vor Einkommensanrechnung beträgt 1.000 Euro. Ihr Bruttogehalt aus abhängiger Beschäftigung beträgt monatlich 2.000 Euro. Sie erziehen ein waisenrentenberechtigtes Kind. Aufgrund dieser Werte stellt sich die Hinzuverdienstprüfung wie folgt dar:

2.000 Euro abzüglich 40 Prozent (800 Euro) = 1.200 Euro (fiktives Nettoeinkommen).

Der Freibetrag beträgt 755,30 Euro zuzüglich Freibetrag für ein Kind (160,22 Euro), sodass insgesamt ein Freibetrag von 915,52 Euro zu berücksichtigen ist.

Von dem fiktiven Nettogehalt 1.200 Euro sind 915,52 Euro abzuziehen, sodass 284,48 Euro fiktives Nettogehalt verbleiben.

40 Prozent dieses fiktiven Nettogehalts, also 113,79 Euro, werden von der Witwenrente abgezogen.

Als Witwe stehen Ihnen damit Ihr Gehalt in Höhe von 2.000 Euro brutto sowie die Witwenrente in Höhe von 886,21 Euro zu, von der gegebenenfalls noch die Beiträge zur Kranken- und Pflegeversicherung abzuziehen sind.

01

Eine Einkommensanrechnung findet nicht statt, wenn

- Sie Ihren Wohnsitz am 18.5.1990 in den alten Bundesländern hatten

und

- Ihr Ehepartner vor dem 1.1.1986 gestorben ist

oder

- zwar der Tod eines Ehepartners nach dem 31.12.1985 eingetreten ist, aber beide Ehegatten bis zum 31.12.1988 eine gemeinsame Erklärung abgegeben haben, dass das alte Hinterbliebenenrecht weiterhin gelten soll. Für die neuen Bundesländer besteht diese Regelung nicht.

Tipp

Erhalten Sie eine kleine Witwen- bzw. Witwerrente nach neuem Recht, haben Sie nur für 24 Monate Anspruch auf Witwen- bzw. Witwerrente. Wenn Sie in dieser Zeit erneut heiraten, errechnet sich der Abfindungsbetrag nur noch aus den verbleibenden Monaten. Sie können sich aber auch für ein Rentensplitting entscheiden, soweit die Voraussetzungen hierfür vorliegen. Mehr zum Rentensplitting finden Sie auf Seite 69 ff.

Bei **Wiederheirat** entfällt Ihre Witwen- bzw. Witwerrente mit dem Ende des Monats der Eheschließung. Sie können dann einen Antrag auf Abfindung stellen und erhalten das 24-Fache der durchschnittlichen Rente der letzten zwölf Monate vor der Eheschließung. Fällt in diesem Zeitraum das sogenannte Sterbevierteljahr, bleibt dieses unberücksichtigt. Die höhere Rente des Sterbevierteljahres fließt also in die Durchschnittsbetrachtung nicht ein. Eine Abfindung ist nur bei der ersten Wiederheirat möglich.

Die Erziehungsrente

Die Erziehungsrente gehört zwar zu den Renten wegen Todes, wird aber aus der eigenen Versicherung gezahlt und zwar für die Dauer der Erziehung eines eigenen Kindes oder eines des verstorbenen früheren Ehepartners. Die Erziehung endet grundsätzlich mit dem 18. Lebensjahr des Kindes. Über das 18. Lebensjahr hinaus wird die Erziehungsrente für ein hilfloses oder behindertes Kind gezahlt, dass außerstande ist, sich selbst zu unterhalten. Die Erziehungsrente endet spätestens mit Ablauf des Monats, in dem Sie die Regelaltersgrenze erreichen, da dann die Regelaltersrente beansprucht werden kann. Sie endet auch mit einer neuen Wahlmöglichkeit zwischen Hinterbliebenenrente und Splitting zwischen Ehegatten. Die Möglichkeit des Hinzuverdienstes bestimmt sich nach den gleichen Grundsätzen wie bei den Witwen- und Witwerrenten (siehe Seite 51).

Waisenrenten

Anspruch auf **Halbwaisenrente** besteht, wenn ein Elternteil verstirbt, und dieser die Wartezeit von 60 Beitragsmonaten erfüllt hat. Sterben beide Eltern, besteht Anspruch auf **Vollwaisenrente,** wenn mindestens ein Elternteil die Wartezeit von 60 Beitragsmonaten erfüllt hat. Zu den berücksichtigungsfähigen Kindern gehören

- Stief- oder Pflegekinder, die in den Haushalt des Verstorbenen aufgenommen worden waren,
- Enkel und Geschwister, wenn sie im Haushalt des Verstorbenen aufgenommen worden waren oder von dem Verstorbenen überwiegend unterhalten wurden.

Die Waisenrente wird grundsätzlich bis zum 18. Lebensjahr des Kindes gezahlt. Über das 18. Lebensjahr hinaus wird die Waisenrente für die Dauer einer Ausbildung bis zum 27. Lebensjahr gezahlt. Während des Wehr- oder Zivildienstes wird Waisenrente nicht gezahlt. Wurde die Ausbildung durch Wehrpflicht oder Zivildienst unterbrochen, wird die Waisenrente für die weitere Dauer der Ausbildung im Umfang des geleisteten Dienstes über das 27. Lebensjahr hinaus gezahlt. Während der Ableistung des Bundesfreiwilligendienstes besteht Anspruch auf Waisenrente für höchstens 18 Monate, in besonderen Fällen bis zu 24 Monaten. Zwischen zwei Ausbildungsabschnitten wird die Waisenrente für maximal vier Monate, zum Beispiel zwischen dem Ende der Schulausbildung und dem Beginn des Studiums gezahlt. Behinderte Kinder erhalten die Rente generell bis zum 27. Lebensjahr, auch wenn sie sich nicht in Ausbildung befinden.

01

Höhe der Waisenrente

Die Halbwaisenrente beträgt 10 Prozent, die Vollwaisenrente 20 Prozent der Versichertenrente des verstorbenen Elternteils. Zusätzlich wird ein Zuschlag gezahlt, der sich nach dem Umfang der rentenrechtlichen Zeiten des verstorbenen Elternteils bzw. der Eltern richtet, wenn beide Eltern die Wartezeit von 60 Beitragsmonaten erfüllt haben. Besteht ein Anspruch auf mehrere Waisenrenten, wird nur die höchste gezahlt.

Rentenabschlag

Liegt der Todeszeitpunkt des verstorbenen Versicherten vor dem 65. Lebensjahr, wird die Waisenrente um einen Abschlag gemindert. Ist er vor dem 62. Lebensjahr verstorben, sind es 10,8 Prozent, ist er zwischen dem 62. und dem 65. Lebensjahr verstorben, beträgt der Abschlag 0,3 Prozent für jeden Monat vor dem 65. Lebensjahr. Mehr dazu auf Seite 49 f.

Einkommensanrechnung bei der Waisenrente

Bis zum 18. Lebensjahr der Waise besteht keine Einkommensanrechnung. Ab dem 18. Lebensjahr gelten die gleichen Anrechnungsgrundsätze wie bei den Witwen- und Witwerrenten. Der Freibetrag beträgt das 17,6-Fache des aktuellen Rentenwerts bzw. des aktuellen Rentenwerts (Ost). Aktuell beträgt der Freibetrag in den alten Bundesländern 503,54 Euro, in den neuen Bundesländern sind es 464,46 Euro (Stand Juli 2014).

Beispiel	
Waisenrente ohne Anrechnung	**265,00 €**
Ausbildungsvergütung	**1.000,00 €**
abzüglich Pauschale von 40 %	− 400,00 €
ergibt	= 600,00 €
abzüglich Freibetrag	− 503,54 €
verbleiben	= 96,46 €
Ruhensbetrag (40 % von 96,46 €)	38,58 €
Ungekürzte Waisenrente	265,00 €
abzüglich Ruhensbetrag	− 38,58 €
Waisenrente nach Einkommensanrechnung in Höhe von	= 226,42 €

RENTENRELEVANTE ZEITEN

Die Rente berechnet sich aus Ihrem gesamten Versicherungs-leben. Je mehr Beitragszeiten Sie nachweisen können und je höher Ihr Verdienst oder die freiwilligen Beiträge waren, umso höher ist Ihre Rente. Es ist daher nicht wahr, dass besonders hohe Beiträge in den letzten fünf oder zehn Jahren zu einer besonders hohen Rente führen. Die gesetzliche Rentenversiche-rung kennt keine Höchstrente. Man kann zwar theoretisch ei-nen Höchstbetrag berechnen, wenn unterstellt wird, dass sich zum Beispiel ein Versicherter, der die Regelaltersgrenze im Dezember 2013 erreicht hat, seit dem 15. Lebensjahr bis zur Regelaltersgrenze in jedem Jahr höchstmöglich in der Renten-versicherung versichert hat. Bei einem Versicherten, der vor oder nach Dezember 2013 unter den gleichen Voraussetzun-gen die Regelaltersgrenze erreicht hat, wird der erreichte Ren-tenbetrag aber anders ausfallen. Das beruht darauf, dass die Rentenanwartschaft, die mit der Zahlung von Höchstbeiträ-gen erworben wird, in den einzelnen Jahren unterschiedlich hoch sein kann. So konnte durch die Zahlung von Höchstbei-trägen im Jahr 1974 nach heutigen Werten eine monatliche Rentenanwartschaft von 41,42 Euro erworben werden, im Jahr 2012 waren es dagegen 57,30 Euro.

Die gesetzliche Rentenversicherung kennt auch keine Mindestrente. Sie enthält allerdings soziale Elemente, die zu einer Erhöhung der Rente führen. Für Beitragszeiten mit geringem Arbeitsentgelt vor 1992 gibt es unter bestimmten Voraussetzungen eine Mindestbewertung.

01

BEITRAGSZEITEN

Für die Rentenberechnung sind Beitragszeiten von Bedeutung. Das sind Zeiten, in denen Pflichtbeiträge oder freiwillige Beiträge gezahlt wurden. Sie spielen die größte Rolle, da sie den Anspruch auf Rente sowie die Rentenhöhe bestimmen. Hauptsächlich gehören dazu Zeiten,

- in denen Sie rentenversicherungspflichtig beschäftigt waren,
- in denen Sie als rentenversicherungspflichtiger Selbstständiger Beiträge gezahlt haben,
- in denen Sie als Beamter ohne Anspruch auf Versorgung ausgeschieden sind und in der gesetzlichen Rentenversicherung nachversichert wurden,
- in denen Sie Wehr-, Zivil- oder Bundesfreiwilligendienst geleistet haben.

Haben Sie zum Beispiel eine Lehre oder ein Praktikum absolviert und die für diese Zeit entrichteten Beitragszeiten enthalten im Versicherungsverlauf nicht den Zusatz „berufliche Ausbildung", dann sollten Sie das beim Rentenversicherungsträger ändern lassen.

Als Beitragszeiten zählen auch die **Zeiten der Kindererziehung.** Bei Geburten vor 1992 werden seit dem 1.7.2014 pro Kind 24 Monate als Kindererziehungszeit berücksichtigt, für Geburten nach 1991 sind es 36 Monate Kindererziehungszeit pro Kind. Bei Mehrlingsgeburten wird das weitere Erziehungsjahr bzw. werden die weiteren Erziehungsjahre angehängt.

Tipp

Maßgebend für die Zuordnung des Rechtskreises ist der Wohnort, in dem die Erziehung tatsächlich erfolgt ist. Bei einem Wohnsitzwechsel von den alten in die neuen Bundesländer oder umgekehrt innerhalb eines Monats wird für diesen Monat immer der Rechtskreis West zugrunde gelegt.

Für Kindererziehungszeiten werden pro Monat der Erziehung in den alten Bundesländern 0,0833 Entgeltpunkte angerechnet. Was man unter Entgeltpunkt versteht, erfahren Sie auf Seite 18. Bei 24 Monaten der Kindererziehung sind das 1,9992 Entgeltpunkte, bei 36 Monaten der Kindererziehung sind es 2,9988 Entgeltpunkte. Daraus resultiert eine monatliche Rentenanwartschaft von 57,20 Euro bzw. 85,80 Euro, wenn die Kinder in den alten Bundesländern (Rechtskreis West) erzogen worden sind. In den neuen Bundesländern (Rechtskreis Ost) sind es 0,0833 Entgeltpunkte (Ost) pro Monat und 1,9992 Entgeltpunkte (Ost) pro Jahr, bei 36 Monaten Kindererziehungszeiten sind es 2,9988 Entgeltpunkte (Ost). Daraus resultiert eine monatliche Rentenanwartschaft von 52,76 Euro bzw. 79,14 Euro (Stand Juli 2014).

Haben Sie während der Zeit der Kindererziehung Beiträge, zum Beispiel aufgrund einer rentenversicherungspflichtigen Beschäftigung, gezahlt, werden Entgeltpunkte für Kindererziehungszeiten auf den Entgeltpunktwert begrenzt, den ein Höchstbetrag ergeben würde. Das führt dazu, dass Kindererziehungszeiten in einem solchen Fall die Rente nicht oder nur teilweise erhöhen.

Tipp

Auch Frauen, die bis zur Rentenreform 2014 keinen Rentenanspruch hatten, sollten jetzt einen Rentenantrag stellen, wenn sie vor 1992 mindestens drei Kinder erzogen und die Regelaltersgrenze erreicht haben.

Hatten Sie am 30.6.2014 bereits Anspruch auf eine Rente, bei der Kindererziehungszeiten für ein vor 1992 geborenes Kind enthalten sind, müssen Sie keinen Antrag beim Rentenversicherungsträger stellen. Sie erhalten zusätzlich pauschal einen Entgeltpunkt für jedes Kind. Kontrollieren Sie auf jeden Fall bis spätestens Ende 2014, ob Ihre Rente entsprechend verändert wurde.

Auch Zeiten der **nicht erwerbsmäßigen Pflege von Angehörigen** nach dem Pflegeversicherungsgesetz unterliegen seit April 1995 unter bestimmten Voraussetzungen der Rentenversicherungspflicht. Dadurch werden Rentenanwartschaften begründet. **Zeiten des Sozialleistungsbezugs,** wie

Krankengeldzahlung durch eine gesetzliche Krankenkasse, Bezug von Arbeitslosengeld I oder Arbeitslosengeld II, für die Beiträge an die Rentenversicherung gezahlt worden sind, werden als Beitragszeiten berücksichtigt. Es gab und gibt in der gesetzlichen Rentenversicherung aber auch Zeiten, in denen keine Beiträge für Sozialleistungen an die Rentenversicherung gezahlt worden sind bzw. gezahlt werden. Diese Zeiten können dann unter bestimmten Voraussetzungen als sogenannte Anrechnungszeiten berücksichtigt werden. Das sind zum Beispiel Zeiten der Arbeitsunfähigkeit und der Arbeitslosigkeit.

01

BEITRAGSFREIE ZEITEN

Außer den Beitragszeiten gibt es auch beitragsfreie Zeiten. Darunter fallen Ersatz-, Anrechnungs- und Zurechnungszeiten. **Ersatzzeiten** haben bei der Berechnung der Rente eine abnehmende Bedeutung. Es handelt sich dabei um Zeiten des Wehr- und Kriegsdienstes in der Deutschen Wehrmacht, Zeiten der Verfolgung durch den Nationalsozialismus, Zeiten der Flucht und der Vertreibung (Aussiedler, Spätaussiedler) oder der politischen Haft. Soweit für Zeiten der Arbeitsunfähigkeit und der Arbeitslosigkeit keine Beiträge in die Rentenversicherung gezahlt worden sind, können sich diese unter bestimmten Voraussetzungen als Anrechnungszeiten rentenerhöhend auswirken. Aber auch Zeiten der Schul-, Fach- und Hochschulausbildung nach dem 17. Lebensjahr im Umfang von maximal acht Jahren können die Höhe der Rente beeinflussen.

Weitere **Anrechnungszeiten** sind
- Zeiten der Ausbildungssuche nach dem 17. Lebensjahr, wenn in dieser Zeit eine Meldung bei der Agentur für Arbeit vorgelegen und mindestens einen Kalendermonat gedauert hat,
- versicherungsfreie Lehrzeiten,
- Zeiten des Rentenbezugs vor dem 55. Lebensjahr bzw. 62. Lebensjahr in Verbindung mit einer Zurechnungszeit,

- Zeiten des Bezugs von Schlechtwettergeld vor 1979,
- Arbeitsausfalltage, die sich auf Zeiten der Arbeitsunfähigkeit und der Mutterschaftsfristen bei Versicherten in den neuen Bundesländern vor dem 1.7.1990 beziehen.

Seit dem 1.1.2011 werden Zeiten des Bezugs von Arbeitslosengeld II nicht mehr als Beitragszeit, sondern als nicht bewertete Anrechnungszeit berücksichtigt.

Die **Zurechnungszeit** ist für Erwerbsminderungsrenten und Renten wegen Todes sehr wichtig, wenn die Erwerbsminderung oder der Sterbefall bereits in jungen Jahren eintritt. Ohne die Zurechnungszeit würde die Erwerbsminderungs-/Hinterbliebenenrente sehr niedrig ausfallen, wenn nur die bis zum Eintritt der Erwerbsminderung/des Sterbefalls gezahlten Beiträge Grundlage für die Rentenberechnung wären. Als Zurechnungszeit gilt die Zeit vom Eintritt der Erwerbsminderung/des Sterbefalls bis zum 62. Lebensjahr. Die Bewertung der beitragsfreien Zeiten erfolgt im Rahmen der sogenannten Gesamtleistungsbewertung. Dabei werden Entgeltpunkte für die letzten vier Jahre bis zum Eintritt der Erwerbsminderung nicht berücksichtigt, wenn sich dadurch ein höherer Wert für die Bewertung ergibt.

BERÜCKSICHTIGUNGSZEITEN

Berücksichtigungszeiten entstehen im Zusammenhang mit Kindererziehungszeiten. Die Kinderberücksichtigungszeit beginnt mit dem Tag der Geburt und endet am 10. Geburtstag des Kindes. Anders als bei Kindererziehungszeiten wird der Zeitraum der gleichzeitigen Erziehung mehrerer Kinder nicht verlängert. So werden zum Beispiel bei der Geburt von Zwillingen zehn Jahre an Berücksichtigungszeiten berücksichtigt und nicht zwanzig Jahre. Berücksichtigungszeiten werden auch nicht wie Kindererziehungszeiten unmittelbar bewertet. Sie haben jedoch Bedeutung für die höhere Bewertung von anderen Zeiten. Sie zählen auch bei der Erfüllung der Wartezeit für die Altersrente an langjährig Versicherte und besonders langjährig Versicherte. Sie haben eine anwartschaftserhaltende Funktion bei Renten wegen Minderung der Erwerbsfähigkeit. Die Kinderberücksichtigungszeit wird dem Elternteil zugeordnet, dem auch die Kindererziehungszeit zugeordnet wird. Die Anrechnung von Kinderberücksichtigungszeiten ist für die Zeit einer mehr als geringfügigen selbstständigen Tätigkeit ausgeschlossen, es sei denn, es wurden in dieser Zeit Pflichtbeiträge gezahlt.

01

Berücksichtigungszeiten wegen der nicht erwerbsmäßigen Pflege eines Angehörigen konnten nur in der Zeit vom 1.1.1992 bis zum 31.3.1995 erworben werden. Die Anrechnung der Berücksichtigungszeiten wegen Pflege musste bis zum 30.6.1995 beantragt werden.

DIE RENTENBERECHNUNG

Grundlage für die Berechnung einer Rente ist die Rentenformel:

monatliche Rente = Entgeltpunkte x Zugangsfaktor x Rentenartfaktor x aktueller Rentenwert (bzw. aktueller Rentenwert (Ost)).

Ein **Entgeltpunkt** spiegelt das Verhältnis Ihres Arbeitsentgelts zum Durchschnittsentgelt aller Versicherten in der gesetzlichen Rentenversicherung wider. Erzielen Sie Ihr Arbeitsentgelt in den neuen Bundesländern, so resultiert daraus ein Entgeltpunkt (Ost). Wie hoch das Durchschnittsentgelt eines Jahres ist, gibt die Bundesregierung am Ende eines Jahres durch Rechtsverordnung bekannt. Das vorläufige Durchschnittsentgelt im Jahr 2014 beträgt 34.857 Euro. Wenn Sie 2014 einen Jahresarbeitsverdienst in dieser Höhe haben, resultiert daraus

1 Entgeltpunkt. Wenn Sie im Jahr 2014 ein Arbeitsentgelt in Höhe von 52.285,50 Euro erzielen, resultieren daraus 1,5 Entgeltpunkte. Da das durchschnittliche Arbeitsentgelt in den neuen Bundesländern derzeit noch geringer ist als in den alten Bundesländern, wird es bei der Rentenberechnung mit einem Faktor erhöht, der das Verhältnis von Durchschnittsentgelt West zu Ost wiedergibt. Auch diesen Faktor gibt die Bundesregierung jedes Jahr durch Rechtsverordnung bekannt.

Gesamtleistungsbewertung

Mit der Gesamtleistungsbewertung werden die beitragsfreien und die beitragsgeminderten Zeiten bewertet. Maßgebend ist dabei der Zeitpunkt der Vollendung des 17. Lebensjahres bis zum Beginn der Rente, der Zeitpunkt der Erwerbsminderung oder des Todes (Gesamtzeitraum). Hat ein Versicherter bereits vor dem 17. Lebensjahr rentenrechtliche Zeiten, zum Beispiel aufgrund einer Lehre, zurückgelegt, ist der Beginn der Lehre maßgebend. Aus den im Gesamtzeitraum ermittelten Entgeltpunkten aus Beitragszahlungen wird ein Durchschnitt gebildet, mit dem die beitragsfreien Zeiten bewertet werden. Je mehr der Gesamtzeitraum mit rentenrechtlichen Zeiten belegt ist, umso höher ist grundsätzlich der Wert für die beitragsfreien Zeiten, wobei für Ausbildungszeiten, Zeiten der Arbeitsunfähigkeit oder Arbeitslosigkeit bestimmte Höchstwerte gelten. Beitragsgeminderte Zeiten sind Kalendermonate, die sowohl mit Beitragszeiten als auch mit beitragsfreien Zeiten belegt sind. Sie erhalten mindestens den Wert, der aus der Gesamtleistungsbewertung für die beitragsfreie Zeit errechnet wird.

Am **Zugangsfaktor** können Sie erkennen, ob in Ihrer Rente ein Abschlag oder ein Zuschlag enthalten ist. Ist weder ein Abschlag noch ein Zuschlag in Ihrer Rente enthalten, beträgt der Zugangsfaktor 1,0. Bei Renten, die vorzeitig in Anspruch genommen werden, erfolgt ein Abschlag von 0,3 Prozent pro Monat der vorzeitigen Inanspruchnahme.

Beispiel

Die Altersrente für langjährig Versicherte wird 24 Monate vor dem Zeitpunkt in Anspruch genommen, an dem sie abschlagsfrei beansprucht werden kann. Der Zugangsfaktor errechnet sich wie folgt:

24 x 0,3 Prozent = 0,072. 1,0 – 0,072 = 0,928. Der Zugangsfaktor beträgt also 0,928.

01

Diese Regelungen gelten auch für die Erwerbsminderungs- renten und Renten wegen Todes. Wird die Altersrente erst nach der Regelaltersgrenze in Anspruch genommen, obwohl die Wartezeit von 60 Monaten zu diesem Zeitpunkt erfüllt war, gibt es einen Zuschlag von 0,5 Prozent pro Monat.

Persönliche Entgeltpunkte setzen sich zusammen aus der Summe aller Entgeltpunkte aus Beitragszeiten, beitragsfreien Zeiten und Zuschlägen, zum Beispiel für beitragsgeminderte Zeiten oder aus dem Zuschlag oder Abschlag an Entgeltpunkten für den Versorgungsausgleich, multipliziert mit dem Zugangsfaktor.

Der **aktuelle Rentenwert** ist der monatliche Rentenbetrag, den ein Altersrentner erhält, wenn er Rentenversicherungsbeiträge für ein Jahr entsprechend dem Durchschnittsentgelt in der Rentenversicherung gezahlt hat. In den alten Bundesländern beträgt er 28,61 Euro, in den neuen Bundesländern **(aktueller Rentenwert (Ost))** 26,39 Euro (Stand Juli 2014).

Beispiel

Ein Versicherter hat 45 Jahre jeweils entsprechend dem Durchschnitt aller Versicherten verdient. Daraus resultieren 45 Entgeltpunkte (für jedes Jahr 1 Entgeltpunkt). Er nimmt seine Altersrente zum Zeitpunkt der Regelaltersgrenze in Anspruch.

Zugangsfaktor = 1,0; aktueller Rentenwert = 28,61 Euro;

aktueller Rentenwert (Ost) = 26,39 Euro; Rentenartfaktor = 1,0.

Die monatliche Bruttorente beträgt somit (Stand Juli 2014)

- in den alten Bundesländern:

  45 Entgeltpunkte x 1,0 (Zugangsfaktor) x 1,0 (Rentenartfaktor) x 28,61 Euro (aktueller Rentenwert) = 1.287,45 Euro.

- in den neuen Bundesländern:

  45 Entgeltpunkte x 1,0 x 1,0 x 26,39 Euro (aktueller Rentenwert (Ost)) = 1.187,55 Euro.

Die Kompliziertheit der Berechnung resultiert unter anderem auch daraus, dass Zeiten berücksichtigt werden, für die keine Beiträge gezahlt wurden. Zudem enthält die Rentenberechnung auch soziale Elemente. Eine Mindestrente gibt es nicht.

DIE RENTENANPASSUNG

Die gesetzliche Rentenversicherung basiert auf dem sogenannten Umlageverfahren, das heißt, die aktuellen Renten werden im Wesentlichen durch die derzeitigen Beitragszahler und die Bundeszuschüsse finanziert. Aufgrund hoher Arbeitslosigkeit, nicht oder nur gering steigender Löhne, längerer Rentenzeiten durch Vorruhestandsregelungen oder steigender Lebenserwartung sowie einer geringeren Anzahl von Beitragszahlern durch eine niedrige Geburtenrate geht das Konzept nicht mehr auf, zumal der Beitragssatz nicht beliebig erhöht werden kann. Somit hat die Rentenversicherung das Problem, ihre Leistungen weiterhin zu finanzieren. In den letzten Jahren hat die Bundesregierung daher – neben anderen Maßnahmen – mehrfach die „Rentenanpassungsformel" verändert, um die künftige Finanzierung der Renten zu sichern. So hat zuletzt das sogenannte Rentenversicherungs-Nachhaltigkeitsgesetz des Jahres 2004 mit dem **Nachhaltigkeitsfaktor** sehr gravierende Veränderungen gebracht. Dieser Faktor berücksichtigt das Verhältnis der Anzahl der Beitragszahler zur Anzahl der Rentner. Damit soll sichergestellt werden, dass die Anpassung der Renten geringer ausfällt, wenn sich die Zahl der Rentner erhöht und die Zahl der Beitragszahler reduziert. Dieses Verhältnis wird als **„Rentnerquotient"** bezeichnet.

Eine Schutzklausel bewirkt, dass sich der aktuelle Rentenwert nicht mindern kann. Darüber hinaus enthält das Rentenversicherungs-Nachhaltigkeitsgesetz eine Niveausicherungsklausel. Diese orientiert sich am Nettorentenniveau vor Steuern. Dabei wird die verfügbare Bruttostandardrente eines Rentners mit 45 Jahren Durchschnittsverdienst vor Steuern, aber abzüglich Krankenversicherungs- und Pflegeversicherungsbeitrag der Rentner, festgestellt. Gegenübergestellt wird das verfügbare Bruttodurchschnittsentgelt der Arbeitnehmer vor Steuern, aber abzüglich durchschnittlicher Arbeitnehmer-Sozialversicherungsbeiträge und durchschnittlicher Vorsorgeaufwendungen für die geförderte private Altersvorsorge (Riester-Rente). Das daraus resultierende Nettorentenniveau vor Steuern soll nicht unter 46 Prozent im Jahr 2020 und 43 Prozent im Jahr 2030 fallen. Besteht die Gefahr, dass das Nettorentenniveau diese Grenzen unterschreitet, muss die Bundesregierung dem Gesetzgeber geeignete Gegenmaßnahmen vorschlagen. Durch das Rentenversicherungs-Altersgrenzenanpassungsgesetz beispielsweise wurden die Altersgrenzen angehoben. Die Anhebung begann im Jahr 2012 mit dem Geburtsjahrgang 1947 zunächst in Monatsschritten. Damit wurde bei einem 1947 geborenen Versicherten die Regelaltersgrenze von 65 Jahren um einen Monat, bei einem 1948 geborenen Versicherten um zwei Monate angehoben. Ab Jahrgang 1959 erfolgt die Anhebung in Zweimonatsschritten. Versicherte, die die Voraussetzungen für die Frauenaltersrente oder die Altersrente wegen Arbeitslosigkeit oder nach Altersteilzeitarbeit erfüllen, sind von der Anhebung ausgenommen.

RENTENANSPRÜCHE AUS DEM VERSORGUNGSAUSGLEICH

Werden durch den Versorgungsausgleich Entgeltpunkte gutgeschrieben, kann das zur Berücksichtigung von Wartezeitmonaten führen. Das ist allerdings nur dann möglich, wenn in die Ehezeit fallende Kalendermonate nicht bereits auf die Wartezeit angerechnet werden. Sie zählen mit bei der Wartezeit von

- 15 Jahren für die Altersrente für Frauen und die Altersrente wegen Arbeitslosigkeit oder nach Altersteilzeitarbeit,
- 35 Jahren für langjährig Versicherte und die Altersrente für schwerbehinderte Menschen,
- 5 Jahren für die Rente wegen Minderung der Erwerbsfähigkeit, die Regelaltersrente und die Renten wegen Todes.

Wartezeitmonate, die aufgrund des Versorgungsausgleichs ermittelt werden, zählen nicht zu den besonderen versicherungsrechtlichen Voraussetzungen, die bei einzelnen Rentenarten gefordert werden, wie zum Beispiel bei der Altersrente für besonders langjährig Versicherte, die Pflichtbeitragsmonate fordert.

RECHTSLAGE BIS ZUM 31.8.2009

Wurde eine Ehe nach dem 30.6.1977 geschieden, wird durch das Familiengericht geprüft, ob ein sogenannter Versorgungsausgleich durchzuführen ist. Das bedeutet, dass der Ehepartner, der während der Ehe mehr Versorgungsanwartschaften (zum Beispiel an Rente aus der gesetzlichen Rentenversicherung, der Betriebsrente oder der Beamtenpension) erworben hat, dem anderen etwas abtreten muss. Das Familiengericht entscheidet darüber, ob und gegebenenfalls in welcher Form der Versorgungsausgleich durchgeführt wird. Die für die gesetzliche Rentenversicherung wichtigste Ausgleichsform ist das sogenannte Splitting. Dabei werden Rentenanwartschaften vom Rentenkonto des Ausgleichsverpflichteten auf das Rentenkonto des Ausgleichsberechtigten übertragen. Mit dem Versorgungsausgleich erfolgt ein Einmalausgleich aller während der Ehezeit erworbenen unverfallbaren Anwartschaften. Im Wesentlichen erfolgt der Ausgleich in der gesetzlichen Rentenversicherung, obwohl die Anwartschaften in anderen Versorgungs- oder Versicherungssystemen, zum Beispiel in der betrieblichen Altersversorgung oder im Rahmen der privaten Altersvorsorge, erworben worden sind. Wesentlicher Mangel ist, dass sich aufgrund geänderter Gesetze oder wirtschaftlicher Umstände die ursprünglich getroffene Aussage über die Höhe einer Anwartschaft zum Zeitpunkt des späteren Renten- oder Versorgungsfalls häufig als falsch erwiesen haben.

RECHTSLAGE SEIT 1.9.2009

Durch das Gesetz zur Strukturreform des Versorgungsausgleichs vom 3.4.2009 (BGBl. I Seite 700) wurde das Gesetz über den Versorgungsausgleich für die Zeit ab 1.9.2009 neu geregelt. Nunmehr wird der Ausgleich überwiegend in dem Versorgungssystem vorgenommen, in dem auch die Anwartschaft erworben wurde (sogenannte interne Teilung). Die externe Teilung bei einem anderen Versorgungsträger soll die Ausnahme sein. Das bisherige Recht gilt weiter in den Fällen, in denen das Versorgungsausgleichsverfahren vor dem 1.9.2009 beim Familiengericht eingeleitet worden ist bzw. ein Abänderungsantrag vor dem 1.9.2009 gestellt worden ist. Ausnahme: Über das vor dem 1.9.2009 eingeleitete Verfahren hat das Familiengericht vor dem 1.9.2010 noch nicht entschieden, damit gilt das neue Recht. Bei einem vor dem 1.9.2009 abgetrennten oder ausgesetzten Versorgungsausgleichsverfahren, das wieder aufgenommen wird, gilt das neue Recht.

Nach dem neuen Recht gibt es in der gesetzlichen Rentenversicherung künftig kein Rentnerprivileg mehr. Bisher wurde

eine Rente beim Ausgleichspflichtigen aufgrund des Versorgungsausgleichs nicht gemindert, wenn die Entscheidung
des Familiengerichts erst nach dem Beginn der Rente des
Ausgleichspflichtigen erfolgt ist. Mit dem neuen Recht wirkt
sich der Versorgungsausgleich beim Ausgleichspflichtigen
sofort aus, auch wenn dieser bereits Rentner ist. Auch das
neue Recht enthält Regelungen, die nicht oder nur partiell zu
einer Minderung der Rente durch den Versorgungsausgleich
führen. Dies ist der Fall, wenn der ausgleichsverpflichtete Ehegatte

- zur Zahlung von Unterhalt verpflichtet ist, und der ausgleichsberechtigte Ehegatte noch keine Rente erhält

oder

- eine Rente wegen Invalidität oder eine Altersrente vor
  dem Erreichen der Regelaltersgrenze erhält und durch
  den Versorgungsausgleich eine Anwartschaft außerhalb
  der gesetzlichen Rentenversicherung, zum Beispiel aus
  der Beamtenversorgung, erworben hat, aber daraus noch
  keine Leistung erhalten kann

oder

- der ausgleichsberechtigte Ehegatte gestorben ist und
  nicht mehr als für 36 Monate Rente mit Anteilen aus dem
  Versorgungsausgleich erhalten hat.

Im Fall der Aussetzung der Zahlung aufgrund von Unterhalts-
verpflichtungen ist der Antrag beim Familiengericht zu stellen,
sonst beim Versicherungs- oder Versorgungsträger.

Auch das neue Recht sieht die Möglichkeit der Abänderung
von Entscheidungen über den Versorgungsausgleich vor,
wenn sich die Höhe der während der Ehezeit erworbenen Anwartschaften wesentlich verändert hat. Allerdings wird differenziert zwischen Entscheidungen über den Versorgungsausgleich vor dem 1.9.2009 und solchen nach dem 31.8.2009.
So sind beispielsweise die Voraussetzungen für die Höhe der
Wertveränderungen unterschiedlich. Bei neuen Entscheidun-

gen ist die Abänderung nur für bestimmte Anrechte möglich. Antragsberechtigt sind die Ehegatten, die Hinterbliebenen, aber auch die betroffenen Versorgungsträger. Der Antrag ist frühestens sechs Monate vor dem Zeitpunkt zulässig, ab dem ein Ehegatte voraussichtlich eine laufende Versorgung aus dem abzuändernden Anrecht bezieht oder dies aufgrund der Abänderung zu erwarten ist. Die Überprüfung führt das zuständige Familiengericht für den Wohnort des Antragstellers auf Antrag durch. Die Änderung muss sich zugunsten eines Ehegatten oder der Hinterbliebenen auswirken. Sie gilt ab dem Ersten des Monats, der dem Monat der Antragstellung beim Familiengericht folgt.

01

RENTENSPLITTING UNTER EHEGATTEN

Seit Januar 2002 können Ehegatten zwischen der Hinterbliebenenrente und dem Splitting zwischen Ehegatten wählen. Voraussetzung ist, dass die Ehe nach dem 31.12.2001 geschlossen wurde oder diese zu diesem Zeitpunkt zwar bereits bestand, beide Ehegatten aber nach dem 1.1.1962 geboren sind. Die Regelungen zum Splitting unter Ehegatten gelten für Lebenspartner einer eingetragenen Lebenspartnerschaft entsprechend.

Beim Splitting zwischen Ehegatten werden die während der Ehezeit erworbenen Anwartschaften beider Ehepartner gegenübergestellt. Derjenige, der mehr erworben hat, gleicht gegenüber dem anderen aus, sodass beide Ehepartner nach dem Splitting für die Ehezeit über die gleichen Anwartschaften verfügen.

Die gemeinsame Erklärung zur Durchführung des Rentensplittings kann frühestens sechs Monate vor dem Anspruch beider Ehepartner auf Altersrente abgegeben werden oder – falls nur ein Ehepartner Anspruch auf Altersrente hat – dann, wenn der

Tipp

Auch wenn der überlebende Ehepartner bereits eine Witwen- oder Witwerrente bezieht, ist ein Rentensplitting möglich. Voraussetzung: Der Antrag wird innerhalb von zwölf Kalendermonaten nach dem Tod des Ehepartners gestellt.

andere Ehepartner die Regelaltersgrenze erreicht hat. Weitere Voraussetzung ist, dass beide Ehepartner über 25 Jahre an rentenrechtlichen Zeiten verfügen. Ist ein Ehepartner verstorben, müssen die 25 Jahre beim überlebenden Ehepartner vorliegen.

Rentensplitting kann auch vom überlebenden Ehepartner beantragt werden, wenn der andere Partner verstorben ist und die Möglichkeit des Splittings vorher noch nicht bestanden hat. Die Zeit, für die das Splitting durchgeführt werden kann, endet mit dem Zeitpunkt des Todes.

Das Splitting zwischen Ehegatten wird altersbedingt erst im Lauf der kommenden Jahre eine größere Bedeutung erlangen. Derzeit ist sie besonders für junge Witwen und Witwer wichtig. Auch wenn Sie bereits eine Witwen- oder Witwerrente bekommen, können Sie ein Rentensplitting beantragen. Lassen Sie sich zunächst vom Rentenversicherungsträger ausrechnen, wie sich das Splitting auswirkt, und entscheiden Sie dann, ob Sie davon Gebrauch machen wollen. Wenn Sie bereits eine Witwen-/Witwerrentenabfindung erhalten haben, ist ein Rentensplitting nicht mehr möglich. Prüfen Sie daher vor der Abfindung, ob das Splitting möglich und sinnvoll ist. Es wäre zum Beispiel dann empfehlenswert, wenn der überlebende Ehegatte dauerhaft über ein hohes eigenes Einkommen verfügt, das zum Ruhen einer Witwen- oder Witwerrente führen würde. Auf die durch Rentensplitting übertragene Rentenanwartschaft hat die Höhe des eigenen Einkommens keine Auswirkung.

Ein bereits durchgeführtes Splitting kann unter bestimmten Voraussetzungen auch abgeändert oder zurückgenommen werden. Eine Abänderung ist möglich, wenn sich zum Beispiel aufgrund von Rechtsänderungen der Wertunterschied bei den Rentenansprüchen während der Splittingzeit wesentlich verändert hat. Wesentlich ist ein Wertunterschied, wenn er

10 Prozent der durch die frühere Entscheidung übertragenen Entgeltpunkte, mindestens aber 0,5 Entgeltpunkte ausmacht oder aber eine Wartezeit erfüllt wird. Der Antrag kann nur von dem durch das Splitting begünstigten Partner gestellt werden. Eine Kürzung findet nicht statt, wenn der Partner, zu dessen Gunsten das Rentensplitting durchgeführt worden ist, bis zu seinem Tod davon nicht oder nur wenig in Anspruch genommen hat und auch keine weiteren rentenberechtigten Hinterbliebenen vorhanden sind. „Wenig in Anspruch genommen" bedeutet, dass drei Jahresbeträge einer Altersrente, die sich aus den übertragenen Anwartschaften errechnet, bei der Ausgabe nicht überschritten werden.

01

WAS RENTNER SONST NOCH WISSEN SOLLTEN

AUSWIRKUNGEN DES WOHNSITZWECHSELS AUF DIE RENTE

Ein Wechsel des Wohnorts innerhalb der Bundesrepublik hat im Regelfall für die Höhe der Rentenzahlung keine Konsequenzen. Ausnahmen bestehen im Zusammenhang mit Hinzuverdienstgrenzen bei vorzeitig in Anspruch genommenen Altersrenten. Da kommt es darauf an, wo der Arbeitsverdienst oder das Einkommen aus selbstständiger Tätigkeit erzielt wird. Für die Einkommensanrechnung bei Hinterbliebenen ist der gewöhnliche Aufenthalt ebenfalls von Bedeutung.

Für Vertriebene und Spätaussiedler sowie für Anspruchsberechtigte nach dem deutsch-polnischen Sozialversicherungsabkommen aus dem Jahr 1975, deren Renten Zeiten

Tipp

Bevor Sie als Rentner in den alten Bundesländern vor der Regelaltersgrenze eine Beschäftigung oder selbstständige Tätigkeit in den neuen Bundesländern beginnen oder Ihren gewöhnlichen Aufenthalt dort nehmen oder eine Hinterbliebenenrente beziehen, sollten Sie bei Ihrem Rentenversicherungsträger nachfragen, ob und gegebenenfalls mit welchen Auswirkungen auf Ihre Rente zu rechnen ist.

nach dem sogenannten Fremdrentengesetz enthalten, gelten Besonderheiten bei einem Wohnsitzwechsel von den alten in die neuen Bundesländer, wenn die Rente nach dem 31.12.1991 begonnen hat.

Auch können Hinterbliebene, die zu ihrer Rente hinzuverdienen und dabei Hinzuverdienstgrenzen zu beachten haben, bei einem Umzug von den alten in die neuen Bundesländer eine unangenehme Überraschung erleben, weil sich der sogenannte Freibetrag ändert (siehe zum Thema Hinterbliebenenrenten und Hinzuverdienst ab Seite 51). Die Ursache für die Differenzierung liegt darin, dass das Durchschnittseinkommen in den alten Bundesländern derzeit noch höher ist als das in den neuen Bundesländern. Dies schlägt sich auch im sogenannten aktuellen Rentenwert bzw. im aktuellen Rentenwert (Ost) nieder. Der aktuelle Rentenwert entspricht der Höhe der monatlichen Rente aus dem Durchschnittsverdienst eines Jahres in den alten Bundesländern bzw. der aktuelle Rentenwert (Ost) der Höhe der monatlichen Rente in den neuen Bundesländern. Der aktuelle Rentenwert beträgt 28,61 Euro, der Rentenwert (Ost) 26,39 Euro (Stand Juli 2014). Diese Werte spiegeln die unterschiedlichen Einkommensverhältnisse in den alten und neuen Bundesländern wider.

Aussiedler und Spätaussiedler wurden und werden nach einem bestimmten Schlüssel auf die einzelnen Bundesländer verteilt. Welcher Rechtskreis zugeordnet wird, orientiert sich am ersten Aufenthaltsort. Ist Dresden zum Beispiel der erste Aufenthaltsort eines Spätaussiedlers, so werden seine nach dem **Fremdrentengesetz** zu berücksichtigenden Zeiten mit dem aktuellen Rentenwert (Ost) bewertet. Ist dagegen Köln sein erster Aufenthaltsort, so werden seine Fremdrentenzeiten mit dem aktuellen Rentenwert (West) bewertet. Aber es gibt auch Ausnahmen von dieser Regel: Verlegt der Spätaussiedler aus Köln seinen gewöhnlichen Aufenthalt nach Leipzig, wird sich seine Rente mindern, da seine Fremdrentenzeiten dann mit dem niedrigeren aktuellen Rentenwert (Ost) bewertet werden. Das ändert sich selbst dann nicht, wenn der Spätaussiedler von Leipzig nach Köln zurückkehrt.

Der „gewöhnliche Aufenthalt" im Sinne der Rentenversicherung wird durch das Erste Buch Sozialgesetzbuch definiert. Danach hat jemand seinen gewöhnlichen Aufenthalt dort, wo er sich unter Umständen aufhält, die erkennen lassen, dass er an diesem Ort oder in diesem Gebiet nicht nur vorübergehend verweilt. Nach der Rechtsprechung des Bundessozialgerichts ist unter „nicht nur vorübergehend" ein länger dauerndes Verweilen zu verstehen, dessen Beendigung bei vorausschauender Betrachtung nicht zu erwarten ist. Nach der Rechtsprechung des Bundessozialgerichts erfordert der Begriff des gewöhnlichen Aufenthalts keine ständige Anwesenheit. Eine Abwesenheit von längerer Dauer bis zu einem Jahr ist nicht zu beachten, wenn sich der Lebensmittelpunkt dadurch nicht verändert. Die Beurteilung dessen, was noch dem gewöhnlichen Aufenthalt zuzuordnen ist und was nicht, erfolgt unter Würdigung der Gesamtumstände des Einzelfalls.

Ob sich die Verlegung des gewöhnlichen Aufenthalts ins Ausland auf die Zahlung und Höhe der Rente auswirkt, hängt von verschiedenen Faktoren ab. Grundsätzlich sollten Sie davon ausgehen, dass sich folgende Punkte negativ auswirken können:

- die Art der rentenrechtlichen Zeiten, die der Rentenberechnung zugrunde liegen,
- die Rentenart (zum Beispiel bei einer Rente wegen Minderung der Erwerbsfähigkeit).

Zu den Auswirkungen eines Umzugs ins Ausland auf die Kranken- und Pflegeversicherung sollten Sie sich bei Ihrer Krankenkasse beraten lassen.

Tipp

Lassen Sie sich unbedingt schriftlich von Ihrem Rentenversicherungsträger über die Auswirkungen auf Ihre Rente bei einem gewöhnlichen Aufenthalt im Ausland aufklären, bevor Sie eine solche Entscheidung treffen.

Im Übrigen sind Sie als Rentner verpflichtet, Ihren Rentenversicherungsträger über Ihren Wohnsitzwechsel ins Ausland zu informieren. Dies gilt auch für Ihre Krankenkasse. Über die Auswirkungen auf Ihre Krankenversicherung können Sie sich auch bei dem GKV-Spitzenverband, Deutsche Verbindungsstelle Krankenversicherung-Ausland (DVKA), Pennefeldsweg 12c in 53177 Bonn, per Telefon 0228/95 300, Fax 0228/95 30600, oder E-Mail Post@dvka.de oder im Internet unter www.dvka.de informieren.

Mit dem Gesetz zur Verbesserung der Rechte von international Schutzberechtigten und ausländischen Arbeitnehmern wurden die Unterschiede in den Auslandszahlungsvorschriften für Ausländer, für die nicht Europarecht gilt oder mit deren Herkunftsstaaten die Bundesrepublik Deutschland kein Sozialversicherungsabkommen verbindet, mit dem 1.10.2013 aufgehoben. Bei diesem Personenkreis wurde die Rente bis·dahin nur zu 70 Prozent gezahlt. Bestimmte Zeiten, zum Beispiel beitragsfreie Zeiten wurden bei der Berechnung nicht berücksichtigt. Durch die Neuregelung ist diese Begrenzung erledigt. Das neue Recht gilt auch für Bestandsrenten rückwirkend für die Zeit ab 1.10.2013.

Tipp

Bei Renten, die nach den ab 1992 geltenden Regelungen des Sechsten Buches Sozialgesetzbuch berechnet wurden, erfolgt die Überprüfung der Renten von Amts wegen. Es kann aber nicht schaden, selbst einen Antrag auf Überprüfung beim Rentenversicherungsträger zu stellen. Bei den nach dem Angestelltenversicherungsgesetz, der Reichsversicherungsordnung oder dem Reichsknappschaftsgesetz berechneten Renten muss ein Antrag auf Überprüfung der Rente beim Rentenversicherungsträger gestellt werden.

ÜBERPRÜFUNG DER RENTE

Sie können anhand Ihrer Unterlagen nachprüfen, ob die im Versicherungsverlauf des Rentenbescheids dargestellten Zeiträume und Beitragszeiten übereinstimmen. Prüfen Sie anhand Ihrer Versicherungsunterlagen die zeitlichen Angaben, bei Zeiten einer versicherungspflichtigen Beschäftigung die Höhe der Arbeitsentgelte. Wenn Unterbrechungen (Lücken) in Ihrem Versicherungsverlauf enthalten sind, versuchen Sie diese zu klären (was haben Sie in dieser Zeit gemacht?). Für weitergehende Prüfungen sollten Sie einen Fachmann ansprechen.

In den Medien finden sich häufig Meldungen, jeder zweite oder dritte Rentenbescheid sei fehlerhaft. Ob das wirklich so ist, sei dahingestellt. Häufig wird vom Antragsteller behauptet, die eigene Rente sei zu niedrig berechnet worden. Übersehen wird dagegen gern, dass Renten auch zu hoch berechnet werden. Wenn der Rentenversicherungsträger davon Kenntnis erhält, wird er die Rente – auch zuungunsten des Berechtigten – neu berechnen.

Wenn Sie mit Ihrem Rentenbescheid nicht einverstanden sind, haben Sie die Möglichkeit, innerhalb der sogenannten Rechtsbehelfsfrist gegen den Bescheid **Widerspruch** zu erheben. Die Rechtsbehelfsfrist ist gewahrt, wenn Sie bei Wohnsitz im Inland innerhalb eines Monats, bei Wohnsitz im Ausland binnen drei Monaten nach Zustellung des Bescheids schriftlich – per Post, Fax oder E-Mail – Widerspruch einlegen. Bei E-Mail und Computerfax ist besonders darauf zu achten, dass aus dem Schriftstück hervorgeht, wer den Widerspruch erhoben hat. Die Unterschrift muss deshalb eingescannt werden oder es muss der Hinweis enthalten sein, dass der Absender aufgrund der gewählten Übertragungsform nicht unterzeichnen kann.

Sie haben als Rentner aber auch die Möglichkeit, Ihre Rente überprüfen zu lassen, wenn die Rechtskraft des Rentenbescheids bereits eingetreten ist. Voraussetzung ist, dass Sie neue Unterlagen vorlegen. Dazu gehören zum Beispiel Beitragsnachweise oder Belege über sogenannte beitragsfreie Zeiten wie Arbeitslosigkeit, Krankheitszeiten oder Schul- und Studienzeiten. Die Überprüfung ist auch möglich, wenn das Bundessozialgericht in ständiger Rechtsprechung oder das Bundesverfassungsgericht das Recht anders beurteilt haben als der Rentenversicherungsträger zum Zeitpunkt des Rentenbescheids.

Bevor Sie an den Rentenversicherungsträger herantreten, sollten Sie sicher sein, dass sich die Rentenhöhe aufgrund der neuen Unterlagen auch tatsächlich zu Ihren Gunsten verändert. Selbst wenn Sie bisher nicht berücksichtigte Beitragszeiten nachweisen, kann das dazu führen, dass sich Ihre Rente nicht erhöht, sondern mindert. Deshalb sollten Sie, bevor Sie die neuen Unterlagen an den Rentenversicherungsträger übersenden, Ihre Rente unter Berücksichtigung der neuen Zeiten durch einen Fachmann berechnen lassen, selbst wenn Sie hierfür etwas bezahlen müssen. Dessen Honorar haben Sie schnell wieder heraus, wenn Ihnen dadurch unter Umständen Nachteile über Jahre erspart bleiben.

Als Hinterbliebener können Sie auch Ihre Hinterbliebenenrente überprüfen lassen. Die Überprüfung bezieht sich dabei allerdings nur auf die Hinterbliebenenrente und nicht auf die gegebenenfalls davor gezahlte Versichertenrente. Eine Ausnahme ist nur dann möglich, wenn der verstorbene Versicherte noch zu Lebzeiten das Rechtsbehelfsverfahren eingeleitet hat, und Sie Rechtsnachfolger sind.

DAUER DER RENTENZAHLUNG

Befristete Renten (Zeitrenten) werden bis zum Ende der Befristung gezahlt, sonst bis zum Ende des Monats, in dem der Rentenberechtigte verstirbt. Dabei handelt es sich um Renten wegen Erwerbsminderung und große Witwen- und Witwerrenten wegen verminderter Erwerbsfähigkeit, die längstens für drei Jahre geleistet werden, bei denen aber eine Verlängerung möglich ist. Heiraten Bezieher einer Witwen- oder Witwerrente erneut, wird die Rente bis zum Ende des Monats der Eheschließung gezahlt. Zu viel gezahlte Renten werden vom Rentenversicherungsträger zurückgefordert.

Renten, die nach dem Tod des Berechtigten auf ein Konto bei einem Geldinstitut im Inland überwiesen werden, gelten als unter Vorbehalt gezahlt, zum Beispiel für eine sich anschließende Hinterbliebenenrente. Das Geldinstitut muss grundsätzlich die zu viel gezahlten Renten erstatten, wenn der Rentenversicherungsträger dies fordert, es sei denn, über die Rente ist schon verfügt worden. Besteht allerdings noch ein Guthaben, kann daraus die Rücküberweisung erfolgen. Bei einem Konto im Ausland verpflichtet sich der Rentenberechtigte, die zu viel gezahlten Beträge an die Deutsche Post AG zurückzuzahlen und seinem Bankinstitut eine entsprechende Anweisung zu erteilen. Diese Anweisung kann nur von dem Berechtigten, nicht aber von seinen Erben widerrufen werden.

PFÄNDUNG DER RENTE

Renten können, wie Arbeitseinkommen auch, teilweise gepfändet werden. In welcher Höhe dies geschehen darf, bestimmt die Zivilprozessordnung. Maßgebend sind dabei die Anzahl der unterhaltsberechtigten Personen und die Höhe des Einkommens. Erfolgt die Pfändung aufgrund von geschuldeten Unterhaltszahlungen, kann ein größerer Teil der Rente gepfändet werden. Gegen einen Pfändungsbeschluss können Sie beim zuständigen Amtsgericht Erinnerung einlegen und gleichzeitig einen Antrag auf einstweilige Anordnung der Einstellung der Zwangsvollstreckung stellen. Das Amtsgericht wird Ihrem Antrag jedoch nur folgen, wenn die Erinnerung ausreichend begründet ist.

ABTRETUNG DER RENTE

Der Rentenversicherungsträger zahlt Ihre Rente grundsätzlich immer an Sie aus. Sie können jedoch Ihre Rente teilweise oder ganz an Dritte abtreten. Völlig frei können Sie bei Ihrer Rente allerdings nur über den Betrag verfügen, der über der Pfändungsfreigrenze nach der Zivilprozessordnung liegt. Bei dem darunterliegenden Betrag prüft der Rentenversicherungsträger, ob die Abtretung in Ihrem wohlverstandenen Interesse liegt.

ONLINE-DIENSTE DER RENTENVERSICHE-RUNGSTRÄGER

Wenn Sie Zugang zum Internet haben, können Sie die zahlreichen Online-Dienste der Deutschen Rentenversicherung in Anspruch nehmen: www.deutsche-rentenversicherung.de. Dazu gehört die Möglichkeit, einen aktuellen Rentenversicherungsverlauf anzufordern, der an Ihre letzte Anschrift gesendet wird, die dem Rentenversicherungsträger bekannt ist. Sie sollten darauf achten, dass der Rentenversicherungsträger immer über Ihre aktuelle Anschrift informiert ist. Die Rentenversicherungsträger müssen natürlich die Identität des Online-Kunden sicherstellen, bevor sie personenbezogene Daten weiterleiten. Die Zusendung durch die Post ist daher eine Möglichkeit.

Sie haben aber auch die Möglichkeit, direkt auf Ihr Versicherungskonto zuzugreifen. Das geht allerdings nur dann, wenn Sie Inhaber eines elektronischen Identitätsnachweises sind. Dazu gehört zum Beispiel die Online-Ausweisfunktion des neuen Personalausweises oder eine elektronische Signaturkarte des Rentenversicherungsträgers. Wie Sie an die elektronische Signaturkarte kommen, wird auf der Website der Deutschen Rentenversicherung erläutert. Sie können sich dort auch Vordrucke herunterladen, die zum Beispiel für die Kontenklärung oder das Rentenverfahren erforderlich sind. Ebenso sind dort Gesetzestexte und -kommentierungen sowie aktuelle rentenrechtliche Gesetzesänderungen aufgeführt.

Tipp

Hilfreiche Internetadressen sind unter anderem:
www.deutsche-rentenversicherung.de
www.deutsche-rentenversicherung-bund.de
www.bmas.bund.de
www.bmg.bund.de
www.rentenservice.de

Wenn Sie schon eine Renteninformation erhalten haben, können Sie auf der ersten Seite erkennen, welcher Rentenversicherungsträger für Sie zuständig ist und sich für Auskünfte direkt dorthin wenden. Wenn Sie nicht sicher sind, welcher Rentenversicherungsträger für Sie zuständig ist, können Sie online auf der Startseite der Deutschen Rentenversicherung die Unterlagen anfordern. Es kann dann etwas länger dauern. Spätestens nach vierzehn Tagen sollte Ihnen der Versicherungsverlauf aber vorliegen. Wenn das nicht der Fall ist, sollten Sie sich postalisch unter Angabe Ihrer Versicherungsnummer mit Ihrem Rentenversicherungsträger in Verbindung setzen. Auf den Seiten der Rentenversicherungsträger erhalten Sie auch Informationen über aktuelle Rechtsänderungen und gerichtliche Entscheidungen, soweit diese rentenrechtliche Auswirkungen haben.

MITTEILUNGSPFLICHTEN

Als Rentner sind Sie verpflichtet, Ihren Rentenversicherungsträger über bestimmte Sachverhalte zu informieren. Die Verpflichtung ergibt sich aus dem Ersten Buch Sozialgesetzbuch. Sie dient letztlich auch Ihrem Schutz, denn wenn Sie für längere Zeit eine zu hohe Rente bezogen haben, weil Sie zum Beispiel Ihren gewöhnlichen Aufenthalt ins Ausland verlegt haben, ohne den Rentenversicherungsträger informiert zu haben, kann das zu Rückforderungen durch den Rentenversicherungsträger führen. Folgende Veränderungen sollten Sie beispielsweise dem Rentenversicherungsträger unverzüglich mitteilen:

- Mitgliedschaft in einer gesetzlichen Krankenkasse oder bei einem privaten Krankenversicherungsunternehmen oder wenn sich Ihr Mitgliedsstatus bei Ihrer gesetzlichen Krankenkasse von einer Pflichtmitgliedschaft in eine freiwillige oder umgekehrt ändert,
- Wechsel des Wohnsitzes ins Ausland (siehe dazu Wohnsitzwechsel, Seite 71 ff.),
- Wechsel des Wohnsitzes innerhalb der Bundesrepublik, wenn in der Rente Hinzuverdienstgrenzen zu beachten sind,

Zeiten nach dem Fremdrentengesetz enthalten sind oder sich der Anspruch nach dem deutsch-polnischen Sozialversicherungsabkommen von 1975 bestimmt,

* Änderungen in den Einkommensverhältnissen, wenn bei der Rente Hinzuverdienstgrenzen zu beachten sind. Das ist bei allen vorgezogenen Altersrenten, bei den Erwerbsminderungsrenten und bei den Hinterbliebenenrenten der Fall. Dies gilt auch dann, wenn ein Wohnsitzwechsel zwar nicht erfolgt, die Einnahmen jedoch aus einer Beschäftigung oder selbstständigen Tätigkeit in einem anderen Rechtskreis (Rechtskreis West oder Rechtskreis Ost) erzielt werden. Das ist dann der Fall, wenn ein Rentner mit Wohnsitz in den alten Bundesländern die abhängige Beschäftigung oder selbstständige Tätigkeit in den neuen Bundesländern – oder umgekehrt – ausübt;
* Bezug einer Rente durch die gesetzliche Unfallversicherung oder deren Abfindung (auch aus dem Ausland),
* Anspruch auf Entschädigung als Abgeordneter,
* Eheschließung bei Witwen- und Witwerrenten,
* Renten, die Sie von einem Träger der gesetzlichen Rentenversicherung aus dem Ausland erhalten.

In Ihrem Rentenbescheid werden Sie auf weitere meldepflichtige Sachverhalte hingewiesen. Wenn Sie nicht sicher sind, ob sich ein bestimmter Sachverhalt auf Ihre Rente auswirkt, sollten Sie den Rentenversicherungsträger oder einen Fachmann dazu befragen.

GRUNDSICHERUNG

Die Grundsicherung ist keine Leistung der gesetzlichen Rentenversicherung. Die Grundsicherung soll den grundlegenden Bedarf für den Lebensunterhalt von Personen sicherstellen, die wegen Alters oder aufgrund voller Erwerbsminderung auf Dauer aus dem Erwerbsleben ausgeschieden sind und deren Einkünfte nicht für den notwendigen Lebensunterhalt ausreichen. Die Leistungen der Grundsicherung werden nur auf Antrag erbracht. Seit dem 1.1.2005 ist die Grundsicherung ein Teil der Sozialhilfe. Sie gilt für Personen mit gewöhnlichem Aufenthalt im Inland, die

- die Regelaltersgrenze erreicht haben

oder

- das 18. Lebensjahr vollendet haben und unabhängig von der jeweiligen Arbeitsmarktlage auf Dauer voll erwerbsgemindert im Sinne des Rentenrechts sind. „Auf Dauer" bedeutet: Es ist unwahrscheinlich, dass die volle Erwerbsminderung behoben werden kann. Der tatsächliche Bezug einer Alters- oder Erwerbsminderungsrente ist nicht erforderlich.

Keinen Anspruch auf Grundsicherung haben Personen,
- die in den letzten zehn Jahren ihre Bedürftigkeit vorsätzlich oder grob fahrlässig herbeigeführt haben (zum Beispiel durch Schenkungen)

oder

- deren Eltern oder Kinder Einkommen haben, das jährlich einen Betrag von 100.000 Euro übersteigt.

Für ausländische Staatsangehörige, die Leistungen nach dem Asylbewerberleistungsgesetz erhalten, ist der Anspruch ebenfalls ausgeschlossen.

Voraussetzung für die Grundsicherungsleistung ist also, dass Sie bedürftig sind. Das heißt, Sie können Ihren Lebensunterhalt aus eigenem Einkommen oder Vermögen oder aus dem Einkommen oder Vermögen Ihres nicht getrennt von Ihnen lebenden Ehepartners nicht oder nur teilweise bestreiten. (Die eheähnliche Gemeinschaft und die eingetragene Lebenspartnerschaft sind dabei gleichgestellt.) Dies gilt allerdings nur insoweit, als es den Eigenbedarf des Partners übersteigt. Zum Einkommen gehören Erwerbseinkommen aus abhängiger Beschäftigung oder selbstständiger Tätigkeit, Erwerbsersatzeinkommen wie zum Beispiel Renten der gesetzlichen Rentenversicherung oder der berufsständischen Versorgungseinrichtungen und Pensionen, Einkünfte aus Vermietung oder Verpachtung und andere Kapitaleinkünfte. Zum Vermögen gehören beispielsweise Haus- und Grundvermögen sowie Barvermögen.

Die Rentenversicherungsträger weisen in ihren Bescheiden auf die Grundsicherungsleistung hin, sofern die monatliche Rente den Betrag von **772,47 Euro nicht übersteigt** (Stand Juli 2014). Daraus leitet sich allerdings noch kein Leistungsanspruch ab, denn Ihr Rentenanspruch schließt das Vorhandensein von weiterem Einkommen oder Vermögen nicht aus.

Für Alleinstehende und Haushaltsvorstände werden monatlich **391 Euro** in den alten und neuen Bundesländern als Grundsicherungsleistung gezahlt. Bei weiteren Mitgliedern des Haushalts sind es

- vom Beginn des 15. Lebensjahres bis zum vollendeten 18. Lebensjahr zusätzlich **296 Euro,**
- für ein leistungsberechtigtes Kind vom Beginn des siebten Lebensjahres bis zur Vollendung des 14. Lebensjahres zusätzlich **261 Euro,**
- für ein leistungsberechtigtes Kind bis zur Vollendung des sechsten Lebensjahres zusätzlich **229 Euro.**

Dazu sind noch weitere Leistungen wie zum Beispiel Miete möglich. Die Grundsicherung wird für zwölf Kalendermonate bewilligt und beginnt mit dem Monat der Antragstellung. Ändern sich Ihre Verhältnisse nicht, sollten Sie vor Ablauf des Bewilligungszeitraums einen neuen Antrag einreichen. Es ist empfehlenswert, diesen bei dem Sozialhilfeträger zu stellen, in dessen Bereich Sie wohnen bzw. in dessen Bereich Sie sich gewöhnlich aufhalten. Sie können die Grundsicherung auch bei Ihrem Rentenversicherungsträger beantragen, der den An-

trag an den zuständigen Sozialhilfeträger weiterleitet. Bei der
Beratungsstelle Ihres Rentenversicherungsträgers können Sie
sich auch zur Grundsicherung beraten lassen. Besser ist es
jedoch, beim örtlichen Sozialhilfeträger nachzufragen, da für
bestimmte Leistungen die Gegebenheiten des Wohnorts zu
beachten sind.

01

02

EINKOMMENSTEUER-
RECHTLICHE FRAGEN

Der Fiskus bittet auch Rentner zur Kasse: Sie müssen weiterhin Steuern zahlen, nicht nur auf ihre Rente, sondern gegebenenfalls auch auf andere Einkünfte, wie beispielsweise Kapitalerträge, Mieteinnahmen und Verdienst aus Nebenjobs. Was gilt es dabei zu beachten – und wie können Sie die Vorteile nutzen, die es bei einer klugen Gestaltung gibt? In diesem Kapitel erfahren Sie, womit Sie rechnen müssen und wie Sie am besten vorgehen.

WIE WERDEN RENTEN BESTEUERT?

Bis zum 31.12.2004 zahlten viele Rentner keine Einkommensteuer, da ihre Renten nur mit niedrigen Ertragsanteilen steuerlich erfasst wurden. Durch das zum 1.1.2005 in Kraft getretene Alterseinkünftegesetz wurden gesetzliche Renten zu mindestens 50 Prozent steuerpflichtig. Damit kommen jetzt viele Rentner in Einkommensbereiche, in denen Einkommensteuer entsteht, und sind damit verpflichtet, Einkommensteuererklärungen abzugeben.

02

Gesetzliche und private Renten, Betriebsrenten und Pensionen werden jeweils unterschiedlich besteuert. Steuerlich ist zu unterscheiden zwischen

• Renten

und

• Pensionen und Betriebsrenten.

Renten werden von gesetzlichen oder privaten Rentenversicherungen, Pensionen und Betriebsrenten dagegen vom ehemaligen Arbeitgeber ausgezahlt.

Renten in diesem Sinne sind Sonstige Einkünfte (§ 22 EStG) und daher in der Einkommensteuererklärung in der Anlage R einzutragen.

Pensionen, Betriebsrenten und andere Bezüge, die vom ehemaligen Arbeitgeber gezahlt werden, stellen steuerlich Versorgungsbezüge, das heißt Einkünfte aus nicht selbstständiger Arbeit (§ 19 EStG) dar. Sie sind in der Einkommensteuererklärung in der Anlage N zu erfassen.

NEUREGELUNG DER RENTENBESTEUERUNG DURCH DAS ALTERSEINKÜNFTEGESETZ

Renten wurden bis einschließlich 2004 nur in Höhe ihrer relativ niedrigen Ertragsanteile besteuert. Daher zahlten viele Rentner bis einschließlich 2004 keine Steuern und waren von den Finanzämtern gar nicht erfasst. Pensionen waren dagegen – bis auf einen Versorgungsfreibetrag – grundsätzlich voll steuerpflichtig.

Nach Auffassung des Bundesverfassungsgerichtes war die unterschiedliche Steuerbelastung von gesetzlichen Renten und Beamtenpensionen verfassungswidrig. Das 2005 in Kraft getretene Alterseinkünftegesetz sieht daher den vollständigen Übergang auf die **nachgelagerte Besteuerung** aller Alterseinkünfte vor, das heißt, dass Renten aus der gesetzlichen Rentenversicherung wie Beamtenpensionen zu 100 Prozent steuerpflichtig werden.

Im Gegenzug sollen sich die eingezahlten Beiträge stärker als bisher steuermindernd auswirken. Da bei den jetzigen Rentnern die Steuerbefreiung der Beiträge nicht in ausreichendem Maße gegeben war, konnte man nicht sofort auf die hundertprozentige Besteuerung aller Renten übergehen, sondern setzte für alle Bestandsrentner – also die, die am 31.12.2005 bereits Rentner waren – einen Besteuerungsanteil von 50 Prozent der Rente fest.

Das Alterseinkünftegesetz sieht eine 35-jährige Übergangszeit bis zum Jahr 2040 vor, in der der Besteuerungsanteil für Neurentner – das heißt, diejenigen, die in dem betreffenden Jahr in Rente gehen – jährlich um 2 bzw. ab 2020 um 1 Prozentpunkt erhöht wird, sodass Neurentner ab 2040 ihre Rente zu 100 Prozent versteuern müssen.

Für Personen, die ab jetzt bis 2018 in Rente (= gesetzliche Alters- oder Erwerbsunfähigkeitsrente etc.) gehen, gelten damit die in der folgenden Tabelle angegebenen Besteuerungsanteile.

Jahr des Rentenbeginns	Besteuerungsanteil in %
2014	68
2015	70
2016	72
2017	74
2018	76

02

RENTENFREIBETRAG

Der nach der Tabelle steuerfrei bleibende Betrag wird ab dem zweiten Jahr des Rentenbezugs als lebenslanger Rentenfreibetrag festgeschrieben. Das heißt, dass diejenigen, die bereits Rentner sind, von den weiteren Erhöhungen der Besteuerungsanteile nicht betroffen sind, da ihr persönlicher Rentenfreibetrag ein für alle Mal festgeschrieben wurde. Allerdings bedeutet dies auch, dass spätere Rentenanpassungsbeträge voll steuerpflichtig sind, da der Rentenfreibetrag nicht mit der Rente ansteigt.

BESTEUERUNGSANTEIL BEI WITWEN-/ WITWERRENTEN

Eine Ausnahme von den oben genannten Grundsätzen bilden Fälle, in denen später eine zusätzliche Rente gezahlt wird, zum Beispiel wenn ein Ehegatte verstirbt und der überlebende Ehegatte deshalb zusätzlich zur eigenen Rente eine Witwen- oder Witwerrente erhält. In diesen Fällen wird durch eine komplizierte anteilige Berechnung ein neuer, höherer Rentenfreibetrag ermittelt. Damit diese Berechnung vom Finanzamt richtig durchgeführt werden kann, ist es wichtig, die Witwen- oder Witwerrente in die Anlage R der Einkommensteuererklärung als **Folgerente** einzutragen. Als Folgerente aus derselben Versicherung wie die Rente des verstorbenen Ehegatten wird sie

Tipp
Witwen-/Witwerrenten so ins Formular eintragen, dass der richtige (höhere) Freibetrag gewährt wird!

mit demselben – niedrigeren – Besteuerungsanteil wie die vorhergehende Rente erfasst.

Beispiel

Herr T. erhielt seit 2006 eine Altersrente aus der gesetzlichen Rentenversicherung. 2014 verstirbt Herr T. und seine überlebende Ehegattin Maria erhält eine entsprechende Witwenrente.

Aufgrund des Rentenbeginns 2006 wurde die Rente von Herrn T. mit einem Besteuerungsanteil von 52 Prozent erfasst. Die Witwenrente beginnt 2014, wird aber nicht mit dem laut der oben aufgeführten Tabelle für 2014 gültigen Besteuerungsanteil von 68 Prozent, sondern als Folgerente mit dem niedrigeren Besteuerungsanteil der vorhergehenden Rente – also mit 52 Prozent – besteuert.

Wie im Beispiel gezeigt, gilt für Witwen- oder Witwerrenten der niedrigere Besteuerungsanteil des verstorbenen Ehegatten, wenn dieser bereits selbst Rentner war. Daher muss in der Anlage R das Datum des Beginns der Rente des Verstorbenen unter „Vorhergehende Rente" eingetragen werden.

Da die Anlage R sehr kompliziert aufgebaut ist, sollten Sie sich, wenn Sie unsicher sind, im ersten Jahr des jeweiligen Rentenbezugs von einem Steuerberater beraten lassen oder die kostenlose Sprechstunde Ihres zuständigen Finanzamts nutzen.

PFLICHT ZUR ABGABE VON EINKOMMENSTEUERERKLÄRUNGEN

Rentner sind dazu verpflichtet, Einkommensteuererklärungen abzugeben,
* wenn sie vom Finanzamt dazu aufgefordert wurden
oder
* wenn der Gesamtbetrag ihrer Einkünfte (siehe Seite 133) höher ist als der steuerliche Grundfreibetrag von 8.354 Euro

pro Person und Jahr (Stand 2014; Verdoppelung bei zusammenveranlagten Ehegatten).

RENTENBEZUGS-MITTEILUNGEN

Gesetzliche Rentenversicherungsträger, private Versicherungsunternehmen und alle anderen Stellen, die Renten auszahlen, müssen die Höhe der seit 2005 ausgezahlten Renten und Angaben über die Empfänger der Rente per Datenübertragung an eine zentrale Stelle bei der Deutschen Rentenversicherung Bund melden, die diese Daten an die Finanzverwaltung weiterleitet. Nach einigen Anlaufschwierigkeiten ist dieses Verfahren mittlerweile etabliert und Rentner sollten davon ausgehen, dass die Höhe ihrer seit 2005 bezogenen Renten dem zuständigen Finanzamt bekannt ist.

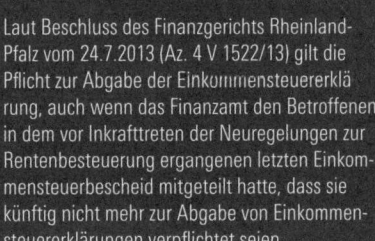

Vorsicht

Laut Beschluss des Finanzgerichts Rheinland-Pfalz vom 24.7.2013 (Az. 4 V 1522/13) gilt die Pflicht zur Abgabe der Einkommensteuererklärung, auch wenn das Finanzamt den Betroffenen in dem vor Inkrafttreten der Neuregelungen zur Rentenbesteuerung ergangenen letzten Einkommensteuerbescheid mitgeteilt hatte, dass sie künftig nicht mehr zur Abgabe von Einkommensteuererklärungen verpflichtet seien.

02

Rentner sind bei entsprechend hohen Einkünften auch ohne direkte Aufforderung durch das Finanzamt zur Abgabe der Einkommensteuererklärung verpflichtet!

Diese Informationen ermöglichen es den Finanzämtern, Rentner gezielter zur Abgabe von Einkommensteuererklärungen aufzufordern. Zu beachten ist allerdings, dass der Gesamtbetrag der Einkünfte neben der Rente auch andere Erträge wie zum Beispiel Mieten enthält, es besteht daher die Pflicht zur Abgabe auch bei einer niedrigen Rente und entsprechend hohen, dem Finanzamt nicht bekannten Nebeneinkünften. In diesen Fällen müssen die Betroffenen unaufgefordert Einkommensteuererklärungen einreichen. Wenn sie dies nicht tun, kann eine leichtfertige Steuerverkürzung oder – bei vorsätzlicher Nichtabgabe und hohen Einkünften – sogar eine Steuerhinterziehung vorliegen. Allerdings hat die Finanzverwaltung angekündigt, Verstöße von Rentnern gegen die Pflicht zur Abgabe von Steuererklärungen mit Augenmaß zu verfolgen.

Wenn keine Ordnungswidrigkeit oder Straftat vorliegt, kann bis Ende 2014 noch die Einkommensteuer für das Kalenderjahr 2007 festgesetzt werden. Im Fall einer Ordnungswidrigkeit kann 2014 sogar noch die Einkommensteuer für 2006 festgesetzt werden und bei einer Steuerhinterziehung verlängert sich die Verjährungsfrist sogar um weitere 5 Jahre, sodass 2005 hinterzogene Steuern noch bis zum 31.12.2018 festgesetzt werden können.

Bitter ist für die betroffenen Rentner, dass sie für zurückliegende Jahre nicht nur die Einkommensteuer nachzahlen müssen, sondern zusätzlich Zinsen von 6 Prozent pro Jahr.

Beispiel

2014 erhält Hans Z. seinen Steuerbescheid für das Jahr 2007, in dem eine Einkommensteuer von 2.000 Euro festgesetzt wird.

Die sogenannte Vollverzinsung beginnt 15 Monate nach Ende des betreffenden Kalenderjahres, hier also am 1.4.2009. Wenn sie beispielsweise am 31.3.2014 endet, fallen für 5 Jahre Zinsen in Höhe von 6 Prozent pro Jahr an, insgesamt also (30 Prozent von 2.000 Euro =) 600 Euro.

**Checkliste: Belege für Ihre Einkommensteuererklärung –
gegebenenfalls bereits unterjährig sammeln!**

• **Rentenbescheid**(e)

• Kapitalerträge (**Zinsen, Dividenden** etc.); alternativ: Jahresbescheinigung der Bank (ist eventuell kostenpflichtig)

• Belege über **Haushaltshilfe** als Minijob

- **Bankbelege** und Rechnungen über **Handwerkerarbeiten** an eigengenutzter Wohnung/eigengenutztem Haus

- **Bankbelege** und Rechnungen über **haushaltsnahe Dienstleistungen** (unter anderem Fensterputzer, Schneeräumen, Gartenpflege, Betreuung/Pflege)

- **Versicherungsbeiträge** (vor allem **Kranken-, Pflege-,** Unfall-, Haftpflichtversicherung)

- **Spendenbescheinigungen** (Spenden/Beiträge an **gemeinnützige, kirchliche, mildtätige Institutionen** sowie an **politische Parteien/Freie Wählergemeinschaften)**

- **Schwerbehindertenausweis**/Bescheinigung Pflegestufe

- **Behinderungsbedingte Kosten** (Aufwendungen für Pflege/Betreuung, Umbaukosten, Hilfsmittel); Achtung: Gegebenenfalls vorher Attest einholen!

- Eventuell gezahlte **Unterhaltsleistungen** an unterhaltsberechtigte Personen (vor allem Kinder, Eltern, Ex-Ehegatten)

- **Krankheitskosten** (Zuzahlungen, Kosten für Heilpraktiker, Heilkuren, Fahrten zu Ärzten, Heilpraktikern, Therapeuten, Krankenhaus); Achtung: Gegebenenfalls vor der Kur Attest einholen!

- Falls **sozialversicherungspflichtige Nebentätigkeit** ausgeübt wird: Lohnsteuerbescheinigung und Belege über alle damit zusammenhängenden **Werbungskosten** (zum Beispiel Arbeitsmittel, Arbeitsbekleidung, Fachliteratur, Fortbildung, PC oder Notebook)

- Falls **selbstständige Nebentätigkeit** ausgeübt wird: Belege über sämtliche Betriebseinnahmen und **Betriebsausgaben**, Aufzeichnungen über betriebliche Fahrten

- Falls **Vermietungseinkünfte** erzielt werden: Mietverträge, Nebenkostenabrechnungen und alle mit der Vermietung zusammenhängenden **Werbungskosten** (Reparaturen, Grundbesitzabgaben, Zinsen, bei Eigentumswohnungen Abrechnung der Hausverwaltung)

Rentner, die nicht wussten, dass sie eine Einkommensteuererklärung hätten abgeben müssen, können einen Antrag auf Erlass der Zinsen stellen. Lehnt das Finanzamt diesen ab, kann dagegen Einspruch eingelegt und das Ruhen des Verfahrens beantragt werden. Zur Begründung kann auf ein vom Bund der Steuerzahler unterstütztes Musterverfahren (FG Düsseldorf – Az. 12 K 2776/12 AO) hingewiesen werden.

BESTEUERUNG VON GESETZLICHEN RENTEN

Grundlage der Besteuerung ist stets die Bruttorente einschließlich des einbehaltenen Krankenversicherungsbeitrags. Dieser wird als Vorsorgeaufwand geltend gemacht (siehe Seite 136).

Wenn Sie am 1.1.2005 bereits Rentner waren oder im Lauf des Jahres 2005 in Rente gingen, beträgt Ihr persönlicher Besteuerungsanteil 50 Prozent, das heißt 50 Prozent der 2006 bezogenen Rente wurden als Ihr lebenslang gültiger Rentenfreibetrag festgestellt. Vom verbleibenden Betrag wird ein **Werbungskosten-Pauschbetrag** (§ 9a Nr. 3 EStG) in Höhe von 102 Euro abgezogen, falls Sie nicht (ausnahmsweise) höhere tatsächliche Werbungskosten nachweisen können.

Beispiel

Rentner Rudolf K. bezieht seit 2005 eine Altersrente aus der gesetzlichen Rentenversicherung. Aus seinem Rentenbescheid ergaben sich für 2006 Einnahmen (brutto, das heißt vor Abzug des Krankenversicherungsbeitrags) in Höhe von insgesamt 20.000 Euro. Sein Rentenfreibetrag ermittelt sich wie folgt:

50 Prozent von 20.000 Euro = 10.000 Euro

Die 10.000 Euro werden vom Finanzamt für Herrn K. als persönlicher Rentenfreibetrag festgestellt und gelten auch für die Folgejahre.

2014 erhält Rudolf K. eine Bruttojahresrente in Höhe von 22.000 Euro. Daraus ergeben sich folgende Einkünfte:

Rente	22.000 €
abzüglich Rentenfreibetrag	− 10.000 €
abzüglich Werbungskosten-Pauschbetrag	− 102 €
Sonstige Einkünfte im Sinne des § 22 EStG	**= 11.898 €**

Wenn Sie im Lauf des Jahres 2014 in Rente gehen, beträgt Ihr Besteuerungsanteil 68 Prozent. Die Feststellung Ihres persönlichen Rentenfreibetrags auf der Basis der steuerfreien 32 Prozent erfolgt erst 2015, weil Sie dann erstmals während des gesamten Jahres Rente beziehen. Witwen-/Witwerrenten werden als sogenannte Folgerenten mit dem Besteuerungsanteil des Verstorbenen erfasst, wenn dieser selbst bereits Rentner war.

Beispiel

Einnahmen 2014 (Bruttorente)	25.000 €
abzüglich 32 % (steuerfrei) von 25.000 €	– 8.000 €
abzüglich Werbungskosten-Pauschbetrag	– 102 €
Sonstige Einkünfte im Sinne des § 22 EStG	= **16.898 €**

Der Rentenfreibetrag wird in Höhe von 32 Prozent der Jahresrente des zweiten Rentenjahrs – hier 2015 – für die restliche Dauer des Rentenbezugs festgestellt.

Variante des Beispiels

Es handelt sich bei der oben genannten Rente um eine Witwenrente aus der gesetzlichen Rentenversicherung. Der verstorbene Ehegatte hatte seine Altersrente seit 2005 bezogen.

Die Witwenrente ist eine Folgerente und wird mit dem Besteuerungsanteil der vorhergehenden Rente erfasst:

Einnahmen 2014 (Bruttorente)	25.000 €
abzüglich 50 % (steuerfrei) von 25.000 €	– 12.500 €
abzüglich Werbungskosten-Pauschbetrag	– 102 €
Sonstige Einkünfte im Sinne des § 22 EStG	= **12.398 €**

RENTENNACHZAHLUNGEN

Bei Nachzahlungen richtet sich die Höhe des Besteuerungsanteils nicht nach dem Jahr, für welches gezahlt wird, sondern nach dem Jahr, in dem Ihnen die Nachzahlung zufließt.

Wenn aufgrund der Nachzahlung Ansprüche auf bereits gewährte Sozialleistungen (zum Beispiel Krankengeld) weg-

Tipp

Vergessen Sie nicht, für Nachzahlungen den ermäßigten Steuersatz zu beantragen!

fallen, richtet sich der Besteuerungsanteil nach dem Jahr des Zuflusses der bisherigen Sozialleistung. Für Rentennachzahlungen steht Ihnen gemäß § 34 Abs. 1 EStG ein ermäßigter Steuersatz zu (sogenannte Fünftelungsregelung, siehe auch R 34.4 Abs. 1 Satz 2 EStR).

BESTEUERUNG VON PRIVATEN RENTEN

PRIVATE ALTERSRENTEN

Die nicht steuerlich geförderte private Zusatzrente wird nur mit ihrem meist niedrigen Ertragsanteil besteuert. Der Grund hierfür ist, dass die gezahlte Rente zum überwiegenden Teil eine Rückzahlung der aus versteuertem Einkommen entrichteten Versicherungsbeiträge darstellt. Der Ertragsanteil wird bei Rentenbeginn festgestellt und bleibt für die gesamte Dauer des Rentenbezugs konstant.

Auszug aus der Tabelle in § 22 EStG:

Alter bei Rentenbeginn	Ertragsanteil in %
55 bis 56	26
57	25
58	24
59	23
60 bis 61	22
62	21
63	20
64	19
65 bis 66	18
67	17
68	16
69 bis 70	15

Der Werbungskosten-Pauschbetrag von 102 Euro wird für jeden Steuerpflichtigen im Rahmen der Sonstigen Einkünfte nur einmal gewährt und ist daher bei Rentnern bereits durch die gesetzliche Rente aufgebraucht.

Beispiel

Rudolf K. bezieht neben seiner gesetzlichen Rente seit seinem 63. Geburtstag eine private Zusatzrente in Höhe von 200 Euro je Monat, das heißt 2.400 Euro im Jahr. Aus der obigen Tabelle ergibt sich der Ertragsanteil von 20 Prozent. Die Sonstigen Einkünfte im Sinne von § 22 EStG betragen im Jahr 2014 20 Prozent von 2.400 Euro = 480 Euro.

Die Ertragsanteilsbesteuerung gilt nicht für Rürup- und Riester-Renten.

Steuerlich geförderte sogenannte **Rürup-Renten** werden genauso besteuert wie Renten aus der gesetzlichen Rentenversicherung. Sogenannte **Riester-Renten** sind stets in voller Höhe steuerpflichtig, da die Beiträge zu diesen Versicherungen voll steuerlich abgezogen werden können.

Wenn ein Betroffener mehrere private Zusatzrenten hat, gilt für jede Rente der Ertragsanteil, der sich aufgrund des Alters bei Beginn dieser Rente ergibt. Bei manchen privaten Rentenversicherungen ist ein Kapitalwahlrecht vorgesehen, sodass das angesparte Kapital ganz oder teilweise in einer Summe ausgezahlt werden kann. Die Kapitalauszahlung stellt Einkünfte aus Kapitalvermögen dar (siehe hierzu Seite 121 ff.).

PRIVATE BERUFS-/ERWERBSUNFÄHIGKEITS-RENTEN

Für private Berufs-/Erwerbsunfähigkeitsrenten (sogenannte abgekürzte Leibrenten) können sich je nach Laufzeit noch niedrigere Ertragsanteile ergeben. Diese Renten werden nur bis zum Erreichen einer bestimmten Altersgrenze gezahlt. Sie heißen daher auch „abgekürzte Leibrenten". Ihr Ertragsanteil ergibt sich gemäß § 55 EStDV:

Beschränkung der Laufzeit der Rente auf ... Jahre	Ertragsanteil
1	0
2	1
3	2
4	4
5	5
6	7
7	8
8	9
9	10
10	12
11	13
12	14
13	15
14–15	16
16–17	18

Diese Ertragsanteile gelten nur für private Renten. Eine gesetzliche Berufs-/Erwerbsunfähigkeitsrente wird genauso besteuert wie eine gesetzliche Altersrente (siehe Seite 92 f.).

Beispiel

Elsa M. erhält seit ihrem 58. Lebensjahr eine private Berufsunfähig-keitsrente in Höhe von 6.000 Euro pro Jahr. Die im Vertrag vereinbarte Altersgrenze liegt bei 65 Jahren. Die Laufzeit der Berufsunfähigkeits-rente beträgt 7 Jahre. Daraus ergibt sich ein Ertragsanteil von 8 Prozent. Steuerpflichtig sind somit nur 8 Prozent von 6.000 Euro = 480 Euro pro Jahr. Hiervon wird noch der Werbungskosten-Pauschbetrag von 102 Euro abgezogen, falls er nicht durch eine andere Rente ausgeschöpft wird.

02

Wichtig ist es daher, bei solchen Renten in der Anlage R das Datum des Erlöschens (bzw. der Umwandlung der Rente in eine Altersrente) einzutragen. Bei der gegebenenfalls im An-schluss gezahlten privaten Altersrente ist dieses Datum als „Rentenbeginn" einzutragen.

Tragen Sie bei privaten Berufs-/Erwerbsunfähigkeitsrenten unbedingt das Datum des Erlöschens ein!

RIESTER- UND RÜRUP-RENTEN

Völlig anders verhält es sich mit der Besteuerung von soge-nannten Riester-Renten. Diese werden in der Ansparphase vom Staat durch Zulagen bzw. besondere Abzugsmöglich-keiten gefördert. Daher wird die spätere Rente stets voll besteuert. Riester-Renten sind auf der Rückseite der Anlage R als „Leistungen aus einem Altersvorsorgevertrag" einzu-tragen.

Renten aus sogenannten Rürup-Verträgen werden analog zu den gesetzlichen Renten besteuert (siehe Seite 92 f.). Sie sind auf Seite 1 der Anlage R als „Leibrenten aus eigenen zertifi-zierten Basisrentenverträgen" zu erfassen.

RENTEN AUS DER BETRIEBLICHEN ALTERSVERSORGUNG UND PENSIONEN

Im alltäglichen Sprachgebrauch versteht man oftmals unter **Betriebsrenten** nicht nur Bezüge, die der ehemalige Arbeitgeber selbst auszahlt, sondern auch Renten aufgrund von anderen Durchführungswegen der betrieblichen Altersversorgung wie Direktversicherungen, die der Arbeitgeber für den Arbeitnehmer bei einer Versicherungsgesellschaft abgeschlossen hatte.

DIREKTVERSICHERUNGEN

Bei der Besteuerung von Direktversicherungen kommt es auf das Datum des Vertragsabschlusses an.

Die Beiträge zu vor dem 1.1.2005 abgeschlossenen Direktversicherungen (sogenannte Altfälle) wurden vom Arbeitgeber pauschal versteuert. Mit der Pauschalversteuerung ist die Einkommensteuer des Arbeitnehmers grundsätzlich abgegolten. Daher werden Renten aus solchen Direktversicherungen – genauso wie im vorigen Abschnitt für private Zusatzrenten erläutert – nur mit ihrem relativ niedrigen Ertragsanteil steuerlich erfasst. Gleiches gilt für Altfälle von Renten aus Pensionskassen, wenn (Regelfall) die Beiträge pauschal versteuert wurden. Die Leistungen aus diesen Altverträgen werden auf der Vorderseite der Anlage R als „Leibrenten aus inländischen privaten Rentenversicherungen" eingetragen.

Bei Neufällen (Vertragsabschluss nach dem 31.12.2004) von Renten aus Direktversicherungen und Pensionsfonds sieht das Gesetz dagegen die volle Besteuerung der ausgezahlten

Renten vor, da die in der Ansparzeit geleisteten Beiträge von der Einkommensteuer befreit waren. Leistungen aus solchen Verträgen sind auf der Rückseite der Anlage R entsprechend der jeweiligen Nummer auf der Leistungsmitteilung einzutragen.

02

BETRIEBSRENTEN UND BEAMTENPENSIONEN

Die **Betriebsrente** im engeren Sinne, das heißt die vom ehemaligen Arbeitgeber oder von einer Unterstützungskasse ausgezahlte Rente, stellt Einkünfte aus nicht selbstständiger Arbeit (§ 19 EStG) dar und ist in der Steuererklärung in der Anlage N einzutragen. Die Besteuerung erfolgt genauso wie die von Beamtenpensionen, die ja ebenfalls vom ehemaligen Arbeitgeber gezahlt werden. In der Regel handelt es sich um sogenannte Versorgungsbezüge, die durch einen Versorgungsfreibetrag begünstigt sind. Dies ist der Fall,

- wenn bei Bezügen aufgrund des Erreichens einer Altersgrenze der Empfänger das 63. Lebensjahr (oder im Fall einer Schwerbehinderung das 60. Lebensjahr) vollendet hat

oder

- wenn die Betriebsrente wegen verminderter Erwerbsfähigkeit gezahlt wird

oder

- wenn es sich um Hinterbliebenenbezüge handelt.

Beamtenpensionen sind dagegen unabhängig vom Erreichen einer Altersgrenze stets Versorgungsbezüge und damit durch den Versorgungsfreibetrag begünstigt. Der Bezieher einer gesetzlichen Rente, der außerdem von seinem ehemaligen Arbeitgeber seit seinem 60. Lebensjahr eine Betriebsrente erhielt und dem hierfür mangels Erreichens der Altersgrenze kein Versorgungsfreibetrag gewährt wurde, fühlte sich gegenüber gleichaltrigen Beamtenpensionären benachteiligt und begehrte in seiner Klage, ihm für seine Betriebsrente den Versorgungsfreibetrag zu gewähren, was allerdings vom Bun-

Tipp

Der Versorgungs-
freibetrag gilt bei
Betriebsrenten in
der Regel erst ab
dem Erreichen der
Altersgrenze!

desfinanzhof (BFH) mit Urteil vom 7.2.2013 (Az. VI R 12/11) abgelehnt wurde.

Der Versorgungsfreibetrag betrug für 2005 40 Prozent der Versorgungsbezüge, höchstens jedoch 3.000 Euro. Zusätzlich wurde ein Zuschlag in Höhe von 900 Euro gewährt. Beide Beträge werden stufenweise abgebaut, sodass Betriebsrenten und Pensionen bei Rentenbeginn ab dem Jahr 2040 voll – das heißt ohne Freibeträge – besteuert werden.

Auszug aus der Tabelle in § 19 Abs. 2 EStG:

Jahr des Versorgungsbeginns	Versorgungsfreibetrag in %	Höchstbetrag in €	Zuschlag zum Versorgungsfreibetrag in €	Maximal steuerfrei in €
2006	38,4	2.880	864	3.744
2007	36,8	2.760	828	3.588
2008	35,2	2.640	792	3.432
2009	33,6	2.520	756	3.276
2010	32,0	2.400	720	3.120
2011	30,4	2.280	684	2.964
2012	28,8	2.160	648	2.808
2013	27,2	2.040	612	2.652
2014	25,6	1.920	576	2.496
2015	24,0	1.800	540	2.340
2016	22,4	1.680	504	2.184
2017	20,8	1.560	468	2.028
2018	19,2	1.440	432	1.872
bis 2040	weitere Absenkungen bis auf 0			

Die Höhe des Versorgungsfreibetrags und des Zuschlags zum Versorgungsfreibetrag wird im Jahr des Versorgungsbeginns für jeden Empfänger festgestellt; deshalb sind von den Absenkungen nur Neufälle betroffen.

1. Beispiel „Altfall"

Rudolf K. bezog 2005 von seinem ehemaligen Arbeitgeber eine Betriebsrente in Höhe von 300 Euro pro Monat. 2014 beträgt die Betriebsrente 360 Euro pro Monat. Für 2014 ergeben sich folgende steuerliche Einkünfte:

Betriebsrente (12 x 360 €)	4.320,00 €
abzüglich Versorgungsfreibetrag (40 % von 3.600 € (12 x 300))	− 1.440,00 €
abzüglich Zuschlag zum Versorgungsfreibetrag	− 900,00 €
abzüglich Werbungskosten-Pauschbetrag	− 102,00 €
Einkünfte aus nicht selbstständiger Arbeit	**= 1.878,00 €**

Der Werbungskosten-Pauschbetrag wird hier nochmals gewährt, auch wenn er für Altersrenten im Sinne von § 22 EStG ebenfalls in Anspruch genommen wird. Der Freibetrag von insgesamt 2.340 Euro (einschließlich Zuschlag, also 1.440 + 900 Euro) wurde 2005 festgeschrieben und gilt für die gesamte Laufzeit der Betriebsrente.

2. Beispiel „Neufall"

Irmgard K. bezieht seit 1.7.2014 von ihrem ehemaligen Arbeitgeber eine Betriebsrente in Höhe von 400 Euro pro Monat. Für 2014 ergeben sich laut Tabelle auf Seite 100 daraus folgende Einkünfte:

Betriebsrente (6 x 400 €)	2.400,00 €
abzüglich Versorgungsfreibetrag (25,6 % von 2.400 €)	− 614,40 €
abzüglich Zuschlag zum Versorgungsfreibetrag (6/12 von 576 €)	− 288,00 €
abzüglich Werbungskosten-Pauschbetrag	− 102,00 €
Einkünfte aus nicht selbstständiger Arbeit	**= 1.395,60 €**

Für die Folgejahre wird ein Versorgungsfreibetrag in folgender Höhe festgesetzt:

25,6 % von 4.800 € (12 x 400 €)	1.228,80 €
Hinzu kommt ein Zuschlag zum Versorgungsfreibetrag	+ 576,00 €
jährlicher Freibetrag	**= 1.804,80 €**

Dieser Freibetrag ändert sich nicht, auch wenn in späteren Jahren die Betriebsrente steigt.

Analog zu Betriebsrenten werden Beamtenpensionen besteuert. Hier kommt allerdings in der Regel die „Deckelung" des Versorgungsfreibetrags pro Jahr zum Tragen, sodass laut der Tabelle auf Seite 100 bei Versorgungsbeginn 2005 maximal 3.900 Euro steuerfrei bleiben, bei Versorgungsbeginn 2014 maximal 2.496 Euro.

Versorgungsbezüge liegen auch vor, wenn nicht beamtete Versorgungsempfänger staatliche Beihilfen zu ihren Krankheitskosten erhalten. In seinem Urteil vom 6.2.2013 (Az. VI R 28/11) entschied der BFH, dass es sich hierbei um Bezüge aus früheren Dienstleistungen handelt, die – gegebenenfalls unter Abzug des Versorgungsfreibetrags – zu versteuern sind.

WIE WERDEN NEBENJOBS BESTEUERT?

Bevor Sie eine Beschäftigung aufnehmen, sollten Sie sich über sozialversicherungsrechtliche Folgen informieren. Sonst könnte es sein, dass Sie als böse Überraschung beispielsweise eine Kürzung Ihrer Rente hinnehmen müssen. Einzelheiten hierzu finden Sie ab Seite 31.

Aus steuerlicher Sicht kommen für den Nebenjob folgende Möglichkeiten infrage:

* ein sozialversicherungspflichtiges Arbeitsverhältnis,
* ein sogenannter Minijob (eine geringfügige Beschäftigung im Sinne von § 40a Abs. 2 EStG; maximal 450 Euro pro Monat),
* eine kurzfristige Beschäftigung im Sinne von § 40a Abs. 1 EStG (nur in Ausnahmefällen).

SOZIALVERSICHERUNGSPFLICHTIGES ARBEITSVERHÄLTNIS

Hier fallen Sozialbeiträge (gegebenenfalls in der Gleitzone) an. Es liegen Einkünfte aus nicht selbstständiger Arbeit (§ 19 EStG) vor. Für die Ermittlung dieser Einkünfte werden von den Einnahmen (= Bruttoarbeitslohn) die Werbungskosten abgezogen.

02

Werbungskosten sind zum Beispiel
* Kosten für Fahrten zum Arbeitsplatz,
* Arbeitsmittel, soweit der Arbeitnehmer sie selbst bezahlen muss,
* typische Arbeitsbekleidung und Ähnliches.

Für die Fahrt zum Arbeitsplatz wird die **Entfernungspauschale** (§ 9 Abs. 1 Nr. 4 EStG) in Höhe von 0,30 Euro je Entfernungskilometer (= einfache Strecke) angesetzt. Diese Pauschale ist unabhängig vom benutzten Beförderungsmittel. Auf die tatsächlichen Fahrtkosten kommt es also nicht an.

Für den Fall, dass keine oder nur geringe Werbungskosten nachgewiesen werden, kommt der **Arbeitnehmer-Pauschbetrag** gemäß § 9a Nr. 1a EStG in Höhe von 1.000 Euro pro Jahr zum Abzug.

Beispiel

Rentner Rudolf K. (67 Jahre alt) erzielte 2014 aus einem Teilzeit-Arbeitsverhältnis einen Bruttoarbeitslohn in Höhe von 6.000 Euro. Er ist an 90 Tagen zu seinem 30 Kilometer entfernten Arbeitsplatz gefahren. Weitere Werbungskosten sind nicht angefallen.

Einnahmen aus nicht selbstständiger Arbeit	6.000 €
abzüglich Werbungskosten (= Entfernungspauschale) 90 Tage à 30 km à 0,30 € = 810 €, mindestens Arbeitnehmer-Pauschbetrag	− 1.000 €
Einkünfte aus nicht selbstständiger Arbeit	= 5.000 €

 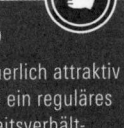

Tipp
Steuerlich attraktiv wird ein reguläres Arbeitsverhältnis durch den Arbeitnehmer-Pauschbetrag und den Altersentlastungsbetrag.

Wenn er neben seiner Rente und diesem Arbeitsverhältnis keine weiteren Einkünfte hat, wird ihm auf die Einkünfte aus nicht selbstständiger Arbeit ein Altersentlastungsbetrag (Näheres hierzu auf Seite 133 f.) gemäß § 24a EStG gewährt. Dieser beträgt – da Herr K. 2011 das 64. Lebensjahr vollendet hat – 28,8 Prozent der Einkünfte (= 5.000 Euro), also 1.440 Euro, maximal aber 1.368 Euro.

Herr K. muss dann aus diesem Arbeitsverhältnis nur die restlichen 3.632 Euro versteuern. Beim Vergleich mit einem Minijob sollten aber auch die anfallenden Sozialbeiträge beachtet werden.

MINIJOB

Falls ein Rentner im Rahmen einer geringfügigen Beschäftigung (auf sogenannter 450-Euro-Basis) tätig wird, braucht er die entsprechende Vergütung in seiner Einkommensteuererklärung nicht anzugeben, da die Pauschalbesteuerung gemäß § 40a Abs. 2 EStG Abgeltungswirkung hat. Dies ist aus Sicht des Rentners ein entscheidender Vorteil des Minijobs. Nachteilig ist allerdings, dass in der Praxis bei Minijobs häufig weder bezahlter Urlaub noch Lohnfortzahlung im Krankheitsfall gewährt werden.

Die vom Arbeitgeber nach dieser Vorschrift zu entrichtende Pauschalsteuer beträgt nur 2 Prozent, zusätzlich sind aber die pauschalen Sozialabgaben zu beachten, sodass sich insgesamt für den Arbeitgeber eine Belastung von bis zu ca. 30 Prozent ergeben kann.

KURZFRISTIGE BESCHÄFTIGUNG

Im Fall einer kurzfristigen Beschäftigung (§ 40a Abs. 1 EStG) besteht in der Regel keine Sozialversicherungspflicht, aber der Arbeitgeber muss eine Pauschalsteuer in Höhe von 25 Prozent des ausgezahlten Arbeitslohns entrichten.

Eine kurzfristige Beschäftigung in diesem Sinne liegt vor, wenn der Arbeitnehmer nur gelegentlich (nicht mehr als 18 zusammenhängende Arbeitstage) beschäftigt wird. Außerdem darf der Arbeitslohn durchschnittlich 62 Euro je Arbeitstag nicht überschreiten oder die Beschäftigung muss zu einem unvorhersehbaren Zeitpunkt sofort erforderlich sein. Wie bei der geringfügigen Beschäftigung hat auch hier die Pauschalsteuer Abgeltungswirkung: Der Arbeitnehmer muss selbst nichts versteuern.

Der Arbeitgeber zahlt die Pauschalsteuer zusätzlich zum Arbeitslohn.

Beispiel

Rudolf K. arbeitet zum Jahresende 2014 an zwei Tagen als Inventurhelfer beim örtlichen Baumarkt. Es handelt sich um eine kurzfristige Beschäftigung im Sinne von § 40a Abs. 1 EStG. Herr K. erhält insgesamt 100 Euro Arbeitslohn.

Der Arbeitgeber zahlt 25 Euro Pauschalsteuer (zuzüglich Solidaritätszuschlag und pauschaler Kirchensteuer) an das Finanzamt. Der Betrag wird nicht von Herrn K.s Arbeitslohn einbehalten, sondern fällt zusätzlich an. In seiner Einkommensteuererklärung braucht Herr K. hierzu keine Angaben zu machen.

BESCHÄFTIGUNGSVERHÄLTNISSE MIT ANGEHÖRIGEN

Grundsätzlich kann jedes Beschäftigungsverhältnis auch zwischen Angehörigen vereinbart und steuerlich anerkannt werden, wenn es unter fremdüblichen Bedingungen abgeschlossen und durchgeführt wird. Das heißt, Arbeitszeit und Vergütung wie auch die übrigen Rahmenbedingungen des Arbeitsverhältnisses müssen dem entsprechen, was mit einem nicht verwandten Arbeitnehmer vereinbart worden wäre (sogenannter **Fremdvergleich**). Allerdings genügen nicht allein die schriftlich fixierten vertraglichen Regelungen, sondern diese müssen auch in der Praxis umgesetzt werden.

Vorsicht

Verträge mit Familienangehörigen werden nur anerkannt, wenn sie dem Fremdvergleich standhalten. Haushaltshilfen dürfen nicht im selben Haushalt leben.

Wenn Ihre Tochter oder Ihr Sohn beispielsweise einen Gewerbebetrieb unterhält, können Sie dort ohne Weiteres als Arbeitnehmer tätig sein. Beschäftigungsverhältnisse im Haushalt werden allerdings nur anerkannt, wenn die Vertragspartner des entsprechenden Arbeitsvertrags nicht im selben Haushalt leben.

Sinnvoll können solche Beschäftigungsverhältnisse sein, wenn sie beim Arbeitgeber zu steuerlich abziehbaren Aufwendungen führen wie beispielsweise Betriebsausgaben oder Kinderbetreuungskosten. Zu beachten ist allerdings, dass der Arbeitnehmer den im Rahmen eines sozialversicherungspflichtigen Arbeitsverhältnisses erhaltenen Arbeitslohn versteuern muss und dass außerdem Sozialbeiträge entrichtet werden müssen.

Attraktiv ist ein Minijob im Privathaushalt der Angehörigen, weil hier die pauschalen Abgaben mit 14,44 Prozent der ausgezahlten Vergütung nur etwa halb so hoch sind wie beim „normalen" Minijob (genauere Informationen auf der Homepage der Minijob-Zentrale unter www.minijob-zentrale.de).

Werden dem Angehörigen lediglich die aufgrund der Kinderbetreuung anfallenden Kosten – zum Beispiel Fahrkosten mit dem eigenen Kfz in Höhe von 0,30 Euro je gefahrenem Kilometer – erstattet, so erzielt dieser keine steuerpflichtigen Einkünfte. Nach dem Urteil des Finanzgerichts Baden-Württemberg vom 9.5.2012 (Az. 4K 3278/11) kann der Ersatz der Fahrtkosten für eine Großmutter, die auswärts wohnt und kommt, um ihr Enkelkind zu betreuen, von den Eltern als Kinderbetreuungskosten geltend gemacht werden, wenn die Erstattung auf schriftlicher vertraglicher Grundlage und per Banküberweisung erfolgt.

STEUERFREIE AUFWANDSENT-SCHÄDIGUNGEN FÜR EHRENÄMTER UND ANDERE NEBENTÄTIGKEITEN

02

Bestimmte, aus einer Bundes- oder Landeskasse gezahlte Aufwandsentschädigungen sind gemäß § 3 Nr. 12 EStG steuerfrei, ohne dass der tatsächliche Aufwand nachgewiesen werden muss. Hierzu gehören Aufwandsentschädigungen für die Tätigkeit

- als Versichertenältester,
- in einer Berufskammer (zum Beispiel als Mitglied eines Prüfungsausschusses der Industrie- und Handelskammer),
- als Gemeinde- oder Stadtrat etc.,
- als Mitglied von Gutachterausschüssen im Sinne des Bundesbaugesetzes,
- als ehrenamtlicher Richter bzw. Schöffe,
- als Mitglied der freiwilligen Feuerwehr oder des Technischen Hilfswerks.

ÜBUNGSLEITER-FREIBETRAG

Für andere Vergütungen kann der sogenannte Übungsleiter-Freibetrag gemäß § 3 Nr. 26 EStG in Höhe von 2.400 Euro pro Jahr unter folgenden Voraussetzungen geltend gemacht werden:

- Es muss sich um eine nebenberufliche Tätigkeit als Übungsleiter, Ausbilder, Betreuer oder Ähnliches

oder

- eine nebenberufliche künstlerische Tätigkeit

oder

- eine nebenberufliche Pflege, Betreuung und/oder hauswirtschaftliche Versorgung alter, kranker oder behinderter Menschen handeln.
- Außerdem muss die Tätigkeit im Auftrag einer inländischen juristischen Person des öffentlichen Rechts (zum Beispiel einer

Schule oder einer anderen staatlichen Bildungseinrichtung) oder einer als gemeinnützig, mildtätig oder kirchlich anerkannten Einrichtung (beispielsweise Sportverein, Kirchenchor, Arbeiterwohlfahrt oder Diakonie) ausgeführt werden.

Die Voraussetzung der Nebenberuflichkeit ist erfüllt, wenn die Tätigkeit nicht mehr als ein Drittel der Arbeitszeit einer entsprechenden Vollzeitstelle in Anspruch nimmt. Ob der Betroffene daneben hauptberuflich arbeitet, spielt keine Rolle: Auch Hausfrauen oder Rentner können den Übungsleiter-Freibetrag in Anspruch nehmen. Die Tätigkeit kann im Rahmen eines Arbeitsvertrags oder freiberuflich ausgeübt werden.

Beispiel

Irmgard K., die Ehefrau von Rudolf K., ist Hausfrau. Sie leitet mehrere Kinder- und Jugendsportgruppen des örtlichen Sportvereins TUS 1890 e.V. 2014 erhält sie dafür vom Verein insgesamt 2.500 Euro. Es besteht kein Arbeitsverhältnis zwischen Frau K. und dem Verein. Für ihre Tätigkeit fährt sie hundertmal pro Jahr mit ihrem eigenen Kfz zur 8 Kilometer entfernten Sporthalle.

Aus steuerlicher Sicht erzielt Frau K. Einkünfte aus freiberuflicher Tätigkeit im Sinne von § 18 Abs. 1 Nr. 1 EStG (= unterrichtende oder erzieherische Tätigkeit). Grundsätzlich sind die Betriebsausgaben für die Fahrten zur Turnhalle abziehbar. Sie werden mit dem pauschalen Kilometersatz von 0,30 Euro je gefahrenem Kilometer angesetzt: 100 Fahrten à 16 Kilometer à 0,30 Euro = 480 Euro.

Mit dieser nebenberuflichen Tätigkeit als Übungsleiterin für einen gemeinnützigen Verein sind die Voraussetzungen für den Übungsleiter-Freibetrag erfüllt. Die tatsächlichen Aufwendungen sind niedriger als der Freibetrag und werden daher durch diesen abgegolten. Frau K. erzielt Einkünfte in Höhe von:

Betriebseinnahmen	2.500 €
abzüglich Übungsleiter-Freibetrag	−2.400 €
Einkünfte aus selbstständiger Arbeit (§ 18 EStG)	**= 100 €**

EHRENAMTSPAUSCHALE

Wird für eine der in § 3 Nr. 26 EStG genannten Institutionen eine andere als die auf Seite 107 f. aufgezählten nebenberuflichen Tätigkeiten ausgeübt (zum Beispiel als Kassenwart, Schriftführer oder als Platzwart eines Sportvereins), so wird die sogenannte Ehrenamtspauschale von 720 Euro pro Jahr gemäß § 3 Nr. 26a EStG gewährt. Für dieselbe Tätigkeit kann nur eine der beiden Vergünstigungen in Anspruch genommen werden. Handelt es sich dagegen um unterschiedliche Tätigkeiten, so können einer Person gleichzeitig beide Vergünstigungen gewährt werden.

02

Werden die Vergütungen im Rahmen eines Arbeitsverhältnisses gezahlt, so liegt in Höhe des Übungsleiter-Freibetrags bzw. der Ehrenamtspauschale kein sozialversicherungspflichtiges Arbeitsentgelt vor.

Tipp

Steuerfrei bedeutet bei Übungsleiterfreibetrag und Ehrenamtspauschale gleichzeitig sozialversicherungsfrei!

Auch eine Tätigkeit als Betreuer kann begünstigt sein. Seit 2013 wird der Freibetrag von 2.400 Euro pro Jahr gemäß § 3 Nr. 26b EStG auch für ehrenamtliche Vormundschaften, Pflegschaften und Betreuungen gewährt. Ein Steuerpflichtiger kann allerdings nur insgesamt 2.400 Euro aus Tätigkeiten im Sinne des § 3 Nr. 26 und Nr. 26b als steuerfrei behandeln.

Durch den Übungsleiter-Freibetrag bzw. die Ehrenamtspauschale sind die mit der Tätigkeit zusammenhängenden Aufwendungen abgegolten, das heißt, diese können nicht zusätzlich geltend gemacht werden. Allerdings kann anstelle des Freibetrags der tatsächliche Aufwand abgezogen werden, wenn er den Freibetrag übersteigt.

Tipp

Durch den Verzicht auf Ihren Erstattungsanspruch können Sie Steuern sparen!

Erhält der ehrenamtlich Tätige keine Vergütung, so kann der durch die Tätigkeit verursachte Aufwand gemäß § 3c Abs. 1 EStG nicht als Betriebsausgabe oder Werbungskosten steuerlich abgezogen werden. Die unentgeltlich erbrachte Leistung kann auch nicht steuerbegünstigt gespendet werden. Wenn der Erbringer der Leistung allerdings einen Anspruch auf die Erstattung seiner Aufwendungen hat und freiwillig im Nachhinein auf diesen Erstattungsanspruch verzichtet, kann er den Betrag, auf den er verzichtet hat, als Spende steuerlich geltend machen.

Variante des Beispiels auf Seite 108

Eigentlich will Frau K. für ihre Tätigkeit gar kein Entgelt erhalten. Laut der mit dem Verein getroffenen Vereinbarung steht ihr für 2014 aber eine gemäß § 3 Nr. 26 EStG steuerfreie Vergütung in Höhe von 1.000 Euro zu. Außerdem hat sie Anspruch auf eine steuerfreie Erstattung ihrer Fahrtkosten in Höhe von 480 Euro. Wenn sie auf beide Beträge verzichtet, stellt ihr der Verein einen Zuwendungsnachweis über eine Spende in Höhe von 1.480 Euro aus, die sie gemäß § 10b Abs. 1 EStG als Sonderausgabe steuermindernd abziehen kann.

WIE WERDEN KAPITALERTRÄGE BESTEUERT?

Zinsen, Dividenden und ähnliche Erträge aus Ersparnissen sind als Einkünfte aus Kapitalvermögen zu versteuern.

Tipp
Kapitalerträge brauchen nicht in die Einkommensteuererklärung eingetragen zu werden.

Die Einkommensteuer auf private Kapitalerträge wird direkt von der Bank (oder anderen auszahlenden Stellen) einbehalten und als Quellensteuer ans Finanzamt abgeführt. Das heißt, die Kapitalerträge werden nicht in die normale Einkommensteuerveranlagung einbezogen, sondern mit einem besonderen Steuersatz – getrennt von den übrigen Einkünften – erfasst. Dieser besondere Steuersatz ist für alle Kapitalerträge gleich und beträgt 25 Prozent Einkommensteuer zuzüglich des 5,5-prozentigen Solidaritätszuschlags, insgesamt also 26,375 Prozent. Obwohl dies wesentlich niedriger ist als der persönliche Steuersatz von einkommensstarken Personen, wird auch bei Spitzenverdienern keine weitere Steuer auf die Kapitalerträge erhoben; die einbehaltene Steuer hat also Abgeltungswirkung. Daher wird sie auch als **„Abgeltungsteuer"** bezeichnet.

Bei Personen, die einer Kirche angehören, fällt zusätzlich die je nach Bundesland unterschiedlich hohe Kirchensteuer (8 oder 9 Prozent der Abgeltungsteuer) an. Dass die Kirchensteuer bei der Ermittlung des Einkommens abziehbar ist und damit ihrerseits die Abgeltungsteuer mindert, wird gemäß § 32d Abs. 1 EStG durch eine Formel berücksichtigt.

02

KONTEN IM AUSLAND

Kapitalerträge sind nach dem Welteinkommensprinzip in Deutschland zu versteuern, auch wenn sie im Ausland erzielt werden. Auf Kapitalerträge aus im Ausland angelegtem Kapital (zum Beispiel ausländische Fonds) kann keine Abgeltungsteuer einbehalten werden. Daher müssen Sie diese in Ihrer Einkommensteuererklärung eintragen.

Vergessen Sie nicht, die eventuell im Ausland (zum Beispiel in Luxemburg oder Österreich) einbehaltene Quellensteuer ebenfalls einzutragen, da diese zu Ihren Gunsten auf die deutsche Einkommensteuer anrechenbar ist.

Falls Sie „vergessen", die ausländischen Kapitalerträge in Ihrer Steuererklärung anzugeben, müssen Sie auf böse Überraschungen gefasst sein: Durch die Zinsinformationsverordnung gelangen Informationen über im Ausland gezahlte Zinsen – zumindest aus den meisten EU-Ländern – von den ausländischen Banken an das deutsche Bundeszentralamt für Steuern und von dort zu dem für Sie zuständigen Finanzamt.

FREISTELLUNG VON DER ABGELTUNGSTEUER

Steuerfrei ist gemäß § 20 Abs. 9 EStG ein Sparerpauschbetrag von 801 Euro je Person, bei Ehegatten also 1.602 Euro. Hierdurch ergibt sich das persönliche Freistellungsvolumen.

Tipp

Nutzen Sie das Freistellungsvolumen voll aus. Um unangenehmen Fragen aus dem Weg zu gehen, sollten Sie aber auch unbedingt darauf achten, es nicht zu überschreiten.

Auf freigestellte Erträge wird keine Abgeltungsteuer fällig. Der Freistellungsauftrag ist bei der jeweiligen Bank einzureichen. In der Summe aller Freistellungsaufträge dürfen die auf Seite 111 genannten Beträge nicht überschritten werden, was vom Bundeszentralamt für Steuern kontrolliert wird. Dorthin müssen alle deutschen Banken die steuerfrei ausgezahlten Kapitalerträge melden, sodass die Daten anhand der Steueridentifikationsnummern auf die einzelnen Steuerpflichtigen bezogen werden können, egal bei wie vielen unterschiedlichen Banken sie Konten unterhalten. Wurden zu hohe Beträge steuerfrei vereinnahmt, muss der Betreffende dem Finanzamt sämtliche Kapitaleinkünfte offenlegen.

Auf nicht freigestellte Kapitalerträge müssen die Banken Abgeltungsteuer einbehalten und abführen. Wenn Sie allerdings nur niedrige andere Einkünfte haben, sollten Sie darüber nachdenken, eine **Nichtveranlagungsbescheinigung** (kurz: NV-Bescheinigung) zu beantragen. Nach Vorlage einer NV-Bescheinigung werden gemäß § 44a Abs. 2 Nr. 2 EStG sämtliche Kapitalerträge ohne Steuerabzug ausgezahlt.

Tipp

Um die Abgeltungsteuer zu vermeiden, ist die Nichtveranlagungsbescheinigung eine attraktive Alternative zur Freistellung.

Sie haben Anspruch auf eine NV-Bescheinigung, wenn Ihr Einkommen einschließlich der Kapitalerträge den Grundfreibetrag von zurzeit (Stand 2014) 8.354 Euro (Alleinstehende) bzw. 16.708 Euro (Verheiratete) nicht übersteigt. Sie erhalten die NV-Bescheinigung bei Ihrem zuständigen Wohnsitzfinanzamt. Tragen Sie im Antragsformular NV 1 A (Antrag auf Ausstellung einer Nichtveranlagungs(NV)-Bescheinigung) Ihr voraussichtliches Einkommen im ersten Geltungsjahr sowie die Anzahl der beantragten NV-Bescheinigungen ein. Sie benötigen eine Bescheinigung für jede Bank, bei der Sie Kapitalvermögen angelegt haben. Die NV-Bescheinigung gilt für jeweils drei Jahre. Die für Ehegatten ausgestellte NV-Bescheinigung gilt für alle Konten der Ehegatten, also auch für die, die nur auf einen der Ehegatten lauten. Die NV-Bescheinigung ist rechtzeitig vor der Fälligkeit der Kapitalerträge zu beantragen.

Veranlagungsoption/Günstigerprüfung

Die Bezieher hoher Einkommen profitieren von dem für sie niedrigeren Abgeltungsteuersatz. Bei niedrigem Einkommen kann dagegen die Belastung durch die Abgeltungsteuer höher sein als der persönliche Steuersatz. So beträgt bei einem zu versteuernden Einkommen bis zu ca. 15.000 Euro (Alleinstehende) bzw. ca. 30.000 Euro (Verheiratete) der Grenzsteuersatz – das heißt der Steuersatz, mit dem zusätzliche Einkünfte belastet werden – weniger als 25 Prozent. Liegt das steuerliche Einkommen (ohne die Kapitalerträge) darunter, so kann die Abgeltungsteuer höher sein als die Steuer, die bei einer Einbeziehung der Kapitalerträge in die Einkommensteuerveranlagung entstehen würde.

Tipp

Bei niedrigem Einkommen kann die Abgeltungsteuer zu hoch sein. Im Zweifel sollten Sie die Günstigerprüfung für Ihre Kapitalerträge beantragen!

02

Dies will der Gesetzgeber vermeiden und bietet den Steuerpflichtigen daher die Möglichkeit zur sogenannten **Veranlagungsoption**. Um diese zu nutzen, tragen Sie Ihre Kapitalerträge in der Anlage KAP der Einkommensteuererklärung vollständig ein. Das Finanzamt prüft daraufhin, ob die Einbeziehung in die Veranlagung für Sie günstiger ist als die Abgeltungsteuer (sogenannte **Günstigerprüfung**). Ist dies der Fall, so wird im Einkommensteuerbescheid die entsprechende Steuerrückzahlung festgesetzt. Ist dagegen die Abgeltungsteuer für Sie doch günstiger, so müssen Sie keine Steuer nachbezahlen, da maximal der Abgeltungsteuersatz zur Anwendung kommt.

Vorsicht

Die Günstigerprüfung kann nur bis zur Unanfechtbarkeit des Steuerbescheids beantragt werden!

Wenn Sie nicht sicher sind, ob die Veranlagungsoption (Günstigerprüfung) für Sie von Vorteil ist, sollten Sie sämtliche Kapitalerträge in die Steuererklärung eintragen. Dies gilt umso mehr, weil der Antrag auf die Günstigerprüfung nach Ablauf der einmonatigen Einspruchsfrist nicht mehr gestellt werden kann. Gegen

Tipp

Wenn Sie den Altersentlastungsbetrag nicht durch andere Einkünfte ausschöpfen, kann die Einbeziehung der Kapitalerträge in die Veranlagung für Sie auch dann günstiger sein, wenn Sie die jeweilige oben genannte Einkommensgrenze überschreiten.

diese zeitliche Beschränkung ist ein Revisionsverfahren beim BFH anhängig (Az. VIII R 14/13). Sollten Sie hiervon betroffen sein, können Sie Einspruch einlegen und das Ruhen des Verfahrens beantragen.

Tipp

Zu Unrecht einbehaltene Abgeltungsteuer können Sie sich zurückholen!

Wenn sich Ihre Kapitalerträge innerhalb des Sparerpauschbetrags von 801 Euro (Alleinstehende) bzw. 1.602 Euro (Ehegatten) bewegen und Sie versehentlich nicht alles freigestellt haben, sollten Sie alle Kapitalerträge in der Steuererklärung eintragen, um die zu viel einbehaltene Abgeltungsteuer zurückzuerhalten. Diese Möglichkeit besteht auch dann, wenn Sie gar keine anderen steuerpflichtigen Einkünfte haben, weil Sie sich mit Ihrer Rente im Rahmen des Grundfreibetrags bewegen.

Vor der Einführung der Abgeltungsteuer konnten tatsächliche Werbungskosten abgezogen werden, wenn sie den damaligen Pauschbetrag überschritten. Dies ist nach dem seit 2009 gültigen Gesetzestext ausdrücklich verboten. Das heißt, dass nunmehr Werbungskosten im Zusammenhang mit Kapitalerträgen von mehr als 801 Euro pro Person steuerlich nicht mehr berücksichtigt werden. Gegen dieses Abzugsverbot ist ein Revisionsverfahren beim BFH anhängig (Az. VIII R 13/13). Sollten Sie hiervon betroffen sein, können Sie Einspruch einlegen und das Ruhen des Verfahrens beantragen.

VERÄUSSERUNG VON WERTPAPIEREN

Bis einschließlich 2008 wurde die Veräußerung von privaten Wertpapieren nur dann besteuert, wenn ihr An- und Verkauf innerhalb eines Jahres erfolgte. Verluste aus solchen Altfällen wurden vom Finanzamt per Bescheid festgestellt und konnten bis einschließlich 2013 mit Gewinnen aus Wertpapiergeschäften verrechnet werden. Seit 2014 können sie nur noch mit anderen privaten Veräußerungsgewinnen – beispielsweise aus Grundstücksgeschäften – verrechnet werden. Gewinne aus dem Verkauf von bereits vor dem 1.1.2009 erworbenen Wertpapieren sind nach wie vor steuerfrei.

Veräußerungsgewinne aus ab dem 1.1.2009 gekauften Wertpapieren unterliegen stets als Kapitalerträge der Abgeltungsbesteuerung. Die Abgeltungsteuer wird an der Quelle – das heißt in der Regel von der Bank – einbehalten und ans Finanzamt abgeführt.

02

Der Sparerpauschbetrag von 801 Euro (Alleinstehende) bzw. 1.602 Euro (Ehegatten) wird für alle Kapitalerträge nur einmal gewährt, das heißt, für Veräußerungsgewinne gibt es weder eine Freigrenze noch einen zusätzlichen Freibetrag. Das Ergebnis aus einem Wertpapierverkauf wird ermittelt, indem vom Veräußerungserlös die Anschaffungskosten und die direkt mit dem Verkauf zusammenhängenden Aufwendungen abgezogen werden.

Tipp

Beim Verkauf von Wertpapieren ist in steuerlicher Hinsicht entscheidend, ob sie vor oder nach dem 1.1.2009 gekauft wurden.

Werden Wertpapiere von einem inländischen Depot in ein anderes transferiert, so muss die abgebende Bank der übernehmenden die Anschaffungskosten mitteilen, damit diese einen späteren Veräußerungsgewinn oder -verlust richtig ermitteln kann. In anderen Fällen – insbesondere bei der Übertragung von Wertpapieren aus einem ausländischen Depot – kann der Steuerpflichtige die Anschaffungskosten durch eine entsprechende Bescheinigung des ausländischen Instituts nachweisen. Wenn keine Anschaffungskosten nachgewiesen werden, wird ein Gewinn in Höhe von 30 Prozent der Einnahmen aus dem Verkauf besteuert.

Wenn Sie in einem Depot die gleichen Wertpapiere mehrfach zu unterschiedlichen Anschaffungskosten zugekauft haben und nur einen Teil des Bestands verkaufen, wird gemäß § 20 Abs. 4 EStG unterstellt, dass die zuerst angeschafften Papiere als erste verkauft werden (sogenanntes FiFo-Verfahren; FiFo =

First in – First out). Eine Abweichung davon ist nicht möglich, auch wenn die Fifo-Reihenfolge für Sie ungünstig sein sollte.

Tipp

Um später gezielt die Wertpapiere verkaufen zu können, die Sie zu den höchsten Anschaffungskosten erworben haben, kann es bei größeren Wertpapierbeständen sinnvoll sein, mehrere Depots zu unterhalten und gleiche Papiere mit unterschiedlichen Anschaffungskosten in getrennten Depots zu halten.

Mitunter entstehen Verluste bei der Anlage. Negative Kapitalerträge wie durch Verkauf realisierte Aktienverluste und Stückzinsen werden grundsätzlich bereits von der Bank bei der Ermittlung der Abgeltungsteuer berücksichtigt. Das heißt, dass zunächst die betreffende Bank die Verluste von den Gewinnen abzieht und nur auf die verbleibende positive Differenz Abgeltungsteuer einbehält.

Vorsicht

Verluste aus Aktiengeschäften dürfen nur mit Gewinnen aus Aktiengeschäften verrechnet werden, nicht dagegen mit Dividenden- oder Zinserträgen oder Gewinnen aus anderen Wertpapiergeschäften.

Übersteigen die Verluste die positiven Erträge, so ist der verbleibende Verlust auf die Folgejahre zu übertragen und kann dann mit Gewinnen verrechnet werden; allerdings kann ein Aktienverlust auch in den Folgejahren immer nur mit Aktiengewinnen verrechnet werden.

Kompliziert wird es, wenn Depots bei verschiedenen Banken unterhalten werden. Dann kann sich nämlich bei einer Bank insgesamt ein Gewinn, bei einer anderen dagegen insgesamt ein Verlust aus Aktienverkäufen ergeben. Um auch in diesem Fall einen sofortigen Verlustausgleich zu ermöglichen, hat der Gesetzgeber ein Bescheinigungsverfahren eingeführt: Wenn Sie dies verlangen, muss die Bank, bei der sich ein Verlust ergeben hat, Ihnen diesen Verlust bescheinigen.

Der Antrag auf Verlustbescheinigung ist unwiderruflich und muss bis zum 15.12. des Jahres, für das der Verlust bescheinigt werden soll, bei der Bank eingehen.

Im Rahmen der Einkommensteuererklärung muss die Bescheinigung zusammen mit Belegen über sämtliche Kapitalerträge und die jeweils einbehaltene Abgeltungsteuer eingereicht werden, damit der Verlust berücksichtigt und die zu viel einbehaltene Abgeltungsteuer erstattet werden kann. Stellt der Anleger den Antrag auf die Bescheinigung nicht oder nicht fristgerecht, so wird der Verlust bei der betreffenden Bank auf die Folgejahre vorgetragen und kann nur mit künftigen bei dieser Bank erzielten Gewinnen verrechnet werden.

SONDERREGELUNGEN FÜR FONDSANTEILE

Laufende Erträge (Zinsen, Dividenden und Ähnliches), die ein Investmentfonds für seine Anleger erwirtschaftet, unterliegen beim Inhaber der Fondsanteile der Abgeltungsteuer, nicht dagegen Veräußerungsgewinne, die der Fonds durch Umschichtungen erzielt. Solange diese thesauriert werden, fällt auf sie keine Steuer an (sogenanntes Thesaurierungsprivileg). Erst wenn die Fondsgesellschaft solche Umschichtungsgewinne an die Anleger ausschüttet, muss sie Abgeltungsteuer einbehalten und abführen.

Gewinne aus der Veräußerung von seit 2009 erworbenen Fondsanteilen sind steuerpflichtig.

Verkauft der Anleger Fondsanteile über seinen Anschaffungskosten, so fällt ebenfalls Abgeltungsteuer an (Ausnahme: Die Fondsanteile wurden bereits vor 2009 erworben). Keine Abgeltungsteuer wird auf die bei thesaurierenden Fonds bereits laufend mit Steuer belasteten nicht ausgeschütteten Zinsen und Dividenden erhoben, da dies zu einer Doppelbelastung führen würde. Die Fondsgesellschaft berücksichtigt diese bereits steuerbelasteten Erträge und führt nur auf die noch nicht versteuerte Wertsteigerung Abgeltungsteuer ab, sodass für Sie kein Handlungsbedarf entsteht.

Im Vergleich zur Direktanlage in Aktien ergibt sich bei Fonds somit ein Steuerstundungseffekt, da die durch Umschichtungen realisierten Wertsteigerungen bei der Direktanlage sofort mit Abgeltungsteuer belastet werden, bei der Fondsanlage dagegen erst zum Zeitpunkt des Verkaufs der Fondsanteile, das heißt, die Gewinne können zunächst ohne Steuerabzug wieder angelegt werden.

Werden Fondsanteile unter ihren Anschaffungskosten verkauft, so wird der Verlust – wie auf Seite 116 f. für Aktien erläutert – auf die Folgejahre vorgetragen oder kann durch Beantragung der Bescheinigung im Jahr der Realisierung des Verlusts mit den bei anderen Instituten erzielten Veräußerungsgewinnen verrechnet werden; allerdings kann auch der Verlust aus dem Verkauf eines Aktienfonds nur mit Gewinnen aus Aktien oder Aktienfonds ausgeglichen werden. Um dies zu gewährleisten, bescheinigt die Fondsgesellschaft bei gemischten Fonds (aus Aktien und Anleihen) die Höhe des Aktienanteils.

Tipp

Altbestände an Wertpapieren und Fondsanteilen können steuerfrei verkauft werden.

Wertpapiere und Fondsanteile, die vor dem 1.1.2009 erworben wurden, können ohne zeitliche Begrenzung steuerfrei veräußert werden. Durch die Wiederanlage von Gewinnen aus Fonds erhöht sich im Lauf der Zeit der Bestand des jeweiligen Anlegers, sodass mittlerweile nur noch ein Teil der jetzt vorhandenen Fondsanteile unter diese Übergangsregelung fällt. Dieser Teil wird von der Fondsgesellschaft in der Depotübersicht als steuerlicher „Altbestand" ausgewiesen und kann vom Anleger steuerfrei verkauft werden. Verkauft der Anleger nur einen Teil seiner Fondsanteile, so gelten gemäß § 20 Abs. 4 EStG die zuerst angeschafften Anteile – und damit der begünstigte „Altbestand" – als zuerst verkauft. Auch Veräußerungsgewinne, die ein Wertpapierfonds ausschüttet, sind steuerfrei, soweit der Fonds die veräußerten Anlagen vor

2009 angeschafft hatte. Bestimmte Zertifikate, die vor dem 15.3.2007 angeschafft wurden (sogenannte Altzertifikate), können während ihrer ganzen Laufzeit komplett von der Abgeltungsteuer befreit sein.

02

Beispiel zur Abgeltungsteuer

Die Rentnerin Ilse H. verkauft am 10.11.2014 folgende Wertpapiere:

- 200 Stück Aktien der Fantasy AG; der Veräußerungserlös beträgt 150 Euro/Stück; 100 Stück hatte sie am 14.3.2008 für 130 Euro/Stück erworben, die restlichen 100 Stück am 25.1.2012 für 100 Euro/Stück,

- eine Anleihe der Science Fiction AG; Veräußerungserlös 20.000 Euro, Anschaffungskosten am 6.8.2013 19.000 Euro.

Die Kosten, die die Bank für den Ankauf der Wertpapiere in Rechnung stellte, sind in den genannten Anschaffungskosten bereits enthalten. Für die Verkäufe stellt die Bank 1 Prozent des Erlöses als Bankspesen in Rechnung. Außerdem vereinnahmt Frau H. 2014 Zinsen in Höhe von 3.000 Euro und Dividenden in Höhe von 4.000 Euro. Für die Verwahrung ihrer Wertpapiere zahlt sie 2014 Depotgebühren in Höhe von 100 Euro.

Berechnung

Sowohl die Zinsen und Dividenden als auch die Gewinne aus der Veräußerung der Wertpapiere unterliegen der Abgeltungsteuer. Der Gewinn aus der Veräußerung der Fantasy-Aktien, die bereits 2008 gekauft worden waren, wird allerdings nicht erfasst, da hierfür die Übergangsregelung gilt.

Ermittlung des Gewinns:

Veräußerungserlös aus Aktien 100 St. zu 150 €/St.	15.000 €
abzüglich Anschaffungskosten 100 St. zu 100 €/St.	− 10.000 €
abzüglich Veräußerungskosten 1 % von 15.000 €	− 150 €
Veräußerungsgewinn	**= 4.850 €**

Veräußerungserlös aus der Anleihe	20.000 €
abzüglich Anschaffungskosten	− 19.000 €
abzüglich Veräußerungskosten (1 %)	− 200 €
Veräußerungsgewinn	**= 800 €**

Insgesamt unterliegen der Abgeltungsteuer damit:

Zinsen	3.000 €
Dividenden	+ 4.000 €
Gewinn Fantasy-Aktien	+ 4.850 €
Gewinn Anleihe	+ 800 €
Summe	**= 12.650 €**
abzüglich Sparerpauschbetrag	− 801 €
abgeltungsteuerpflichtig	**= 11.849 €**

Die Bank behält Abgeltungsteuer in Höhe von 25 Prozent, hier also 2.962,25 Euro, zuzüglich 5,5 Prozent Solidaritätszuschlag (162,92 Euro) ein. Falls Frau H. kirchensteuerpflichtig ist, fällt entsprechend zusätzlich Kirchensteuer an. Die Depotgebühren kann Frau H. nicht steuerlich geltend machen, da außer dem Sparerpauschbetrag kein Abzug möglich ist. Hätte Frau H. die Aktien in mehreren Tranchen verkauft, würden sie in der Reihenfolge ihres Zukaufs als verkauft gelten.

Variante zum Beispiel

Würde Frau H. die auf Seite 119 angegebenen Wertpapiere verkaufen, jedoch statt eines Gewinns einen Verlust in Höhe von 4.850 Euro erzielen, sähe dies steuerrechtlich so aus:

Der Abgeltungsteuer unterliegen:

Zinsen	3.000 €
Dividenden	+ 4.000 €
Gewinn Anleihe	+ 800 €
Summe	**= 7.800 €**
abzüglich Sparerpauschbetrag	− 801 €
abgeltungsteuerpflichtig	**= 6.999 €**

Der Verlust aus dem Aktiengeschäft kann weder mit den Zinsen und Dividenden noch mit dem Gewinn aus dem Verkauf der Anleihe ausgeglichen werden. Er wird mit eventuellen zukünftigen Gewinnen aus Aktiengeschäften verrechnet. Frau H. muss hierzu nichts unternehmen, da ihre Bank den Verlust registriert und zu ihren Gunsten abzieht, sobald dies möglich ist. Hätte Frau H. noch ein weiteres Depot bei einer anderen Bank, sollte sie prüfen, ob dort 2014 Veräußerungsgewinne aus Aktiengeschäften angefallen sind. In diesem Fall kann sie bis zum 15.12.2014 eine Bescheinigung über den Verlust verlangen und den sofortigen Verlustausgleich in ihrer Einkommensteuererklärung für 2014 beantragen.

ERTRÄGE AUS LEBENSVERSICHERUNGEN

Nach wie vor sind Kapitalauszahlungen, die im Todesfall geleistet werden, stets einkommensteuerfrei, allerdings können sich hieraus erbschaftsteuerliche Folgen ergeben.

Im Erlebensfall verzichtet der Gesetzgeber bei Lebensversicherungen, die bis zum 31.12.2004 (Datum des Versicherungsscheins) abgeschlossen wurden, unter bestimmten Voraussetzungen, von denen die wichtigsten im Folgenden genannt werden, auf die Besteuerung der Kapitalauszahlung:

- Der Vertrag hatte eine mindestens zwölfjährige Laufzeit.
- Während der gesamten Laufzeit bestand ein mindestens 60-prozentiger Todesfallschutz.
- Es wurden mindestens fünf Jahre lang laufende Beiträge – eventuell aus einem Beitragsdepot – gezahlt.
- Die Auszahlung erfolgt frühestens zwölf Jahre nach Vertragsabschluss.
- Es darf keine schädliche Beleihung oder Abtretung des Versicherungsanspruchs erfolgt sein.

Sind alle Voraussetzungen erfüllt, so wird das Kapital aus der Lebensversicherung in diesen sogenannten Altfällen steuerfrei ausgezahlt. Dies gilt auch für die Kapitalauszahlung aus einer vom Arbeitgeber vor dem 1.1.2005 abgeschlossenen Direktversicherung.

Falls eine der Voraussetzungen nicht erfüllt ist, müssen die rechnungsmäßigen und außerrechnungsmäßigen Zinsen aus den Sparanteilen als Einkünfte aus Kapitalvermögen versteuert werden und die Versicherungsgesellschaft ist verpflichtet, Abgeltungsteuer einzubehalten.

Die Steuerpflicht für Erträge aus Lebensversicherungen betrifft grundsätzlich Verträge, die nach dem 31.12.2004 abgeschlossen wurden. Kapitalauszahlungen aus früher abgeschlossenen Verträgen sind meist auch im Erlebensfall steuerfrei.

Bei Kapitalauszahlungen aus Lebensversicherungen, die nach dem 31.12.2004 abgeschlossen wurden, ist grundsätzlich der Unterschiedsbetrag zwischen der Ablaufleistung und den eingezahlten Beiträgen (ohne eventuelle zusätzliche Beiträge beispielsweise zur Absicherung des Berufsunfähigkeitsrisikos) steuerpflichtig.

Unter bestimmten Voraussetzungen muss nur die Hälfte des Unterschiedsbetrags zwischen der Ablaufleistung und den eingezahlten Beiträgen versteuert werden (sogenannte Hälftelung). Die wichtigsten sind:

- Die Kapitalauszahlung erfolgt nach dem 60. Geburtstag (bei Vertragsabschluss ab 2012 nach dem 62. Geburtstag).
- Das Kapital wird mehr als zwölf Jahre nach dem Vertragsabschluss ausgezahlt.
- Bei Vertragsabschluss ab 1.4.2009 muss außerdem der Todesfallschutz mindestens 50 Prozent der Beitragssumme über die gesamte Laufzeit betragen oder die Todesfallsumme muss mindestens der Versicherungsleistung im Erlebensfall entsprechen.

Sind alle Voraussetzungen erfüllt, so unterliegt die Kapitalauszahlung nicht der Abgeltungsteuer, sondern der hälftige Unterschiedsbetrag wird mit dem individuellen Einkommensteuersatz belastet. Die Versicherungsgesellschaft ist verpflichtet, Kapitalertragsteuer einzubehalten. Die Kapitalauszahlung ist in der Anlage KAP der Einkommensteuererklärung unter „Kapitalerträge, die der tariflichen Einkommensteuer unterliegen – mit inländischem Steuerabzug" einzutragen. Die einbehaltene Kapitalertragsteuer wird auf der Rückseite der Anlage KAP eingetragen und vom Finanzamt zugunsten des Steuerpflichtigen auf die Einkommensteuer angerechnet.

02

Für Gewinne aus der Veräußerung von **Ansprüchen** auf eine Versicherungsleistung gilt diese Hälftelung nicht. Zudem müssen Versicherer alle Verkäufe von Versicherungsansprüchen ans Finanzamt melden.

Wird der Anspruch auf eine Versicherungsleistung veräußert, so ist der Unterschiedsbetrag zwischen dem erzielten Veräußerungserlös und den bis zur Veräußerung entrichteten Beiträgen in voller Höhe abgeltungsteuerpflichtig. Das Finanzamt erfährt auf jeden Fall von solchen Veräußerungen, da die Versicherungsgesellschaften verpflichtet sind, jeden Verkauf an das zuständige Finanzamt zu melden. Auf Verlangen des Veräußerers hat die Versicherungsgesellschaft ihm die Höhe der bis zum Verkauf gezahlten Beiträge zu bescheinigen.

Die Besteuerung des hälftigen Unterschiedsbetrags mit dem individuellen Steuersatz ist immer günstiger als die Belastung des vollen Unterschiedsbetrags mit Abgeltungsteuer. Je höher das zu versteuernde Einkommen und damit der persönliche Steuersatz, desto geringer wird zwar der Nachteil der Abgeltungsteuer, aber selbst beim Höchststeuersatz ist die Hälftelung immer noch günstiger.

Tipp

Aufgrund der nachteiligen Besteuerung sollten Sie nach Möglichkeit vermeiden, Ansprüche auf Versicherungsleistungen zu veräußern oder die Versicherung vorzeitig zu kündigen. Eine Alternative könnte eventuell darin bestehen, die Versicherung beitragsfrei weiterlaufen zu lassen.

TEILKAPITALAUSZAHLUNGEN AUS RENTEN-VERSICHERUNGEN

Wird bei einer Rentenversicherung nach dem Beginn der laufenden Rentenzahlung eine (Teil-)Kapitalauszahlung vorgenommen, so sind für die Ermittlung des Unterschiedsbetrags die eingezahlten Beiträge auf die Renten- und die Kapitalauszahlung anhand des ausgezahlten anteiligen Zeitwerts der Versicherung zum Zeitpunkt der Kapitalauszahlung aufzuteilen. Wie genau in diesen Fällen zu rechnen ist, wird im BMF-Schreiben vom 18.6.2013 (IV C 1 – S 2252/07/0001) erläutert.

WIE WERDEN ERTRÄGE AUS IMMOBILIEN VERSTEUERT?

Für manche Menschen ist es sinnvoll, kurz vor oder nach dem Renteneintritt eine Immobilie zu erwerben, sei es, um Erspartes anzulegen, um die Immobilie an Angehörige zu vermieten oder auch um selbst in eine kleinere, altersgerechte Wohnung zu ziehen. Andere vermieten Teile ihres vorher voll von der Familie genutzten Eigenheims, nachdem die Kinder ausgezogen sind.

ERMITTLUNG DER EINKÜNFTE AUS VERMIETUNG UND VERPACHTUNG

Steuerlich führt die Vermietung von Häusern, Wohnungen oder anderen Immobilien des Privatvermögens zu Einkünften aus Vermietung und Verpachtung (§ 21 EStG). Die Mieten sind als Einnahmen zu erfassen; Werbungskosten sind bei der Ermittlung der steuerpflichtigen Einkünfte abziehbar.

Typische Werbungskosten bei Vermietung sind:
- die Grundsteuer bzw. andere Grundbesitzabgaben,
- die Abschreibung auf das Gebäude bzw. den Gebäudeteil,
- Instandhaltungskosten,

- Aufwendungen für Gartenpflege etc.,
- Kosten für Hausverwaltung,
- Finanzierungsaufwendungen,
- nicht auf die Mieter umgelegte andere Kosten im Zusammenhang mit der Immobilie.

Für auf die Mieter umgelegte Nebenkosten gibt es zwei Möglichkeiten: Entweder werden sie zum Zeitpunkt des jeweiligen Geldflusses als Einnahmen und Werbungskosten berücksichtigt oder man lässt sie, da sie sich gegenseitig aufheben, in der Steuererklärung ganz weg.

02

Tipp
Bewahren Sie die Nebenkostenabrechnungen für eventuelle Rückfragen auf – egal, ob Sie die Nebenkosten in der Steuererklärung weggelassen oder als Einnahmen berücksichtigt haben!

Generell können als Werbungskosten nur die Aufwendungen abgezogen werden, die mit der Erzielung der Einkünfte zusammenhängen. Nicht als Werbungskosten abziehbar sind daher die Kosten, die bei einer teilweise selbst bewohnten Immobilie auf den selbst genutzten Teil entfallen; diese können aber zum Teil durch die Steuerermäßigung gemäß § 35a EStG begünstigt sein (siehe Seite 149 ff.). Nach Möglichkeit werden die Aufwendungen direkt dem eigengenutzten oder dem vermieteten Teil zugeordnet, beispielsweise bei der Renovierung von Bädern, Fußböden oder der Erneuerung von Fenstern. Ist keine direkte Zuordnung möglich – zum Beispiel bei der Erneuerung des Dachs oder der Außenfassade – so erfolgt die Aufteilung nach Quadratmetern Wohnfläche der jeweiligen Nutzungsart.

ABSCHREIBUNG VON VERMIETETEN IMMOBILIEN

Wenn Sie ein Haus oder eine Wohnung vermieten, können Sie Abschreibungen als Werbungskosten geltend machen. Abschreibungsfähig ist nur das Gebäude, nicht dagegen der Grund und Boden, auf dem es steht. Beim Kauf von Eigentumswohnungen oder Häusern müssen deshalb die Anschaffungskosten (Kaufpreis zuzüglich Nebenkosten wie Grunderwerbsteuer und Gebühren) auf das Gebäude einerseits und den Grund und Boden andererseits aufgeteilt werden. Falls der Kaufvertrag keine Aufteilung vorsieht, erkennt das Finanzamt in vielen Fällen 80 Prozent der Anschaffungskosten als Gebäudeanteil an.

Abgeschrieben wird linear, also in gleichen Jahresbeträgen. Der jährliche Abschreibungsprozentsatz beträgt grundsätzlich 2 Prozent; bei Altgebäuden, die vor dem 1.1.1925 fertiggestellt wurden, 2,5 Prozent. Im Jahr der Fertigstellung oder Anschaffung wird monatsgenau zeitanteilig gerechnet. Entscheidend für den Beginn der Abschreibung ist der Übergang der Nutzen und Lasten, vorausgesetzt, ab diesem Zeitpunkt besteht die Absicht zur Vermietung.

Beispiel

Die Eheleute Meyer kauften am 20.7.2013 (Datum des notariellen Kaufvertrags) eine Eigentumswohnung in Stuttgart (Baujahr 1904). Der Übergang der Nutzen und Lasten erfolgte zum 1. September, die Eintragung ins Grundbuch erst im Januar 2014. Der Kaufpreis betrug 170.000 Euro, wovon 20 Prozent auf den Grund und Boden entfielen. Die Wohnung soll schnellstmöglich vermietet werden; erst im Februar 2014 wird aber ein geeigneter Mieter gefunden.

Zusätzlich zum Kaufpreis wurden folgende Beträge gezahlt:

Maklercourtage	3,57 % des Kaufpreises
Notarkosten	1.800 €
Grundschuldeintragung	500 €
Grunderwerbsteuer	5 % des Kaufpreises
Grundbucheintragung (2014)	800 €

Die Kosten der Grundschuldeintragung gehören nicht zu den Anschaffungskosten, sondern stellen sofort als Werbungskosten abziehbare Finanzierungsaufwendungen dar.

Die Anschaffungskosten betragen zum 31.12.2013:

Kaufpreis	170.000 €
Maklercourtage	+ 6.069 €
Notarkosten	+ 1.800 €
Grunderwerbsteuer 5 %	+ 8.500 €
Anschaffungskosten bis 31.12.	**= 186.369 €**

Davon entfallen 80 Prozent = 149.096 Euro (gerundet) auf das Gebäude; nach diesem Betrag bemisst sich die Abschreibung. Bei dem hier vorliegenden Altgebäude beträgt der Abschreibungssatz 2,5 Prozent pro Jahr. Da der Übergang der Nutzen und Lasten im September 2013 erfolgte und ab diesem Zeitpunkt Vermietungsabsicht bestand, beginnt die Abschreibung am 1.9.2013.

Abschreibung für 2013: 2,5 Prozent von 149.096 Euro x 4/12 = 1.243 Euro (gerundet)

Die 2014 gezahlten Gerichtskosten sind nachträgliche Anschaffungskosten und erhöhen zu 80 Prozent (= Gebäudeanteil) die Abschreibungsbemessungsgrundlage:

Abschreibungsbemessungsgrundlage für 2013	149.096 €
Nachträgliche AK 80 % von 800 €	+ 640 €
Abschreibungsbemessungsgrundlage für 2014	= 149.736 €
Abschreibung für 2014: 2,5 % von 149.736 € (gerundet)	**= 3.744 €**

Tipp Wenn Vermietungsabsicht besteht, können die Abschreibung und andere Werbungskosten auch bei Leerstand abgezogen werden.

02

Die Abschreibung kann auch für Leerstandszeiten (zum Beispiel wegen Mieterwechsel) abgezogen werden. Voraussetzung ist, dass der Eigentümer ernsthafte Anstrengungen zur Vermietung – wie beispielsweise die Schaltung von Anzeigen oder die Beauftragung eines Maklers – nachweisen kann. So wurde teilweise vom BFH trotz mehrjährigen Leerstands die Vermietungsabsicht bejaht. Zusätzlich zur Abschreibung können während des Leerstands auch andere Aufwendungen wie beispielsweise die Grundsteuer und die Betriebskosten als Werbungskosten abgezogen werden.

Eine degressive Abschreibung ist nur noch für Altfälle (Bauantrag bzw. Anschaffung vor dem 1.1.2006) möglich.

Bei Bauantragstellung oder Kauf einer neuen Immobilie vor dem 1.1.2006 war noch die degressive Gebäudeabschreibung nach § 7 Abs. 5 EStG zulässig. Diese Möglichkeit gibt es nicht mehr.

Besondere Vergünstigungen gibt es für Baudenkmale und Gebäude in städtebaulichen Sanierungsgebieten. Herstellungskosten für Modernisierungs-/Instandsetzungsmaßnahmen an diesen Objekten können gemäß § 7h oder 7i EStG unter bestimmten Voraussetzungen acht Jahre lang mit je 9 Prozent und weitere vier Jahre mit je 7 Prozent abgeschrieben werden. Unter analogen Voraussetzungen können bei der Nutzung solcher Gebäude zu eigenen Wohnzwecken zehn Jahre lang jeweils 9 Prozent des Modernisierungs-/Instandsetzungsaufwands gemäß § 10f EStG als Sonderausgaben abgezogen werden.

ABZUG VON INSTANDHALTUNGS-AUFWENDUNGEN

Tipp

Vermeiden Sie nach Möglichkeit anschaffungsnahen Aufwand!

Aufwendungen für Reparaturen werden in der Regel sofort steuerwirksam als Werbungskosten abgezogen. Dies gilt allerdings nicht, wenn in den ersten drei Jahren nach der Anschaffung (= Zeitpunkt des Übergangs der Nutzen und Lasten) Instandhaltungsaufwendungen (netto, das heißt ohne Umsatzsteuer) von mehr als 15 Prozent der Anschaffungskosten anfallen. In diesem Fall liegt sogenannter anschaffungsnaher Aufwand vor, der nicht sofort abzugsfähig ist, sondern als nachträgliche Herstellungskosten die Abschreibungsbemessungsgrundlage erhöht und sich somit nur in Höhe des jeweiligen Abschreibungssatzes auswirkt.

Beispiel

Im Beispiel auf Seite 126 f. erfolgte der Übergang der Nutzen und Lasten im September 2013; die Anschaffungskosten des Gebäudes betrugen 149.736 Euro. Die Grenze für den anschaffungsnahen Aufwand beträgt:

15 Prozent von 149.736 Euro = 22.460 Euro.

Um nachträgliche Herstellungskosten zu vermeiden, dürfen bis zum September 2016 höchstens Reparaturen in Höhe von 22.460 Euro netto (= ohne Umsatzsteuer) durchgeführt werden. Wenn alle Reparaturen dem vollen Steuersatz unterliegen, darf die Summe der Rechnungsbeträge maximal 26.727 Euro betragen.

Herstellungskosten liegen in der Regel (Ausnahme: anschaffungsnaher Aufwand, siehe Seite 128) nur vor, wenn etwas ein- oder angebaut wird, was vorher nicht vorhanden war, beispielsweise beim Ausbau eines vorher nicht genutzten Dachbodens. Wenn die Kosten einer einzelnen Baumaßnahme insgesamt 4.000 Euro (netto, das heißt ohne Umsatzsteuer) nicht übersteigen, erkennt das Finanzamt stets sofort abziehbare Werbungskosten an (R 21.1 Abs. 2 EStR).

Wenn in einem Jahr größere Reparaturen anfallen, kann ein so hoher Werbungskostenüberschuss entstehen, dass sich nicht mehr alle steuerlich abziehbaren Beträge (wie Sonderausgaben etc.) auswirken würden. Um diese Werbungskosten zu „retten", können Sie vom Wahlrecht des § 82b der Einkommensteuer-Durchführungsverordnung Gebrauch machen. Danach können größere Erhaltungsaufwendungen an Wohngebäuden auf zwei bis fünf Jahre gleichmäßig verteilt werden.

Bei vermieteten Eigentumswohnungen erstellt der Hausverwalter in der Regel eine Abrechnung, aus der hervorgeht, welche Kosten auf den Mieter umgelegt werden können, und welche nicht umlagefähig (und damit beim Vermieter als Werbungskosten abziehbar) sind. Eine Sonderstellung nimmt die Zuführung zur Instandhaltungsrücklage ein: Sie kann nicht auf die Mieter umgelegt werden, ist aber dennoch nicht als Werbungskosten abziehbar. Die in dieser Rücklage angesammelten Beträge können erst dann als Werbungskosten geltend gemacht werden, wenn die Instandhaltung tatsächlich durchgeführt wird. Die Höhe der auf Sie entfallenden, aus der Instandhaltungsrücklage entnommenen Aufwendungen können Sie der Abrechnung des Hausverwalters entnehmen.

Denken Sie daran, die Entnahmen aus der Instandhaltungsrücklage als Werbungskosten geltend zu machen.

Tipp

Verteilen Sie größere Reparaturkosten auf mehrere Jahre. Vergessen Sie dabei in den Folgejahren nicht, die jeweiligen Restbeträge in der Anlage V einzutragen.

02

SCHULDZINSEN UND ANDERE FINANZIERUNGSKOSTEN

Finanzierungskosten sind in erster Linie laufende Zinsen aufgrund von Darlehen, die zur Finanzierung der Immobilie aufgenommen wurden. Außer den Zinsen sind auch Gebühren, Bereitstellungszinsen, Provisionen und ein bei der Darlehensauszahlung einbehaltenes marktübliches Disagio als Werbungskosten abziehbar.

Beim Kauf oder Bau einer Immobilie, die teilweise zu eigenen Wohnzwecken und teilweise für die Vermietung genutzt werden soll, kann nach Rechtsprechung des Bundesfinanzhofs (BFH) der eigengenutzte Teil vorrangig mit Eigenkapital und der vermietete Teil vorrangig mit Fremdkapital finanziert werden, sodass wesentlich mehr Werbungskosten abgezogen werden können, als sich bei einer Aufteilung nach Quadratmetern ergeben würde. Dies funktioniert jedoch nur dann, wenn die Zahlungen für den eigengenutzten Teil getrennt von denen für den vermieteten Teil erfolgen. Die Verwendung des Darlehens für die vermietete Wohnung muss sich anhand des Zahlungsflusses nachvollziehen lassen.

Sowohl die Finanzierungskosten für eine Immobilie als auch die Höhe der Miete lassen sich steuerlich optimieren. Wenn Wohnraum zum Beispiel an Familienangehörige verbilligt vermietet wird, können sich attraktive Werbungskostenüberschüsse ergeben. Allerdings ist zu beachten, dass das Entgelt bei einer auf Dauer angelegten Wohnungsvermietung gemäß § 21 Abs. 2 EStG mindestens 66 Prozent der ortsüblichen Miete betragen muss, damit der volle Werbungskostenabzug möglich ist. Wenn das Entgelt niedriger als 66 Prozent der ortsüblichen Miete ist, kann nur der entsprechende Teil der Werbungskosten abgezogen werden.

Beispiel

Die Eheleute Meyer vermieten eine Eigentumswohnung an ihre Tochter. Die ortsübliche Miete beträgt 800 Euro/Monat; die Tochter zahlt monatlich 500 Euro. 2014 fallen für die Wohnung Werbungskosten von insgesamt 10.000 Euro an.

Da die Tochter nur 62,5 Prozent der ortsüblichen Miete bezahlt, werden nur 62,5 Prozent der angefallenen Werbungskosten berücksichtigt; abziehbar sind demnach nur 6.250 Euro. Hätte die Tochter beispielsweise 560 Euro Miete/Monat (= 70 Prozent der ortsüblichen Miete) gezahlt, wären die Werbungskosten in voller Höhe abziehbar gewesen.

Vergleichsrechnung:

Monatliche Miete	500 €	560 €
Mieteinnahmen/Jahr	6.000 €	6.720 €
Abziehbare Werbungskosten	6.250 €	10.000 €
Verlust	250 €	3.280 €

VERÄUSSERUNG VON IMMOBILIEN

Der Verkauf von Immobilien des Privatvermögens unterliegt nur dann der Einkommensteuer, wenn die Immobilie innerhalb von zehn Jahren nach dem Kauf veräußert wird. Dies gilt als privates Veräußerungsgeschäft im Sinne des § 23 EStG (ehemals „Spekulationsgeschäft"). Für die Berechnung der Zehnjahresfrist kommt es auf das Datum des betreffenden notariellen Grundstücksvertrags an.

Beispiel

Rudolf K. erwarb 2004 ein unbebautes Grundstück, das er 2014 wieder verkaufte.

Abschluss des notariellen Kaufvertrags	3.4.2004
Grundbucheintragung als Eigentümer	15.7.2004
Abschluss des notariellen Verkaufsvertrags	30.5.2014
Grundbucheintragung des neuen Eigentümers	1.7.2014

Laut Grundbuch war Herr K. weniger als zehn Jahre lang Eigentümer des Grundstücks. Trotzdem liegt kein privates Veräußerungsgeschäft vor, da zwischen dem notariellen Kauf- und Verkaufsvertrag mehr als zehn Jahre liegen.

Von dieser Veräußerungsgewinnbesteuerung ausgenommen sind Immobilien, die im Jahr des Verkaufs und in den beiden vorhergehenden Jahren oder durchweg seit ihrem Erwerb zu eigenen Wohnzwecken genutzt wurden. Der Teil einer Wohnung, der zum Beispiel als Arbeitszimmer benutzt wird, dient allerdings nicht zu eigenen Wohnzwecken und der darauf entfallende Teil des Gewinns ist damit bei einem Verkauf innerhalb von zehn Jahren zu versteuern.

Tipp

Vermeiden Sie möglichst die Veräußerung Ihrer vermieteten Immobilien vor dem Ablauf der Zehnjahresfrist.

Ein Veräußerungsgewinn nach § 23 EStG ist durch Abzug der Anschaffungskosten und eventueller Veräußerungskosten vom Verkaufserlös zu ermitteln. Allerdings sind die Anschaffungskosten um die Abschreibungen zu vermindern, die als Werbungskosten abgezogen wurden.

Beispiel

Irmgard K. erwarb am 2.1.2007 für 100.000 Euro eine neue Eigentumswohnung und vermietet seitdem. Sie nahm in den Jahren 2007 bis 2013 die lineare Abschreibung gemäß § 7 Abs. 4 EStG in Anspruch. Am 30.6.2014 verkaufte sie die Eigentumswohnung für 100.000 Euro. Der Gebäudeanteil beträgt 80 Prozent. Da Frau K. innerhalb von zehn Jahren ge- und verkauft hat, liegt ein steuerpflichtiges privates Veräußerungsgeschäft vor. Auf den ersten Blick ergibt sich kein Veräußerungsgewinn. Allerdings müssen die Anschaffungskosten um die in Anspruch genommene Abschreibung vermindert werden. Es ergibt sich folgender Veräußerungsgewinn:

Verkaufspreis		100.000 €
Anschaffungskosten	100.000 €	
abzüglich Abschreibung 2007 bis 2014:		
7,5 x 2 % von 80.000 €	– 12.000 €	
vom Verkaufspreis abzuziehen	88.000 €	– 88.000 €
Veräußerungsgewinn		**= 12.000 €**

Im Endeffekt ist also die bei den Einkünften aus Vermietung und Verpachtung geltend gemachte Abschreibung „nachzuversteuern".

Vom Finanzamt festgestellte sogenannte Altverluste aus Wertpapiergeschäften vor dem 1.1.2009 können mit Veräußerungsgewinnen aus Immobilien verrechnet werden. Die für private Veräußerungsgeschäfte vorgesehene Freigrenze von 600 Euro wird nach dieser Verrechnung angewendet. Wenn also nach der Verrechnung nur noch ein Gewinn von bis zu 600 Euro verbleibt, entsteht keine Steuer. Veräußerungsgewinne oder -verluste aus seit dem 1.1.2009 angeschafften Wertpapieren unterliegen als Kapitalerträge der Abgeltungsteuer und können daher nicht mehr mit Gewinnen oder Verlusten aus der Veräußerung von privaten Immobilien verrechnet werden.

WAS KANN VON DEN EINKÜNFTEN ABGEZOGEN WERDEN?

Das zu versteuernde Einkommen lässt sich nach dem folgenden vereinfachten Schema ermitteln:

Einkünfte aus den verschiedenen Einkunftsarten

= Summe der Einkünfte

– Altersentlastungsbetrag (§ 24a EStG) für über 64-Jährige

= Gesamtbetrag der Einkünfte

– Sonderausgaben (§ 10 bis 10c EStG)

– außergewöhnliche Belastungen (§ 33 bis 33c EStG)

= zu versteuerndes Einkommen

ALTERSENTLASTUNGSBETRAG

Der Altersentlastungsbetrag gemäß § 24a EStG wird gewährt, wenn der Steuerpflichtige vor Beginn des Kalenderjahres das 64. Lebensjahr vollendet hat; für 2014 muss er also am 1.1.1950 oder früher geboren sein.

Bis 2005 betrug der Altersentlastungsbetrag 40 Prozent des Bruttolohns und der anderen Einkünfte (mit Ausnahme von Versorgungsbezügen oder Leibrenten), höchstens jedoch 1.900 Euro pro Jahr. Begünstigt sind also vor allem Nebenjobs, Miet-, Pacht- und Kapitalerträge, Letztere wegen der

Abgeltungsteuer seit 2009 allerdings nur noch im Fall der Veranlagungsoption (Seite 113 f.).

Durch das Alterseinkünftegesetz wird der Altersentlastungsbetrag von 2005 bis 2040 allmählich reduziert, und zwar bis 2020 in Stufen von 1,6 Prozentpunkten pro Jahr und von 2021 bis 2040 in Stufen von 0,8 Prozentpunkten pro Jahr. Parallel zur Absenkung des Prozentsatzes wird auch der Höchstbetrag in Schritten von zunächst 76 Euro pro Jahr abgeschmolzen.

Bestimmung des Altersentlastungsbetrags nach § 24a EStG

Kalenderjahr, in dem das 64. Lebensjahr vollendet wurde/wird	Altersentlastungsbetrag in %	Höchstbetrag in €
2005	38,4	1.824
2006	36,8	1.748
2007	35,2	1.672
2008	33,6	1.596
2009	32,0	1.520
2010	30,4	1.444
2011	28,8	1.368
2012	27,2	1.292
2013	25,6	1.216
2014	24,0	1.140
2015	22,4	1.064
2016	20,8	988
2017	19,2	912
2018	17,6	836

Entscheidend ist jeweils, wann der Steuerpflichtige das 64. Lebensjahr vollendet; der dann gültige Prozentsatz und Höchstbetrag werden für ihn festgeschrieben.

Beispiel

Irmgard K. wurde 2013 64 Jahre alt. Aus der Tabelle in § 24a EStG ergibt sich für sie ein Altersentlastungsbetrag in Höhe von 25,6 Prozent, höchstens 1.216 Euro. Von den weiteren Absenkungen des Prozentsatzes und des Höchstbetrags ist sie nicht betroffen.

02

Für über 64-Jährige, die außer ihrer Rente und einem Nebenjob keine weiteren Einkünfte (zum Beispiel Mieteinkünfte) haben, mit denen der Altersentlastungsbetrag genutzt werden könnte, erhöht dieser die steuerliche Attraktivität eines sozialversicherungspflichtigen Arbeitsverhältnisses.

SONDERAUSGABEN

Als Sonderausgaben abziehbar sind – wie auch vor dem Eintritt ins Rentenalter schon – unter anderem

• Spenden für gemeinnützige, mildtätige oder kirchliche Zwecke,
• die gezahlte Kirchensteuer,
• Vorsorgeaufwendungen.

Voraussetzung für den Abzug von Spenden ist eine entsprechende Zuwendungsbestätigung. In bestimmten Fällen (Katastrophenhilfe, Spenden bis zu 200 Euro) genügt der Bankbeleg.

Vorsorgeaufwendungen sind Versicherungsbeiträge wie die zur Renten-, Kranken-, Unfall- und Haftpflichtversicherung. Zum Abzug berechtigt ist der jeweilige Versicherungsnehmer. Keine Vorsorgeaufwendungen sind die sogenannten Sachversicherungen wie Hausrat, Kasko, Rechtsschutz. Innerhalb der Vorsorgeaufwendungen sind zu unterscheiden:

• Basis-Altersvorsorgeaufwendungen,
• Krankenversicherungsbeiträge,
• sonstige Vorsorgeaufwendungen.

Basis-Altersvorsorgeaufwendungen wie Beiträge zur gesetzlichen Rentenversicherung und zu sogenannten Rürup-Verträgen konnten 2005 zu 60 Prozent als Sonderausgaben abgezogen werden. Dieser Prozentsatz steigt um 2 Prozentpunkte pro Jahr, sodass diese Basis-Altersvorsorgeaufwendungen ab 2025 zu 100 Prozent abziehbar sein werden.

KRANKEN- UND PFLEGEVERSICHERUNG

Da sie existenziell notwendig sind, nehmen die Kranken- und die Pflegepflichtversicherung eine Sonderstellung ein: Die Beiträge, die für den sogenannten **Basisschutz** erforderlich sind, können stets in voller Höhe abgezogen werden. Bei gesetzlich versicherten Arbeitnehmern ergeben sich die „Basis"- Krankenversicherungsbeiträge, indem die entrichteten Arbeitnehmerbeiträge um 4 Prozent vermindert werden. Hiermit wird der Krankengeldanspruch pauschaliert. Da Krankengeld für Rentner irrelevant ist, entfällt für sie dieser Abzug.

Die Beiträge zur Pflegepflichtversicherung sind stets in voller Höhe abziehbar. Dies gilt allerdings nicht für Beiträge zu einer zusätzlichen freiwilligen Pflegeversicherung. Diese können aber unter Umständen bei Steuerpflichtigen, die nach dem 31.12.1957 geboren sind, im Rahmen eines besonderen Höchstbetrags berücksichtigt werden und sollten daher in das dafür vorgesehene Feld (Zeile 36 der Anlage Vorsorgeaufwand) eingetragen werden.

Beiträge zur privaten Krankenversicherung können voll abgezogen werden, soweit damit Leistungen abgesichert werden, die denen der gesetzlichen Krankenversicherung entsprechen (= sogenannter Basisschutz). Dies gilt nicht nur für die Absicherung des Steuerpflichtigen selbst, sondern auch für die seines Ehegatten. Die privaten Krankenkassen müssen die Höhe der begünstigten Beiträge bescheinigen.

Den Teil der Beiträge, der den Basisschutz übersteigt, tragen privat Krankenversicherte in Zeile 35 der Anlage Vorsorgeaufwand ein. Dieser wird in die komplizierte Höchstbetragsberechnung als sonstiger Vorsorgeaufwand einbezogen.

02

SONSTIGE VORSORGEAUFWENDUNGEN

Sonstige Vorsorgeaufwendungen in diesem Sinne sind Beiträge zu

- „Nicht-Basis"-Krankenversicherungen, zum Beispiel für Zusatzleistungen oder Tagegeld,
- Unfallversicherung,
- Haftpflichtversicherung,
- Arbeitslosenversicherung,
- Berufsunfähigkeitsversicherung,
- Risikolebensversicherung,
- bestimmte „Altfälle" von Kapitallebensversicherungen und Rentenversicherungen mit oder ohne Kapitalwahlrecht (ohne besondere staatliche Förderung und Vertragsabschluss vor dem 1.1.2005).

Diese sind in die entsprechend bezeichneten Felder (Zeilen 35 und 44 bis 50) der Anlage Vorsorgeaufwand einzutragen. Der Höchstbetrag für diese Vorsorgeaufwendungen beträgt bei Rentnern 1.900 Euro pro Person und Jahr. Sind beide Ehegatten Rentner und/oder Arbeitnehmer, so ergibt sich ein gemeinsamer Höchstbetrag von 3.800 Euro. Wenn dagegen nur ein Ehegatte Rentner ist und der andere seine Krankenversicherung voll aus eigenen Mitteln bezahlen muss und auch keinen Anspruch auf Beihilfe zu seinen Krankheitskosten hat (weil er zum Beispiel selbstständig tätig ist), erhöht sich für diesen Ehegatten der Höchstbetrag auf 2.800 Euro.

Auf die genannten Höchstbeträge werden allerdings die Basis-Kranken- und Pflegepflichtversicherungsbeiträge angerechnet, sodass der Höchstbetrag häufig schon allein hierdurch ausgeschöpft wird. In diesem Fall wirken sich die sonstigen Vorsorgeaufwendungen steuerlich nicht aus. Wird der Höchstbetrag durch die Basis-Kranken- und Pflegeversicherungsbeiträge nicht erreicht, so wird er mit sonstigen Vorsorgeaufwendungen „aufgefüllt".

Bis einschließlich 2019 führt das Finanzamt eine sogenannte Günstigerprüfung durch. Dabei wird geprüft, ob nach einer komplizierten Altregelung ein höherer Betrag abgezogen werden kann. Da der steuerliche Laie diese komplizierten Vergleichsrechnungen nicht überblicken kann, ist es wichtig, dass Sie alle Vorsorgeaufwendungen – je nach der Art des Versicherungsbeitrags – in die dafür vorgesehenen Felder der Anlage Vorsorgeaufwand eintragen.

AUSSERGEWÖHNLICHE BELASTUNGEN

Als außergewöhnliche Belastungen sind gemäß § 33 EStG vom Gesamtbetrag der Einkünfte unter anderem abziehbar:

- Krankheits- und Pflegekosten,
- Aufwendungen aufgrund einer Körperbehinderung,
- Ehescheidungskosten,
- Bestattungskosten, soweit der Nachlass des Verstorbenen hierfür nicht ausreicht.

Zumutbare Belastung

Eine steuerliche Auswirkung ergibt sich allerdings nur, soweit die Summe aller angefallenen außergewöhnlichen Belastungen die zumutbare Belastung überschreitet. Da Zweifel an der Verfassungsmäßigkeit der zumutbaren Belastung bestehen, wird die Steuer bis zur abschließenden Klärung durch das Bundesverfassungsgericht vorläufig festgesetzt. Sie sollten daher alle außergewöhnlichen Belastungen in das Einkommensteuerformular eintragen, auch wenn nach Ihrer eigenen Berechnung die zumutbare Belastung nicht erreicht wird.

Zu den außergewöhnlichen Belastungen gehören außer Krankheitskosten unter anderem auch die Kosten einer Ehescheidung oder Kosten für die Bestattung von Angehörigen, soweit deren Nachlass dafür nicht reicht. Die zumutbare Belastung ergibt sich als Prozentsatz des Gesamtbetrags der Einkünfte:

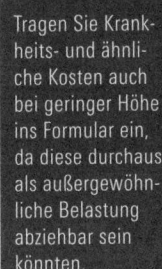

Tipp
Tragen Sie Krankheits- und ähnliche Kosten auch bei geringer Höhe ins Formular ein, da diese durchaus als außergewöhnliche Belastung abziehbar sein könnten.

02

Gesamtbetrag der Einkünfte	Bis 15.340 €	15.341 € bis 51.130 €	Über 51.130 €
Alleinstehende Kinderlose	5 %	6 %	7 %
Verheiratete Kinderlose	4 %	5 %	6 %
Personen mit ein oder zwei Kindern*	2 %	3 %	4 %
Personen mit mehr als zwei Kindern*	1 %	1 %	2 %

* Kinder in diesem Sinne sind nur solche, für die Kindergeld gezahlt wird.

Beispiel
Das Rentnerehepaar K. hat einen Gesamtbetrag der Einkünfte in Höhe von 44.646 Euro. Die Kinder sind im steuerlichen Sinne nicht relevant. 2014 werden Eigenanteile an Medikamenten und andere Krankheitskosten in Höhe von insgesamt 3.000 Euro gezahlt. Weitere außergewöhnliche Belastungen fallen nicht an. Die zumutbare Belastung beträgt 5 Prozent von 44.646 Euro = 2.232 Euro. Die außergewöhnlichen Belastungen wirken sich also nur in Höhe von (3.000 Euro – 2.232 Euro =) 768 Euro steuerlich aus.

Wenn Sie beispielsweise Ihre Brille und Ihr Hörgerät (= Krankheitskosten, siehe Seite 140 f.) im selben Jahr kaufen, steigt die Wahrscheinlichkeit, dass Sie die zumutbare Belastung überschreiten und sich Ihre Ausgaben somit als außergewöhnliche Belastung tatsächlich steuerlich auswirken.

Offensichtlich ist es aus steuerlicher Sicht günstiger, außergewöhnliche Belastungen in einem Kalenderjahr „zusammenzuballen", anstatt sie auf mehrere Jahre zu verteilen, und damit die zumutbare Belastung jedes Jahr nur geringfügig oder gar nicht zu überschreiten. Für die zeitliche Zuordnung ist die Bezahlung entscheidend.

Soweit die nicht abziehbare zumutbare Belastung auf Pflegekosten entfällt, können diese gemäß § 35a EStG geltend gemacht werden (siehe Seite 149 ff.).

Krankheitskosten

Beispiele für Krankheitskosten sind Aufwendungen, Eigenanteile bzw. Zuzahlungen für:

- ärztliche Behandlungen,
- Medikamente,
- Heilbehandlungen wie Physiotherapie oder Logopädie,
- Hilfsmittel wie Brillen, Kontaktlinsen oder Hörgeräte,
- Zuzahlungen bei Krankenhausaufenthalten oder Heilkuren,
- sogenannte IGeL-Leistungen, die von Ärzten erbracht werden, wie zum Beispiel besondere Augenuntersuchungen,
- Kosten für Heilpraktiker.

Eine steuerliche Auswirkung ergibt sich nur, soweit die zumutbare Belastung (siehe ab Seite 138) überschritten wird. Abziehbar ist immer nur der vom Steuerpflichtigen selbst getragene Aufwand, das heißt, Erstattungen von Krankenversicherungen oder der Beihilfe (bei Beamten) müssen von den entstandenen Kosten abgezogen werden. Dies gilt auch, wenn Ihnen die Erstattung erst im folgenden Jahr zufließt. Versäumen Sie es, Erstattungsansprüche geltend zu machen, so ist kein Abzug dieser – dann von Ihnen selbst getragenen – Kosten möglich.

Zusätzlich zu den reinen Krankheitskosten können auch die Fahrtkosten zum Arzt, Heilpraktiker oder zu Behandlungen abgezogen werden, bei öffentlichen Verkehrsmitteln in Höhe der entstandenen Kosten laut Beleg, bei Fahrten mit dem Auto in Höhe von 0,30 Euro je gefahrenem Kilometer.

Unter Umständen können auch Besuchsfahrten zu einem für längere Zeit im Krankenhaus liegenden Ehegatten geltend gemacht werden. Voraussetzung hierfür ist ein Attest des behandelnden Krankenhausarztes, in dem bestätigt wird, dass die Besuche entscheidend zur Heilung oder Linderung der Krankheit beitragen können (§ 64 Abs. 1 Nr. 3 EStDV).

02

Nachweis von Krankheitskosten

Der Nachweis der Kosten erfolgt durch entsprechende Belege; zusätzlich sollten Verordnungen von Ärzten oder Heilpraktikern vorgelegt werden. Ausreichend ist auch der Nachweis der teilweisen Erstattung durch die Pflege-/Krankenversicherung oder – bei Beamten – die Beihilfe. Für Brillen oder Kontaktlinsen genügt die einmalige Feststellung der Notwendigkeit einer Sehhilfe durch einen Augenarzt; später reicht der Beleg des Augenoptikers.

Holen Sie vor dem Beginn einer Kur, einer psychotherapeutischen Behandlung, einer wissenschaftlich nicht anerkannten Therapie oder dem Kauf medizinischer Hilfsmittel ein amtsärztliches (oder gleichwertiges) Attest ein!

Außer Krankheitskosten können auch die Kosten für Heilkuren berücksichtigt werden, allerdings nur unter bestimmten Voraussetzungen: Hier muss gemäß § 64 Abs. 1 Nr. 2 EStDV vor Beginn der Kur ein amtsärztliches Attest eingeholt werden, in dem die Notwendigkeit der Kur, bei Klimakuren auch der medizinisch angezeigte Kurort und die voraussichtliche Kurdauer bescheinigt werden. Alternativ genügen entsprechende Bescheinigungen des Medizinischen Dienstes, der Versicherungsanstalt (bei Pflichtversicherten) oder der Beihilfestelle (bei Beamten).

Ein ähnliches Attest ist vor Beginn einer psychotherapeutischen Behandlung, vor dem Kauf von medizinischen Hilfsmitteln, die als Gebrauchsgegenstände des täglichen Lebens anzusehen sind, oder vor Beginn einer wissenschaftlich nicht anerkannten Therapie wie zum Beispiel einer Frischzellen- oder Eigenbluttherapie einzuholen. Laut BFH (Urteil vom 2.9.2010, BStBl. 2011 II S. 119) gilt für sogenannte Außenseitermethoden allerdings eine Ausnahme von der Pflicht zur Vorlage eines solchen Attestes, wenn eine „notstandsähnliche Situation" (im Urteilsfall eine schwere Krebserkrankung in fortgeschrittenem Stadium) vorliegt, und die Behandlung von einem Arzt oder Heilpraktiker vorgenommen wird.

Behinderungsbedingte Aufwendungen

Für Aufwendungen, die aufgrund einer Behinderung entstehen, besteht ein Wahlrecht:

- Entweder weist der Steuerpflichtige die tatsächlichen Kosten nach (dann erfolgt der Ansatz gemäß § 33 EStG analog zu den Krankheitskosten unter Abzug der zumutbaren Belastung)

oder

- der Steuerpflichtige verzichtet auf den Einzelnachweis und nimmt einen Pauschbetrag gemäß § 33b EStG in Anspruch.

Abziehbar sind unter anderem Aufwendungen für:
- Wäsche,
- Krankenhausaufenthalte,
- Pflegedienstleistungen,
- medizinische Hilfsmittel wie zum Beispiel Treppenschräglift, Rollstuhl, Prothesen, Medikamente, private Kfz-Kosten.

Bei einer **Minderung der Erwerbsfähigkeit (MdE)** von mindestens 80 Prozent oder einer MdE von mindestens 70 Prozent und Geh- und Stehbehinderung können private Kfz-Kosten geltend gemacht werden (H 33.1-33.4 „Fahrtkosten behinderter Menschen" EStH). Grundsätzlich werden 3.000 Kilometer für Privatfahrten anerkannt; bei außergewöhnlich Gehbehinderten, Blinden oder Hilflosen bis zu 15.000 Kilometer pro Jahr, ausnahmsweise auch noch mehr. Der Ansatz der Fahrtkosten erfolgt in Höhe der tatsächlichen Kosten, das heißt mit 0,30 Euro pro gefahrenem Kilometer; höhere Kosten werden nur in Ausnahmefällen anerkannt.

Tipp
Auch Kosten für private Fahrten können abziehbar sein!

02

Arbeitnehmer mit einem Grad der Behinderung (GdB) von mindestens 70 Prozent oder einem GdB von mindestens 50 Prozent und erheblicher Bewegungseinschränkung dürfen gemäß § 9 Abs. 2 EStG für die Fahrten von und zur Arbeit anstelle der niedrigeren Entfernungspauschale die tatsächlichen Kosten von 0,30 Euro je gefahrenem Kilometer als Werbungskosten geltend machen.

Nach langjähriger BFH-Rechtsprechung waren wertsteigernde Aufwendungen – wie beispielsweise für den Einbau eines behindertengerechten Badezimmers oder eines Aufzugs – nicht als außergewöhnliche Belastungen abziehbar. In neueren Urteilen wich der BFH von dieser „Gegenwerttheorie" ab und erkannte bestimmte behinderungsbedingte Umbaumaßnahmen als außergewöhnliche Belastungen an, auch wenn hierdurch der Wert des Gebäudes erhöht wurde. So entschied der BFH mit Urteil vom 22.10.2009 (Az. VI R 7/09), dass Aufwendungen für den ad hoc notwendig gewordenen behindertengerechten Umbau eines Hauses als außergewöhnliche Belastungen abziehbar sein können. Im Urteilsfall hatte der Steuerpflichtige einen schweren Schlaganfall erlitten und war dadurch stark gehbehindert. Damit er weiterhin zu Hause leben konnte, führten die Ehegatten verschiedene Baumaßnahmen an ihrem Einfamilienhaus durch, unter anderem eine

Rollstuhlrampe und ein behindertengerechtes Badezimmer. In seinem Urteil vom 24.2.2011 (Az. VI R 16/10) hat der BFH auch Aufwendungen für den langfristig geplanten behindertengerechten Um- oder Neubau eines Hauses als außergewöhnliche Belastung anerkannt.

Noch weiter geht das Niedersächsische Finanzgericht in seinem Urteil vom 17.1.2013 (Az. 14 K 399/11): Demnach sind auch Mehraufwendungen für den Kauf eines größeren Grundstücks, welches zur behindertengerechten Gestaltung des Wohnumfelds erforderlich ist, außergewöhnliche Belastungen. Dagegen hat die Finanzverwaltung allerdings Revision eingelegt (Az. BFH VI R 42/13). Wenn Sie hiervon betroffen sind, können Sie gegen Ihren Einkommensteuerbescheid Einspruch einlegen und das Ruhen des Verfahrens beantragen.

Tipp

Verteilen Sie hohe Aufwendungen, zum Beispiel Kosten für behinderungsbedingte Umbaumaßnahmen am Haus oder am Kfz, auf mehrere Jahre.

Grundsätzlich werden außergewöhnliche Belastungen in dem Jahr abgezogen, in dem gezahlt wird. Hohe Umbaukosten könnten dann allerdings steuerlich teilweise ins Leere laufen, weil sie beispielsweise höher sind als die in diesem Jahr erzielten Einkünfte. In einem solchen Fall erlaubte das Finanzgericht Saarland mit Urteil vom 6.8.2013 (Az. 1 K 1308/12) eine gleichmäßige Verteilung der Aufwendungen auf bis zu fünf Jahre.

Auch Aufwendungen für den behindertengerechten Umbau eines Kfz sind bei erheblich Gehbehinderten (Merkzeichen „aG") als außergewöhnliche Belastungen abziehbar und zwar grundsätzlich sofort in dem Jahr, in dem sie anfallen (vgl. zum Beispiel Verfügung der Oberfinanzdirektion Frankfurt/Main vom 19.1.2011, Az. S 2284 A-46-St 221). Erlaubt ist aber auch eine Verteilung auf mehrere Jahre, zum Beispiel in Fällen, in denen der Gesamtbetrag der Einkünfte niedriger ist als die abziehbaren Aufwendungen.

Kosten einer Heimunterbringung

Abziehbar sind auf jeden Fall die Kosten für die Unterbringung in der Pflegestation eines Heims oder die in der Abrechnung des Heims einzeln ausgewiesenen Krankheits- und Pflegekosten. Ist der Steuerpflichtige nicht in der Pflegestation des betreffenden Heims untergebracht, so dürfen die Unterbringungskosten abgezogen werden, wenn die Heimunterbringung ausschließlich durch eine Krankheit veranlasst ist, durch die der Steuerpflichtige pflegebedürftig geworden ist.

02

Falls bei einer Heimunterbringung der Haushalt des Steuerpflichtigen aufgelöst wird, muss von den Unterbringungskosten eine **Haushaltsersparnis** in Höhe des Grundfreibetrags (2014: 8.354 Euro/Jahr; wird der Haushalt im Lauf des Jahres aufgelöst, erfolgt zeitanteilige Berechnung) abgezogen werden. Wurde der Haushalt (noch) nicht aufgelöst, so ist keine Haushaltsersparnis zu berücksichtigen; die Miete, die trotz Kündigung der Mietwohnung wegen der einzuhaltenden Kündigungsfrist zu zahlen ist, kann aber nach dem Urteil des Finanzgerichts Rheinland-Pfalz vom 17.12.2012 (Az. 5 K 2017/10) nicht zusätzlich zu den Heimkosten als außergewöhnliche Belastung abgezogen werden.

Die rein altersbedingte Unterbringung in einem Altersheim wird steuerlich nicht berücksichtigt. Ist der Steuerpflichtige erst während seiner Heimunterbringung erkrankt, so gewährt die Finanzverwaltung allerdings den Abzug, wenn mindestens Pflegestufe I, eine erhebliche Einschränkung der Alltagskompetenz oder das Merkzeichen „H" oder „Bl" festgestellt wurde.

Bei einer Unterbringung im Altersheim kann nur über eine Einzelbetrachtung festgestellt werden, welche Kosten als Krankheitskosten abziehbar sind.

Bestimmte haushaltsnahe Dienstleistungen sind für Heimbewohner gemäß § 35a EStG begünstigt (siehe Seite 153 f.).

Mit Urteil vom 13.10.2010 (Az. VI R 38/09) entschied der BFH, dass die Aufwendungen für die Heimunterbringung Krankheitskosten im Sinne von § 33 Abs. 1 EStG sein können, wenn jemand wegen Krankheit in einem Alters- oder Pflegeheim lebt, auch wenn keine zusätzlichen Pflegekosten entstanden sind und kein Merkzeichen „H" oder „Bl" im Schwerbehindertenausweis festgestellt ist. Erforderlich ist nunmehr also eine Einzelfallbetrachtung.

Pauschbetrag für behinderte Menschen

Anstelle der tatsächlichen Kosten können behinderte Menschen gemäß § 33b EStG einen Pauschbetrag geltend machen, wenn ihr Grad der Behinderung mindestens 50 Prozent beträgt. Bei einem Grad der Behinderung von weniger als 50 Prozent, aber mindestens 25 Prozent wird ein Pauschbetrag nur unter den folgenden Voraussetzungen gewährt:

- Wegen der Behinderung werden gesetzliche Renten oder andere laufende Bezüge gezahlt

oder

- es liegt eine dauernde Einbuße der körperlichen Beweglichkeit vor

oder

- die Behinderung beruht auf einer typischen Berufskrankheit.

Der Grad der Behinderung ist durch einen Schwerbehindertenausweis bzw. eine Bescheinigung der nach § 69 Abs. 1 SGB IX zuständigen Behörde nachzuweisen.

Die Höhe des Behindertenpauschbetrags bei Vorliegen dieser Voraussetzungen entnehmen Sie der folgenden Tabelle.

Tipp

Nach schweren Erkrankungen bzw. Operationen liegt oft ein erheblicher Behinderungsgrad in diesem Sinne vor. Beantragen Sie gegebenenfalls einen Schwerbehindertenausweis bei Ihrem zuständigen Versorgungsamt.

Grad der Behinderung	Pauschbetrag pro Jahr
25 oder 30 %	310 €
35 oder 40 %	430 €
45 oder 50 %	570 €
55 oder 60 %	720 €
65 oder 70 %	890 €
75 oder 80 %	1.060 €
85 oder 90 %	1.230 €
95 oder 100 %	1.420 €
Hilflose/Blinde	3.700 €

02

Für den Pauschbetrag von 3.700 Euro muss ein Schwerbehindertenausweis mit Merkzeichen „H" oder „Bl" oder eine
Einstufung in Pflegestufe III vorliegen, vgl. § 65 EStDV. Die
Pauschbeträge sind immer Jahresbeträge. Bei Beginn, Wegfall oder Änderung der Behinderung im Lauf des Kalenderjahres gilt der höchste Pauschbetrag für das ganze Jahr.

Die behinderte Person kann jedes Jahr zwischen dem Pauschbetrag und dem Ansatz der tatsächlichen Kosten wählen. Von
den Pauschbeträgen wird keine zumutbare Belastung abgezogen. Mit dem Pauschbetrag sind alle durch die Behinderung
bedingten laufenden Kosten wie die für Wäsche, Hilfeleistungen oder Hilfsmittel abgegolten.

Andere Krankheitskosten – zum Beispiel für Krankenhausaufenthalte oder Kuren, auch wenn ein Zusammenhang zur Körperbehinderung besteht – können unter Abzug der zumutbaren Belastung zusätzlich zum Pauschbetrag geltend gemacht
werden. Ebenfalls neben den Pauschbeträgen können unter
den auf Seite 146 genannten Voraussetzungen Kosten für private Fahrten geltend gemacht werden.

Tipp

Die Bescheini-
gungen über die
Körperbehinde-
rung sind Grund-
lagenbescheide im
Sinne von § 175
Abs. 1 AO, sodass
eine rückwirkende
Anerkennung
der Körperbehin-
derung zu einer
Berichtigung der
Einkommensteuer-
veranlagung führt.

Steuerliche Behandlung des Pflegegelds

Das von der gesetzlichen oder privaten Pflegeversicherung ausgezahlte Pflegegeld ist beim pflegebedürftigen Empfänger gemäß § 3 Nr. 1 EStG steuerfrei. Wird dieses Pflegegeld an Angehörige des Pflegebedürftigen weitergeleitet, die die Pflege und/oder die hauswirtschaftliche Versorgung durchführen, so ist es gemäß § 3 Nr. 36 EStG auch bei diesen Pflegepersonen steuerbefreit. Angehörigen gleichgestellt sind andere Menschen, die damit eine sittliche Pflicht gegenüber dem Pflegebedürftigen erfüllen. Die Steuerbefreiung ist allerdings begrenzt auf das von der gesetzlichen Pflegeversicherung gezahlte Pflegegeld der Pflegestufe III. Vom Pflegebedürftigen selbst zusätzlich gewährte Vergütungen müssen vom Empfänger versteuert werden (vgl. Verfügung der Oberfinanzdirektion Frankfurt/Main vom 12.7.2013, Az. S 2342 A – 75 St 213).

Tipp

Wenn das Finanzamt Pflegegeld aus einer privaten Pflegeversicherung von den Pflegekosten abzieht, sollten Sie Einspruch einlegen!

Ob sich das erhaltene Pflegegeld auf die abziehbaren außergewöhnlichen Belastungen auswirkt, ist noch nicht abschließend geklärt. So ist bezüglich der Frage, ob das von einer privaten Pflegezusatzversicherung erstattete Pflegegeld (Pflegestufe III, Unterbringung im Pflegeheim) auf die als außergewöhnliche Belastungen abziehbaren Pflegekosten anzurechnen ist, zurzeit (Stand Mai 2014) ein Revisionsverfahren beim BFH anhängig (Az. VI R 8/10).

Pflegepauschbetrag

Gemäß § 33b Abs. 6 EStG können Steuerpflichtige, denen durch die Pflege von Personen, die nicht nur vorübergehend hilflos sind, außergewöhnliche Belastungen erwachsen, unter den im Folgenden genannten Voraussetzungen einen Pflegepauschbetrag von 924 Euro pro Jahr abziehen:

- Der Steuerpflichtige muss die Pflege selbst durchführen und zwar entweder in seiner Wohnung oder in der Wohnung des Pflegebedürftigen; eine zeitweise Unterstützung durch eine ambulante Pflegekraft ist unschädlich, R 33b Abs. 4 EStR.

- Die gepflegte Person muss ständig hilflos im Sinne von § 33b Abs. 6 S. 2 und 3 EStG sein, das heißt, es müssen die Voraussetzungen für den Pauschbetrag von 3.700 Euro vorliegen (Merkzeichen „H" oder Pflegestufe III; Nachweis nur nach § 65 EStDV möglich).
- Der Steuerpflichtige erhält für die Pflege keine Einnahmen (das heißt auch kein Pflegegeld oder Ähnliches).

Tipp
Werden mehrere Familienmitglieder unentgeltlich gepflegt, so kann der Pauschbetrag mehrfach gewährt werden.

02

Der Pflegepauschbetrag von 924 Euro pro Jahr ist immer ein Jahresbetrag, das heißt, es findet keine Zwölftelung statt. Teilen sich mehrere Personen die Pflege eines Menschen, ist der Pflegepauschbetrag nach der Anzahl der Personen aufzuteilen.

STEUERERMÄSSIGUNG FÜR HAUS- HALTSNAHE BESCHÄFTIGUNGEN/ DIENSTLEISTUNGEN UND HAND- WERKERLEISTUNGEN

Während Freibeträge oder Sonderausgaben etc. die Bemessungsgrundlage der Einkommensteuer vermindern und sich daher umso stärker auswirken, je höher das zu versteuernde Einkommen ist, wirkt sich eine Steuerermäßigung als Abzug von der Einkommensteuer selbst und damit progressionsunabhängig aus, das heißt, es handelt sich praktisch um bares Geld, das der Staat zu den begünstigten Aufwendungen „zuschießt".

Begünstigt sind folgende haushaltsnahe Aufwendungen:
- Beschäftigungsverhältnisse im Rahmen von Minijobs,
- sozialversicherungspflichtige Beschäftigungsverhältnisse,
- von Unternehmen ausgeführte Dienstleistungen,
- bestimmte Pflege- und Betreuungsleistungen,
- Handwerkerleistungen (nur der Arbeitslohn, nicht die Kosten für Baumaterial oder Ähnliches).

Voraussetzung für die Steuerermäßigung ist in allen Fällen, dass dem Finanzamt eine Rechnung des Leistungserbringers vorgelegt wird und die Zahlung auf dessen Konto erfolgt ist, was mit dem Bankbeleg nachzuweisen ist. Als Nachweis für ein haushaltsnahes Beschäftigungsverhältnis gelten Bescheinigungen/Belege der Deutschen Rentenversicherung Knappschaft-Bahn-See (für Minijobs) bzw. allgemeine Lohnsteuer- und Sozialversicherungsnachweise (bei versicherungspflichtigen Beschäftigungen).

HAUSHALTSNAHE BESCHÄFTIGUNGS-VERHÄLTNISSE

Wenn Sie jemanden sozialversicherungspflichtig oder im Rahmen eines sogenannten Minijobs für Hausarbeiten anstellen oder von Unternehmen haushaltsnahe Dienstleistungen in Anspruch nehmen, können Sie die Steuerermäßigung gemäß § 35a Abs. 1 oder 2 EStG geltend machen.

Vom Finanzamt nicht anerkannt werden Beschäftigungsverhältnisse zwischen Personen, die im selben Haushalt leben, zum Beispiel zwischen Eltern und im Haushalt lebenden Kindern. Leben Angehörige dagegen nicht mit im Haushalt, können entsprechende Beschäftigungsverhältnisse anerkannt werden, wenn sie unter fremdüblichen Bedingungen abgeschlossen und durchgeführt werden.

Verträge mit Familienangehörigen werden nur anerkannt, wenn sie dem Fremdvergleich standhalten. Außerdem muss der Angehörige das erhaltene Entgelt gegebenenfalls versteuern. Ausnahme: Beim Minijob muss der Zahlende zusätzliche Abgaben abführen, mit denen die Steuern des Empfängers abgegolten sind.

Minijob im Haushalt

Wenn eine Haushaltshilfe im Rahmen eines Minijobs, also auf 450-Euro-Basis (im Fachjargon: „geringfügiges Beschäftigungsverhältnis") beschäftigt wird, beträgt die Steuerermäßigung gemäß § 35a Abs. 1 EStG 20 Prozent der gesamten angefallenen Kosten (überwiesene Vergütung + gezahlte pauschale Abgaben), höchstens aber 510 Euro pro Haushalt und Jahr. Maximal begünstigt sind damit Aufwendungen von insgesamt 2.550 Euro/Jahr, was 212,50 Euro/Monat entspricht.

Das Beschäftigungsverhältnis muss ordnungsgemäß bei der Minijob-Zentrale angemeldet werden (siehe im Internet unter www.minijob-zentrale.de). Zur Erleichterung der korrekten Abwicklung sollte das Haushaltsscheckverfahren genutzt werden. Dieses ist laut Randnummer 5 des BMF-Schreibens vom 15.2.2010 (BStBl. I S. 783) Voraussetzung für die Steuerermäßigung.

Jeder geringfügig Beschäftigte darf nur insgesamt bis zu 450 Euro im Monat verdienen. Wenn er außerdem sozialversicherungspflichtig arbeitet, darf er zusätzlich nur einen einzigen Minijob ausüben. Der Arbeitgeber muss monatlich die pauschalen Steuern und Versicherungsbeiträge in Höhe von bis zu 14,44 Prozent der an die Haushaltshilfe gezahlten Vergütung an die Minijob-Zentrale abführen; das heißt, wenn 100 Euro ausgezahlt werden, fallen bis zu 14,44 Euro als zusätzliche Kosten an.

Tipp

Im Beispiel auf Seite 152 wird der Höchstbetrag überschritten, sodass ein Teil der Aufwendungen steuerlich ins Leere läuft. Wenn der Minijob mit 14,44 Prozent pauschalen Abgaben belastet ist, wird der Höchstbetrag von 510 Euro bereits mit einer monatlichen Vergütung von rund 186 Euro voll ausgeschöpft.

Beispiel

Sie überweisen im Rahmen eines Minijobs pro Monat 200 Euro an Ihre Haushaltshilfe. Zusätzlich fallen monatlich pauschale Abgaben in Höhe von 14,44 Prozent = 28,88 Euro an. Pro Jahr ergeben sich Aufwendungen von (228,88 Euro x 12 =) 2.746,56 Euro. Die Steuerermäßigung beträgt (20 Prozent von 2.746,56 Euro =) 549,31 Euro, maximal jedoch 510 Euro/ Jahr. Von Ihrer Einkommensteuerschuld werden also 510 Euro abgezogen.

Sozialversicherungspflichtige Haushaltshilfe

Wenn die Haushaltshilfe sozialversicherungspflichtig beschäftigt wird, beträgt die Steuerermäßigung zwar ebenfalls 20 Prozent, der Höchstbetrag ist aber mit 4.000 Euro pro Haushalt und Jahr wesentlich höher (§ 35a Abs. 2 EStG). Er gilt allerdings nicht nur für diese Beschäftigungsverhältnisse, sondern als gemeinsamer Höchstbetrag auch für haushaltsnahe Dienstleistungen, Pflege- und Betreuungsleistungen. Begünstigt sind auch hier sowohl die an die Haushaltshilfe überwiesenen Beträge als auch die zusätzlich gezahlten Sozialbeiträge und die einbehaltene und abgeführte Lohnsteuer. Der Höchstbetrag wird voll ausgeschöpft, wenn insgesamt (für Lohn + Sozialbeiträge etc.) 20.000 Euro pro Jahr (entspricht 1.667 Euro pro Monat) gezahlt werden.

HAUSHALTSNAHE DIENSTLEISTUNGEN

Von haushaltsnahen Dienstleistungen spricht man, wenn es sich nicht um die Beschäftigung von Arbeitnehmern handelt, sondern die Hausarbeit von Unternehmen erledigt wird.

Beispiele für begünstigte Dienstleistungen:
- Fensterputzer,
- Reinigungsdienste,
- Gartenbaufirmen, die den Garten in Ordnung halten (nicht begünstigt sind dagegen die Kosten für die Neuanlage eines Gartens),

- Aufwendungen, die an eine Umzugsfirma für Möbelpacken etc. gezahlt werden.

Voraussetzung für die Ermäßigung ist, dass die Dienstleistung im Haushalt erbracht wird. Nach Auffassung der Finanzverwaltung sind daher die Aufwendungen für Straßen- und Gehwegreinigung sowie Winterdienst nur insoweit begünstigt, als sie auf dem Privatgelände ausgeführt werden. Die Reinigung und der Winterdienst auf öffentlichen Gehwegen sollen dagegen nicht abziehbar sein, auch wenn die Satzung der Gemeinde entsprechende Pflichten vorsieht. Hiergegen ist allerdings ein Revisionsverfahren beim BFH anhängig (Az. BFH VI R 55/12).

Beispiele für nicht begünstigte Dienstleistungen:
- die Kosten für eine Wäscherei oder chemische Reinigung,
- die Zubereitung von Essen durch Catering-Dienste oder Essen auf Rädern,
- das Ausführen von Hunden.

Auch wenn Friseur- oder Kosmetikdienstleistungen (zum Beispiel Fußpflege) in der eigenen Wohnung und damit innerhalb des Haushalts erbracht werden, sind sie dennoch nicht begünstigt.

Tipp

Vergessen Sie nicht, die in Ihrer Nebenkostenabrechnung ausgewiesenen Kosten für haushaltsnahe Dienstleistungen in der Einkommensteuererklärung einzutragen!

Bei eigengenutzten und angemieteten Eigentumswohnungen können auch die in der Jahresabrechnung des Hausverwalters ausgewiesenen umgelegten Dienstleistungen für Gartenpflege, Treppenhausreinigung, Schneeschaufeln und Ähnliches geltend gemacht werden, da sie als im Haushalt erbracht gelten.

Heimbewohner können die in der Abrechnung des Heims ausgewiesenen Aufwendungen für die im Folgenden aufgeführten Dienstleistungen geltend machen.

- Reinigung des Zimmers/Appartements sowie der Gemeinschaftsflächen,
- Zubereitung und Servieren von Mahlzeiten,
- Wäscheservice, soweit er im Heim erfolgt.

PFLEGE- UND BETREUUNGSLEISTUNGEN

Begünstigt sind Dienstleistungen zur Grundpflege zum Beispiel in Bezug auf Körperpflege, Ernährung und Mobilität sowie Betreuungsleistungen. Ein Nachweis der Pflege- oder Betreuungsbedürftigkeit ist nicht erforderlich.

Tipp

Aufgrund der Rentenfreibeträge kann es vorkommen, dass Rentner keine Einkommensteuer zahlen, obwohl ihre Rente erheblich über dem steuerlichen Existenzminimum liegt. Zahlen sie dann selbst für Pflege- oder Betreuungsleistungen, die in ihrem eigenen Haushalt anfallen, kann die Steuerermäßigung nicht genutzt werden. Werden diese Leistungen dagegen von ihren erwerbstätigen Kindern getragen, können diese die Steuerermäßigung geltend machen.

Anders als in den bereits genannten Fällen müssen die Pflege- und Betreuungsleistungen nicht im Haushalt des Zahlenden erbracht werden, sondern können auch im eigenen Haushalt der betreuten bzw. gepflegten Person erfolgen (§ 35a Abs. 4 EStG). Das heißt, die betreute oder gepflegte Person muss nicht im selben Haushalt leben wie die Person, die die Aufwendungen trägt und daher die Steuerermäßigung in Anspruch nimmt. So kann beispielsweise ein Sohn oder eine Tochter Aufwendungen geltend machen, die er oder sie an einen Pflegedienst für die Pflege oder Betreuung der Eltern in deren eigenem Haushalt zahlt.

Ein eigener Haushalt in diesem Sinne ist auch ein Appartement in einem Altenwohnheim oder -stift. Voraussetzung ist lediglich, dass es sich um eine abgeschlossene Wohneinheit mit Bad und Kochgelegenheit handelt. Begünstigt sind außer Pflegeleistungen auch Hausarbeiten wie Putzen oder Wäschepflege und auch die Begleitung zu Arztbesuchen oder zum Einkaufen sowie kleinere Botengänge, zum Beispiel zur Apotheke.

Die Steuerermäßigung wird nur gewährt, soweit die Kosten nicht von dritter Seite (zum Beispiel Pflegeversicherung) übernommen werden. Pflegekosten können alternativ als außergewöhnliche Belastungen geltend gemacht werden (siehe Seite 138 ff.). Die nach dieser Regelung nicht abziehbare zumutbare Belastung ist als haushaltsnahe Dienstleistung begünstigt.

Tipp
Teilen Sie Pflegekosten auf in außergewöhnliche Belastungen und haushaltsnahe Dienstleistungen.

02

HANDWERKERLEISTUNGEN

Für Reparaturen und andere Arbeiten an selbst genutztem Wohnraum können Sie die Steuerermäßigung gemäß § 35a Abs. 3 EStG in Anspruch nehmen. Die Steuerermäßigung beträgt 20 Prozent des gezahlten Arbeitslohns, höchstens aber 1.200 Euro je Haushalt und Jahr. Falls Sie Ihr Haus teilweise vermieten und teilweise selbst bewohnen, werden die Aufwendungen – soweit möglich – direkt dem eigengenutzten oder dem vermieteten Teil zugeordnet, beispielsweise bei der Renovierung von Bädern, Fußböden oder der Erneuerung von Fenstern. Ist keine direkte Zuordnung möglich – zum Beispiel bei der Erneuerung des Dachs oder der Außenfassade – so erfolgt die Aufteilung nach Quadratmetern Wohnfläche der jeweiligen Nutzungsart.

Steuerlich geförderte Handwerkerleistungen in diesem Sinne sind alle Renovierungs-, Erhaltungs- und Modernisierungsaufwendungen am eigengenutzten Haus, in der Wohnung oder auf dem Grundstück, zum Beispiel:

Tipp
Nutzen Sie die Steuerermäßigungen für Handwerkerleistungen bei eigengenutztem Wohnraum!

• Maler-/Fliesenlegerarbeiten,
• Sanitär-/Heizungsarbeiten,
• Elektrikerarbeiten,
• Maurerarbeiten,
• Gartenarbeiten,
• Kehrgebühren des Schornsteinfegers.

Auch eine Erweiterung der Wohnfläche des von Ihnen bereits bewohnten Hauses, wie zum Beispiel der Ausbau eines bisher nicht genutzten Dachgeschosses, kann begünstigt sein, nicht dagegen die Errichtung eines neuen Gebäudes.

Begünstigt ist der Bruttobetrag, das heißt einschließlich der Umsatzsteuer. Wenn der Arbeitslohn in der Rechnung nur „netto" ausgewiesen ist, müssen Sie also den dort angegebenen Betrag um 19 Prozent Umsatzsteuer erhöhen.

Es zählen nur die reinen Arbeitskosten. Bei Maßnahmen, für die Material- und Arbeitsaufwand angefallen ist, muss der Arbeitsaufwand vom Handwerker separat ausgewiesen werden. Gegebenenfalls müssen Sie eine entsprechende Rechnung anfordern. Beachten Sie, dass auch die auf den Arbeitsaufwand entfallende Umsatzsteuer begünstigt ist.

Eine weitere wichtige Voraussetzung für die Steuervergünstigung ist, dass der Rechnungsbetrag auf ein Konto des Erbringers der Handwerkerleistung gezahlt werden muss. Bei Barzahlung ist kein Abzug möglich!

Tipp

Reichen Sie Ihre Nebenkostenabrechnung beim Finanzamt ein!

Ob Sie Eigentümer des Hauses bzw. der Wohnung sind, spielt keine Rolle, das heißt, auch Mieter können die von ihnen getragenen Aufwendungen geltend machen. Bei eigengenutzten und angemieteten Eigentumswohnungen können auch die in der Jahresabrechnung des Hausverwalters entsprechend ausgewiesenen Handwerkerleistungen geltend gemacht werden.

HÖCHSTBETRÄGE

Die folgende Tabelle zeigt Steuerermäßigungen gemäß
§ 35a EStG im Überblick:

02

Art der Haushaltshilfe/Dienstleistung	Höhe des Abzugs von der Steuerschuld	Höchstbetrag pro Haushalt und Jahr
Geringfügige Beschäftigung (450-Euro-Job)	20 % der Aufwendungen (inklusive der pauschalen Abgaben)	510 €
Sozialversicherungspflichtige Beschäftigung	20 % der Aufwendungen (inklusive Arbeitgeberbeiträge)	
Haushaltsnahe Dienstleistung, das heißt Zahlung an ein Unternehmen	20 % der Aufwendungen	Gemeinsamer Höchstbetrag von 4.000 €
Pflege-/Betreuungsdienstleistung, Zahlung an ein Unternehmen (zum Beispiel Pflegedienst)	20 % der Aufwendungen	
Handwerkerleistung	20 % des Arbeitslohns laut Rechnung	1.200 €

Bar bezahlte Aufwendungen sind nicht begünstigt!

Die Höchstbeträge sind haushaltsbezogen, das heißt, sie gelten unabhängig davon, wie viele Personen im Haushalt leben bzw. ob Ehegatten oder Alleinstehende veranlagt werden. Die verschiedenen Höchstbeträge können parallel in Anspruch genommen werden. Alle Zahlungen müssen aufgrund von ordnungsgemäßen Rechnungen und auf Konten der Empfänger geleistet werden.

WIE ERGIBT SICH DIE EINKOMMEN-STEUER AUS DEM ZU VERSTEUERN-DEN EINKOMMEN?

Für Alleinstehende kommt der Grundtarif, für Verheiratete der Splittingtarif der Einkommensteuer zur Anwendung. Verwitwete werden im Jahr des Todes des Ehegatten und im Folgejahr nach dem günstigeren Splittingtarif besteuert. Hier eine Übersicht mit verschiedenen Einkommens- und den dazugehörigen Einkommensteuerbeträgen für 2013 (gerundet):

Zu versteuerndes Einkommen	Einkommensteuer laut Grundtarif	Einkommensteuer laut Splittingtarif
8.000 €	0 €	0 €
10.000 €	294 €	0 €
12.000 €	680 €	0 €
14.000 €	1.141 €	0 €
16.000 €	1.638 €	0 €
20.000 €	2.679 €	588 €
24.000 €	3.793 €	1.360 €
28.000 €	4.980 €	2.282 €
32.000 €	6.240 €	3.270 €
36.000 €	7.573 €	4.290 €
40.000 €	8.980 €	5.350 €
44.000 €	10.460 €	6.450 €
48.000 €	12.020 €	7.580 €
52.000 €	13.650 €	8.750 €
60.000 €	17.006 €	11.200 €
70.000 €	21.200 €	14.470 €
80.000 €	25.400 €	17.960 €

Von dem Betrag laut Tabelle werden noch bestimmte Steuerermäßigungen abgezogen, zum Beispiel die für haushaltsnahe Dienstleistungen und Handwerkerleistungen etc. (siehe Sei-

te 157) und die Steuerermäßigung für Spenden und Beiträge
an politische Parteien und Freie Wählergemeinschaften nach
§ 34g EStG. Demnach sind Parteispenden und -mitgliedsbei-
träge etc. von jeweils maximal 1.650 Euro pro Jahr (Alleinstehende) bzw. 3.300 Euro (Ehegatten) durch eine 50-prozentige
Steuerermäßigung begünstigt.

02

FINANZEN UND PRIVATE VERSICHERUNGEN

Gerade im Ruhestand sollte die Finanzstrategie noch einmal neu entwickelt werden. Denn jetzt geht es um andere Ziele als bisher. Ein wichtiger Aspekt ist vor allem die Sicherheit Ihrer Anlage, sei es für den eigenen Bedarf oder für Ihre Kinder und Enkelkinder. Bei Erreichen des Rentenalters lohnen sich außerdem die Überprüfung und gegebenenfalls Neuordnung der privaten Versicherungen. Welche Überlegungen dabei wichtig sind und welche Produkte sich für wen eignen, erfahren Sie auf den folgenden Seiten.

IHRE PERSÖNLICHE SITUATION UNTER DER LUPE

Mit dem Übergang vom aktiven Berufsleben in den Ruhestand ändert sich für Sie auch der Bedarf an Finanz- und Versicherungsprodukten. Manches, das vor dem Renteneintritt sinnvoll war, wird danach weniger empfehlenswert – und umgekehrt können nach dem Rentenbeginn Finanzprodukte oder Versicherungspolicen für Sie interessant werden, die zuvor nicht zur Diskussion gestanden haben.

03

Der näher rückende Rentenbeginn sollte Anlass sein, um die Finanzplanung nochmals gründlich unter die Lupe zu nehmen, und zu überlegen, wie sich in den kommenden Jahren Einkommen und Vermögen entwickeln sollten. Bevor Sie sich für bestimmte Finanzprodukte entscheiden, sollten die folgenden drei Fragen klar und eindeutig beantwortet sein:

- Welche Renditechancen sind mit der Kapitalanlage verbunden?
- Welche Verlustrisiken kann ich im schlimmsten Fall tragen?
- Wie schnell kann ich auf das Geld zugreifen, wenn es kurzfristig benötigt wird?

Dazu kommen die Themen Steuern und Versicherungen als weitere Aspekte. In Bezug auf die Steuern sollten Sie darauf achten, dass Ihr ohnehin im Vergleich zum Arbeitnehmerverdienst geringeres Renteneinkommen möglichst wenig durch Steuern geschmälert wird. Bei Versicherungen gilt im Rentenalter meist die Devise „Weniger ist mehr". Das bedeutet: Reduzieren Sie die Zahl Ihrer Versicherungspolicen auf den Schutz, den Sie auch wirklich brauchen. Achten Sie jedoch darauf, dass die existenziellen Risiken möglichst ohne gefährliche Lücken abgedeckt sind.

DIE GÄNGIGSTEN ANLAGEFORMEN IM ÜBERBLICK

Im Bereich der Geldanlage stehen Sie vor einem regelrechten Anbieterdschungel. Banken und Finanzvermittler wollen Ihnen ihre Produkte schmackhaft machen und werben um die Gunst der oft kapitalkräftigen baldigen Ruheständler. Doch ob das beworbene und angepriesene Produkt auch wirklich für Sie geeignet ist, steht auf einem anderen Blatt. Um Ihnen zumindest einen groben Überblick über Ihre Möglichkeiten zu verschaffen, werden in diesem Kapitel zunächst einmal die gängigsten Anlageformen mit ihren Chancen und Risiken erläutert.

Tipp

Möglicherweise werden Ihnen Geldanlagen angeboten, die Sie in der nachfolgenden Zusammenfassung nicht finden. Hierbei handelt es sich dann in aller Regel um besonders riskante oder nachteilige Anlageprodukte, die in einem eigenen Kapitel erläutert werden. Generell gilt: Wenn Sie die Funktionsweise einer Kapitalanlage nicht wirklich verstehen, sollten Sie lieber davon absehen.

GELDANLAGEN BEI BANKEN

Banken sind wichtige Anlaufstellen in Fragen der Geldanlage und sie bieten auch die wohl bekanntesten Anlageprodukte an. In dieser Rubrik geht es allerdings nicht um alle Produkte, die Ihnen in einem Gespräch bei der Bank angeboten werden – denn die Kreditinstitute vertreiben auch Angebote von Versicherungen, Bausparkassen und Investmentgesellschaften. Welche Chancen und Risiken damit verbunden sind, erfahren Sie an späterer Stelle. Hier geht es um die klassischen „Eigenprodukte" der Banken und Sparkassen, nämlich

- Tages- und Festgelder,
- Sparkonten und Sparverträge,
- Sparbriefe,
- Anspar- und Auszahlpläne.

Tages- und Festgelder unterscheiden sich vor allem durch die Zugriffsmöglichkeit. Während Sie beim Tagesgeld jederzeit Beträge in beliebiger Höhe abrufen und einzahlen können, haben Sie beim Festgeld eine fixe Laufzeit zwischen einem Monat und mehreren Jahren.

03

Das **Tagesgeld** eignet sich vor allem für die Anlage der kurzfristig verfügbaren Geldreserve. Besonders vorteilhaft ist die einfache Handhabung: Sie eröffnen das Tagesgeldkonto, geben für die Auszahlungen Ihr Girokonto als Referenzkonto an und können nun mit einer einfachen Überweisung oder per Dauerauftrag Geld anlegen. Der Abruf von Guthaben kann in aller Regel in der Filiale sowie per Telefon oder Online-Banking erfolgen. Wenn Sie Ihr Tagesgeldkonto bei einer Direktbank führen, ist die Kontoführung nur per Internet oder Telefon möglich. Eine Mindestanlagesumme ist in aller Regel nicht erforderlich.

Bei **Festgeldkonten** sind Mindestanlagesummen marktüblich, die je nach Anbieter meist zwischen 1.000 und 5.000 Euro liegen. Häufig erhalten Sie bei größeren Anlagesummen auch höhere Zinsen. Je nach Vereinbarung mit der Bank wird das Festgeld bei Fälligkeit auf Ihr Girokonto ausgezahlt oder automatisch verlängert, wenn Sie zuvor nicht gekündigt haben.

Dabei sollten Sie wissen, dass viele Banken die Festgelder automatisch verlängern, wenn der Kunde nicht vor Ablauf gekündigt hat. Das kann bedeuten, dass beispielsweise ein einjähriges Festgeld wieder auf ein Jahr fest angelegt wird, weil der Bank keine Kündigung vorliegt. Wenn Sie irrtümlicherweise davon ausgegangen sind, dass das Festgeld automatisch ausgezahlt wird, und den Betrag bereits für eine konkrete Anschaffung eingeplant haben, müssen Sie im schlimmsten Fall das automatisch angelegte Guthaben bis zur Fälligkeit durch einen teuren Überbrückungskredit ersetzen.

Manche Banken setzen bei Tages- und Festgeldern Lockangebote ein. Dabei erhalten Sie einen befristeten Sonderzins, wenn Sie gleichzeitig einen Teil Ihres Kapitals in einen bestimmten Investmentfonds einzahlen. Von solchen Offerten ist abzuraten, wenn Sie nicht von vornherein vorhatten, Ihr Geld in genau diese Anlageprodukte aufzusplitten.

Tipp

Um Pannen zu vermeiden, sollten Sie gleich beim Abschluss des Anlagevertrags das Festgeld vorsorglich kündigen, und sich dies von der Bank bestätigen lassen. Dann können Sie bei der Fälligkeit in aller Ruhe entscheiden, ob das ausgezahlte Geld neu angelegt oder anderweitig verwendet werden soll.

Sparkonten und -verträge sind deutlich weniger flexibel als das Tagesgeld. Zwar können Sie vom klassischen Sparbuch ebenfalls täglich Geld abheben, aber meist nur bis zu einer Obergrenze von 2.000 Euro pro Monat. Bei höheren Beträgen gilt dann eine dreimonatige Kündigungsfrist. Sparverträge bieten zwar meist höhere Zinsen, schränken aber den Zugriff weiter ein. Entweder gelten längere Kündigungsfristen oder die Mindestlaufzeit wird auf einen bestimmten Zeitraum festgelegt. Eine andere Variante besteht darin, dass der Sparvertrag mit niedrigen Zinsen beginnt, die jedoch im Lauf der Jahre immer weiter ansteigen. Je länger Sie das Geld liegen lassen, umso höher sind dann auch Ihre Zinsen.

Bei **Sparbriefen** gibt es hingegen keine Möglichkeit des vorzeitigen Zugriffs. Sie haben eine feste Laufzeit und können vor der Fälligkeit nicht aufgelöst werden. Die Zinsen werden entweder jährlich ausgeschüttet oder bis zum Ende angesammelt – das sind dann die sogenannten aufgezinsten und abgezinsten Sparbriefe. Der Unterschied: Bei der Abzinsung wird der künftige Zins vom Nennwert der Sparbriefe abgezogen. Bei einem Wert von 1.000 Euro legen Sie einen deutlich niedrigeren Betrag an und erhalten am Ende exakt 1.000 Euro. Beim aufgezinsten Sparbrief legen Sie hingegen die 1.000

Euro gleich komplett an und erhalten am Ende den Nennwert mitsamt den angesammelten Zinsen.

Darüber hinaus bieten Banken sowohl Produkte für das **regelmäßige Sparen** als auch die umgekehrte Variante in Form eines **Auszahlplans.** Wenn Sie beim Sparen Wert auf Flexibilität legen, sollten Sie darauf achten, dass Sparpläne auch einmal ausgesetzt werden können, und Extraeinzahlungen möglich sind. Meistens gibt es bei zunehmender Spardauer entweder einen einmaligen Bonus bei der Kündigung, dessen Höhe sich nach der Laufzeit richtet, oder eine Jahr für Jahr steigende Grundverzinsung. Bei Auszahlplänen können Sie zumeist sowohl zwischen fester und variabler Verzinsung als auch zwischen der Auszahlung der Zinsen (ohne Kapitalverzehr) und Zinsen plus Kapitalanteil (mit Kapitalverzehr) wählen.

03

Bei inländischen Banken und Sparkassen ist das Geld der Sparer hervorragend gegen Verlust im Fall einer Bankenpleite abgesichert. Bei Instituten, die den Sicherungssystemen der Sparkassen, Privat- oder Genossenschaftsbanken angehören, liegt die Obergrenze pro Sparer bei der Einlagensicherung im hohen Millionenbereich. Darüber hinaus gibt es einige wenige Banken, die entweder als unselbstständige Zweigniederlassungen ausländischer Geldhäuser dem Sicherungssystem des Heimatlandes angehören oder die nur die gesetzliche Mindestsicherung nach deutschem Recht bieten. Bei der Mindestsicherung sind maximal 100.000 Euro pro Anleger abgesichert, sofern die Bank ihren Hauptsitz innerhalb der Europäischen Union hat. Wenn Ehepartner Geld auf einem Gemeinschaftskonto anlegen, verdoppelt sich die gesetzliche Einlagensicherung auf 200.000 Euro, weil die Sicherungsgrenze für jeden der beiden Kontoinhaber gesondert gilt.

Tipp

Wenn Sie sich nicht sicher sind, welchem Sicherungssystem eine Bank angehört, sollten Sie bei höheren Anlagesummen diese Frage vor Ihrer Anlageentscheidung unbedingt klären. Fragen Sie nach der Zugehörigkeit zur Einlagensicherung und lassen Sie sich die Obergrenze für das abgesicherte Kundenguthaben nennen.

Vorteile: Die Geldanlage bei Banken ist eine sehr sichere Angelegenheit, wenn das Institut einem der drei großen deutschen Sicherungssysteme oder zumindest der EU-weit einheitlichen Mindestsicherung angehört. Bei Produkten mit fester Verzinsung können Sie überdies schon im Voraus genau ermitteln, welche Summe Ihnen bei Fälligkeit zur Verfügung steht.

Nachteile: Das hohe Maß an Sicherheit erkaufen Sie sich mit vergleichsweise bescheidenen Zinssätzen. Wenn Sie höhere Zinsen erzielen wollen, müssen Sie in aller Regel Einschränkungen bei der Flexibilität in Kauf nehmen.

BAUSPARVERTRÄGE

Sparverträge mit fester Verzinsung gibt es nicht nur bei Banken, sondern auch bei Bausparkassen. Sie schließen dabei mit der Bausparkasse einen Vertrag über eine bestimmte Bausparsumme ab und beginnen, darauf regelmäßig Geld einzuzahlen. Die Höhe der Sparraten ist flexibel und Extraeinzahlungen sind problemlos möglich. Wird der Vertrag regelmäßig bespart, ist er nach rund sieben Jahren zuteilungsreif. Wichtig dabei: Die Bausparsumme muss auf die monatlichen Raten optimal abgestimmt werden, damit die Zuteilungsreife im geplanten Zeitraum erreicht wird. Je nach Bauspartarif betragen die optimalen Monatsraten zwischen 3 und 5 Promille der Bausparsumme.

Mit der Zuteilung des Bausparvertrags haben Sie das Recht, sich die Differenz zwischen Guthaben und Vertragssumme als Bauspardarlehen auszahlen zu lassen – unter der Voraussetzung, dass das Geld für wohnwirtschaftliche Zwecke wie beispielsweise Renovierungsarbeiten am Eigenheim verwendet wird. Für den Kredit bekommen Sie von vornherein einen festen Zinssatz und einen verbindlichen Tilgungsplan. Sie können jedoch auch bei der Zuteilung auf den Kredit verzichten und sich einfach das Guthaben auszahlen lassen.

Ähnlich wie die Banken haben auch Bausparkassen ein Einlagensicherungssystem, bei dem auf jeden Fall Guthaben bis zu 250.000 Euro pro Kunde hundertprozentig abgesichert sind. Verlustängste müssen Sie daher beim Bausparen nicht bekommen.

03

Interessant kann diese Sparform für Sie durch die staatliche Förderung in Form von Wohnungsbauprämie und durch die Möglichkeit der Vertragsumschreibung auf Ihre Kinder werden. Allerdings erhalten Sie bzw. Ihre Kinder die Wohnungsbauprämie nur, wenn der Bausparvertrag für die Finanzierung von Wohneigentum oder für andere wohnwirtschaftliche Zwecke wie Renovierung und Sanierung verwendet wird. Wie das genau funktioniert, können Sie im Kapitel „Wie der Wechsel ins Rentnerdasein Ihre Finanzstrategie beeinflusst" (ab Seite 190) nachlesen.

Weil das Bausparen bei einer Spardauer von weniger als sieben Jahren meist wenig lukrativ ist, kommt es in erster Linie für „junge Rentner" in Betracht, die damit ein finanzielles Polster für künftige Renovierungsarbeiten am Eigenheim ansparen wollen.

Vorteile: Bausparen ist eine sehr sichere Anlageform und die Rendite kann bei Beachtung der wohnwirtschaftlichen Verwendung durch die Wohnungsbauprämie noch gesteigert werden. Weitere Vorteile können sich möglicherweise für Ihre Kinder durch die Übertragung des Darlehensanspruchs ergeben. Dies erfordert in aller Regel die Zustimmung der Bausparkasse.

Nachteile: Oft sind mit dem Bausparen hohe Gebühren in Form von Abschluss-, Kontoführungs- und Darlehensgebühr verbunden. Wenn Sie den Vertrag als reine Geldanlage ohne Darlehensübertragung an Ihre Kinder nutzen wollen, sollten Sie beim Anbietervergleich darauf achten, dass die Abschlussgebühr nachträglich wiedererstattet wird, wenn Sie auf den Abruf des Darlehens verzichten. Aufgrund der langen Anspardauer kommt Bausparen für ältere Renter eher nicht infrage.

GELDANLAGE BEI VERSICHERUNGEN

Viele Verbraucher haben mit einer Kapitallebens- oder Privatrentenversicherung ihre Altersvorsorge aus eigenen Mitteln ergänzt, indem sie in früheren Jahren einen entsprechenden Vertrag abgeschlossen haben. Beim Übergang ins Rentenalter kann eine spezielle Variante des Versicherungssparens für Sie interessant werden: die **Sofortrente**. Hierbei zahlen Sie einen einmaligen Betrag in die Versicherung ein. Im Gegenzug erhalten Sie lebenslang eine vertraglich vereinbarte Rente. Den Garantieanteil der Rente erhalten Sie auf jeden Fall. Dieser basiert auf dem Höchstrechnungszins von derzeit (Stand Mai 2014) 1,75 Prozent, der sich jedoch nicht auf das gesamte Anlagekapital bezieht, sondern nur auf den Nettoanlagebetrag, von dem Verwaltungs- und Vertriebskosten bereits abgezogen wurden. Dazu kommen noch die sogenannten Überschussanteile der Versicherung aus dem Erfolg ihrer Kapitalanlagen. Die daraus resultierenden Erhöhungen der Auszahlungen sind jedoch nicht garantiert und können auch bei einer Verschlechterung des Anlageerfolgs wieder zurückgenommen werden. Vereinbart werden kann entweder eine jährlich gleichbleibende oder eine stetig steigende Rente – im letzteren Fall ist jedoch die Auszahlung zu Beginn im Vergleich zur gleichbleibenden Rente niedriger. Vor allem in steuerlicher Hinsicht bietet die Sofortrente einige Vorteile, die im Kapitel „Wie der Wechsel ins Rentnerdasein Ihre Finanzstrategie beeinflusst" ab Seite 190 ausführlich erläutert werden.

03

Die Entscheidung für eine private Sofortrente ist buchstäblich eine Entscheidung fürs Leben – denn diesen Vertrag können Sie nicht mehr auflösen. Allenfalls die Absicherung Ihrer Angehörigen ist bis zu einem gewissen Grad möglich, indem für den Fall Ihres Ablebens die Weiterzahlung der Renten in Form einer Rentengarantiezeit für einige Jahre an die Hinterbliebenen vereinbart wird. Allerdings fällt dann die Grundrente niedriger aus. Eine Alternative besteht darin, die Anlage bei der Versicherung aufzusplitten, und jeweils die Hälfte auf sich selbst und die andere Hälfte auf den Ehe- oder Lebenspartner anzulegen. Dann ist im Fall des Ablebens für den hinterbliebenen Partner zumindest die lebenslange Weiterzahlung der eigenen Privatrente gesichert.

Die Kapitalanlage bei einer Versicherung kann als sicher eingestuft werden, da die Branche ein Auffangsystem für notleidende Versicherer eingerichtet hat. Außerdem müssen die Versicherer von Gesetzes wegen auf eine risikoarme Struktur ihrer Kapitalanlagen achten: Der Anteil an Aktien und Fondsanteilen darf nicht höher sein als 35 Prozent und der Rest fließt zum größten Teil in sichere Bundeswertpapiere und Bankschuldverschreibungen und zu einem kleineren Teil in Immobilien.

Vorteile: Die private Sofortrente bietet Ihnen ein sicheres und steuerlich interessantes regelmäßiges Zusatzeinkommen (siehe Seite 194).

Nachteile: Flexibilität ist für private Rentenversicherer ein Fremdwort – der Vertrag wird genau so geführt, wie Sie ihn abgeschlossen haben. Bei einem frühen Ableben profitiert allein die Versicherung: Selbst wenn erst ein minimaler Teil des Kapitals verbraucht ist, gibt es für die Hinterbliebenen höchstens die befristete Weiterzahlung, sofern diese bei Vertragsabschluss vereinbart worden ist.

ANLEIHEN, PFANDBRIEFE UND BUNDESWERT-PAPIERE

Anleihen sind im Prinzip Kredite, die Sie als Anleger einem Unternehmen oder Staat geben: Durch Ihr Investment stellen Sie dem Herausgeber der Anleihe einen bestimmten Betrag zur Verfügung und im Gegenzug verpflichtet sich dieser zur regelmäßigen Zinszahlung und zur Rückzahlung des angelegten Betrags zum vereinbarten Fälligkeitstermin. Der Zinssatz ist meist über die gesamte Laufzeit festgelegt, Anleihen mit variabler Verzinsung sind eher die Ausnahme.

Der Unterschied zum ähnlich funktionierenden Sparbrief besteht vor allem darin, dass die meisten Anleihen täglich an der Börse gehandelt werden. Damit können Sie bei Bedarf auch Anleihen mit längerer Restlaufzeit kurzfristig „verflüssigen". Allerdings können damit unter Umständen Kursverluste verbunden sein: Wenn die Marktzinsen zwischenzeitlich gestiegen sind, sinken erfahrungsgemäß insbesondere die Börsenkurse von Anleihen mit längerer Restlaufzeit. Als Faustregel gilt dabei, dass bei einem Anstieg der Marktzinsen um 1 Prozentpunkt die Kurse von festverzinslichen Anleihen pro Jahr Restlaufzeit um 1 Prozentpunkt nachgeben.

Anleihen werden sowohl von Staaten als auch von Banken, Versicherungen oder Industrieunternehmen herausgegeben. Wie sicher eine Anleihe ist, hängt von der Bonität des Herausgebers ab. Je solider die Finanzlage eines Staates oder Unternehmens, desto geringer ist das Risiko, dass die Anleihe wegen einer Pleite des Herausgebers wertlos wird. Hingegen mussten in der Vergangenheit schon die Inhaber von griechischen Staatsanleihen einen Teil ihres Investments in den Wind schreiben – um nur ein Beispiel von vielen zu nennen.

Zusätzliche Sicherheit bieten **Pfandbriefe,** die eine Sonderform der Anleihen bilden. Wie andere Schuldverschreibungen werden auch Pfandbriefe an der Wertpapierbörse gehandelt.

Tipp

Die Finanzkrise in den Jahren 2007 und 2008 hat gezeigt, dass auch vermeintlich sichere Bankanleihen schnell wertlos werden können, wenn die Bank in die Insolvenz rutscht. Wenn Sie das Verlustrisiko minimieren wollen, sollten Sie daher auf Bundeswertpapiere setzen.

Die Papiere sind mit einer festen Laufzeit und einem gleichbleibenden Festzins ausgestattet.

Für die Rückzahlung steht jedoch nicht nur die herausge-
bende Bank gerade, sondern sie gewährt den Inhabern ihrer
Pfandbriefe auch Zugriff auf die Grundschulden, die sie sich
von ihren eigenen Kunden bei der Immobilienfinanzierung ins
Grundbuch eintragen lässt. Das bedeutet: Würde die Bank
pleitegehen, müsste sich der Inhaber von Pfandbriefen nicht
zusammen mit anderen Anleiheninhabern in die lange Schlan-
ge der Gläubiger einreihen, sondern bekäme die für die Pfandbriefe hinterlegten Grundschuldsicherheiten übertragen.

03

Damit werden die Pfandbriefinhaber so gestellt, als hätten sie
selbst das besicherte Baudarlehen an den Kreditnehmer der
Bank ausgegeben.

Um die Pfandbriefinhaber davor zu schützen, dass die hinterlegten Sicherheiten im Ernstfall nicht werthaltig genug sind,
hat der Gesetzgeber strenge Regeln aufgestellt. So darf eine
Bank ihre Pfandbriefe nur mit Krediten und den dazugehörigen
Grundschulden hinterlegen, wenn die Höhe der Grundschuld
maximal 60 Prozent des von unabhängigen Gutachtern ermittelten Beleihungswerts der Immobilie beträgt. Jede Pfand-
briefserie muss mit konkreten Krediten und Grundschulden
verbunden sein, was durch den Eintrag der jeweiligen Darlehen in den sogenannten Deckungsstock geschieht.

Eine Variante der grundschuldbesicherten Pfandbriefe bilden
die öffentlichen Pfandbriefe, die früher auch als „Kommunal-
obligationen" bezeichnet wurden. Diese Papiere sind nicht mit
Immobilienkrediten abgesichert, sondern mit Krediten, die an
die öffentliche Hand – insbesondere an Kommunen – ausgegeben worden sind.

Auch **Bundesobligationen** und **Bundesanleihen** zählen zu den besonders sicheren Schuldverschreibungen, da die Bundesrepublik Deutschland trotz so mancher Haushalts- und Defizitprobleme immer noch ein sehr solider Schuldner ist.

Tipp

Wenn Sie auf börsennotierte Schuldverschreibungen setzen, sollten Sie mit Blick auf die Kosten die depotführende Bank mit Sorgfalt auswählen. Für Kauf und Verkauf werden sehr unterschiedliche Orderprovisionen verlangt, die sich nachteilig auf den Nettogewinn auswirken. Dazu kommen unter Umständen jährliche Gebühren für die Führung des Wertpapierdepots. Besonders kostengünstig sind meist Direktbanken, bei denen Sie keine Beratung erhalten und die lediglich die ihnen per Telefon oder Internet erteilten Aufträge ausführen.

Vorteile: Vor allem Pfandbriefe und Bundeswertpapiere sind sichere Anlagen, mit denen Sie dank regelmäßiger Zinsausschüttungen Ihr Renteneinkommen aufbessern können.

Nachteile: Langlaufende festverzinsliche Wertpapiere können bei steigenden Marktzinsen Kursverluste bringen, wenn sie vor der Fälligkeit verkauft werden. Darüber hinaus schmälern die Bankgebühren für Kauf, Verkauf und Depotführung die Rendite.

ANLAGE IN AKTIEN

Aktien sind Beteiligungen an börsennotierten Unternehmen, deren Wert stark schwanken kann. Der Kurs an der Börse wird nicht nur von der aktuellen Gewinnlage des Unternehmens beeinflusst, sondern von einer Vielzahl an Hoffnungen und Ängsten. Diese beziehen sich auf das Unternehmen, die Branche, die Region oder die ganze Weltwirtschaft. Kurz: Was die Zukunft bringt, kann selbst von Experten allenfalls vage eingeschätzt werden.

Vorsicht! Generell ist es sinnvoll, im Hinblick auf den Renteneintritt den Aktienanteil in Ihrem Vermögen deutlich herunterzufahren. Das bedeutet zwar nicht, dass Sie im Rentenalter vollständig auf Aktienanlagen verzichten müssen. Dennoch sollten Sie zunächst dafür sorgen, dass der Teil des Vermögens, aus dem Sie Ihre Altersversorgung bestreiten, sicher angelegt ist. Bleiben dann noch freie Vermögenswerte übrig, können Sie einen Teil davon am Aktienmarkt investieren. Dabei sollten Sie jedoch darauf achten, dass Sie Aktien unterschiedlicher Branchen und Regionen halten, um Ihr Risiko zu streuen. Um auch bei weniger großem Anlagevermögen eine optimale Streuung zu erzielen, empfiehlt sich in vielen Fällen die Anlage in Aktienfonds oder börsennotierte Indexfonds (ETF) als Alternative zum Direktinvestment in einzelne Aktien.

03

In Zeiten niedriger Zinsen rücken die von börsennotierten Unternehmen gezahlten Dividenden in den Blickpunkt. Oftmals wird von Anlageberatern empfohlen, mit dividendenstarken Aktien bzw. entsprechenden Aktienfonds das laufende Einkommen im Rentenalter zu ergänzen, wobei die Dividendenausschüttungen praktisch als Zusatzeinkommen dienen sollen.

Das ist auch nicht grundlegend falsch, birgt jedoch einige Risiken, die Sie nicht unterschätzen sollten. So lange die Dividenden regelmäßig fließen, geht die Rechnung mit dem Zusatzeinkommen auf. Allerdings können Unternehmen jederzeit ihre Ausschüttungen kürzen oder gar ganz aussetzen, wenn sich die Gewinnsituation verschlechtert. Dazu kommen die Kursschwankungen an der Börse, die sich ganz direkt auf den Wert Ihres Aktiendepots auswirken.

Vor diesem Hintergrund sollten Sie Einnahmen aus Dividenden niemals für die Mitfinanzierung der laufenden Lebenshaltungskosten einplanen, sondern allenfalls als zusätzliche Ergänzung Ihres sicheren Einkommens aus der gesetzlichen Rente sowie der privaten und betrieblichen Altersvorsorge. Mit dieser Strategie können Sie sicherstellen, dass auch in schlechten Börsenphasen für Ihren Lebensunterhalt gesorgt ist.

Vorteile: In Zeiten guter Börsenentwicklung können Aktien eine überdurchschnittliche Rendite in Form von Kursgewinnen und Dividendenausschüttungen bringen.

Nachteile: Aktien können in schlechten Zeiten stark an Wert verlieren, bei einer Pleite des Unternehmens droht sogar der Totalverlust. Auch die Höhe der Dividenden kann starken Schwankungen unterworfen sein. Bei kleineren Anlagesummen schmälern die hohen Mindestgebühren für Kauf, Verkauf und Depotführung Ihre Rendite.

INVESTMENTFONDS

Mit Investmentfonds bietet die Finanzbranche Privatanlegern die Möglichkeit, schon kleine Beträge über eine Vielzahl unterschiedlicher Wertpapiere zu streuen. Die Geldanlagen der einzelnen Anleger werden in einem gemeinschaftlichen Sondervermögen gesammelt und das Fondsmanagement legt das Gesamtkapital gemäß der Fondsstrategie in den entsprechenden Einzelinvestments an. Dem jeweiligen Anleger wiederum gehört das seinem Anteil am Gesamtkapital entsprechende Stückchen vom Kuchen.

Tipp

Weil die Kosten Ihren Gewinn schmälern, sollten Sie beim Fondsvergleich auch auf die Verwaltungsgebühren und Ausgabeaufschläge achten. Zum Vergleich der laufenden Verwaltungsgebühren empfiehlt sich die Gesamtkostenquote, die als „TER" (Total Expense Ratio) bezeichnet wird und von den Anbietern ausgewiesen werden muss. Beim Ausgabeaufschlag können Sie einiges sparen, wenn Sie auf Anlageberatung verzichten und die Fondsanteile bei einer Direktbank oder einem Discountbroker kaufen. Dort ist der Ausgabeaufschlag oft um 50 Prozent oder noch mehr reduziert.

Kostenlos sind die Leistungen der Fondsgesellschaften jedoch nicht zu bekommen. So wird bei der Anlage in Investmentfonds ein sogenannter Ausgabeaufschlag erhoben, der je nach Fondsgattung bis zu 5 Prozent betragen kann. Das bedeutet: Wenn von Ihrem Geld 100 Euro in den Fonds fließen sollen, müssen Sie bei einem Ausgabeaufschlag von 5 Prozent dafür 105 Euro bezahlen, die Differenz behält die Fondsgesellschaft als Gebühr. Dazu kommen die jährlichen

Verwaltungsgebühren, die aus dem Fondsvermögen entnommen werden und ebenfalls je nach Fondsgattung und Anbieter stark variieren können. Üblicherweise betragen sie zwischen 0,5 Prozent und 2,0 Prozent der angelegten Kundengelder. Ebenfalls berücksichtigen sollten Sie noch die Depotgebühren der Bank, bei der Sie die Fondsanteile verwalten lassen.

03

Investmentfonds werden üblicherweise nach ihrem Inhalt in einzelne Gattungen unterteilt:

*   Aktienfonds,
*   Rentenfonds,
*   Geldmarktfonds,
*   Misch- und Dachfonds,
*   offene Immobilienfonds.

Aktienfonds legen das Geld ihrer Anleger – wie es der Name vermuten lässt – in Aktien an. Je nach Fondsausrichtung gibt es dabei unterschiedliche Anlagestrategien. Manche Fonds streuen das Vermögen breit über Aktien von Großkonzernen aus aller Welt, andere konzentrieren sich auf bestimmte Branchen oder Regionen. Die beste Risikostreuung haben Sie mit breit gefächerten Fonds, die ihr Kapital weltweit oder zumindest europaweit anlegen und sich nicht auf eine bestimmte Branche konzentrieren.

Rentenfonds haben nichts mit der gesetzlichen oder privaten Rentenversicherung zu tun, sondern investieren das Fondsvermögen in Anleihen. Die Ausrichtung kann in Euro-Anleihen oder in unterschiedlichen Währungen erfolgen. Rentenfonds mit Anlageschwerpunkt auf Staatsanleihen von Schwellenländern oder hochverzinslichen Unternehmensanleihen mit geringerer Bonität bringen zwar höhere Verzinsungen, aber auch größere Wertschwankungsrisiken mit sich.

Geldmarktfonds sind für die kurzfristige Anlage gedacht und haben meist nur niedrige Verwaltungsgebühren und keinen

Ausgabeaufschlag. Das Geld wird entweder in Tagesgelder bei Banken oder in Anleihen mit kurzer Restlaufzeit investiert. Allerdings haben die vergangenen Jahre gezeigt, dass nach Abzug von Verwaltungs- und Depotgebühren die Fonds oft weniger Gewinn bringen, als ein gut verzinstes Tagesgeld, das mit keinen Nebenkosten verbunden ist.

Misch- und Dachfonds kombinieren Aktien- und Anleihen- investments. Die Ausrichtung kann entweder sicherheits- orientiert mit hohem Anleihenanteil oder risikoreicher mit hohem Aktienanteil sein. Der Unterschied zwischen beiden Fondsarten: Mischfonds investieren direkt in Aktien und Ren- ten, die Manager von Dachfonds suchen sich für ihr Invest- ment einzelne Aktien- und Rentenfonds aus.

Eine besondere Anlagestruktur haben **offene Immobilien- fonds**. Der Großteil des Geldes wird in Großimmobilien wie Einkaufszentren oder Bürohochhäusern angelegt. Dabei gilt als gesetzliche Vorschrift: Ein Fonds muss in mindestens zehn unterschiedliche Objekte investieren, von denen keins mehr als 15 Prozent des Gesamtvermögens ausmachen darf. Um den Auszahlungswünschen der Anleger jederzeit nachkommen zu können, müssen mindestens 5 Prozent des Fondsvermögens in börsennotierten Anleihen oder täglich verfügbaren Bank- guthaben angelegt werden. Die Fonds gelten als risikoarm, die Rendite ist in etwa mit derjenigen von sicherheitsorientierten Rentenfonds vergleichbar. Der Vorteil für Anleger liegt in der steuerlich günstigen Behandlung der Erträge: Weil ein Teil der Fondsrendite aus steuerfreien Wertsteigerungen der Immobili- en besteht, werden die Gewinne nicht in voller Höhe mit Abgel- tungsteuer belegt.

Im Zuge der Finanzkrise bekamen einige offene Immobilien- fonds in den Jahren 2008 und 2009 Liquiditätsprobleme, weil Anleger massenhaft Geld abziehen wollten. Daher hat der Gesetzgeber die Rückgabe- und Kündigungsregelungen für Anleger verschärft. Seit Juli 2013 gelten folgende Modalitäten:

- Wenn Sie die Fondsanteile vor dem 1.1.2013 erworben haben, müssen Sie eine Kündigungsfrist von 12 Monaten einhalten. Pro Kalenderhalbjahr können Sie Anteile im Wert von maximal 30.000 Euro ohne Kündigungsfrist börsentäglich zurückgeben.

- Haben Sie die Anteile zwischen dem 1.1.2013 und dem 21.7.2013 erworben, kommt noch eine Mindesthaltefrist von 24 Monaten hinzu.

- Für Anteile, die Sie ab dem 22.7.2013 erworben haben, entfällt die Möglichkeit, halbjährlich bis zu 30.000 Euro ohne Einhaltung einer Kündigungsfrist abzuheben. Damit kommen Sie im Bedarfsfall auch nicht mehr kurzfristig an Ihr Guthaben heran.

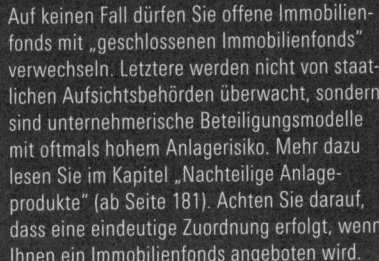

Vorsicht

Auf keinen Fall dürfen Sie offene Immobilienfonds mit „geschlossenen Immobilienfonds" verwechseln. Letztere werden nicht von staatlichen Aufsichtsbehörden überwacht, sondern sind unternehmerische Beteiligungsmodelle mit oftmals hohem Anlagerisiko. Mehr dazu lesen Sie im Kapitel „Nachteilige Anlageprodukte" (ab Seite 181). Achten Sie darauf, dass eine eindeutige Zuordnung erfolgt, wenn Ihnen ein Immobilienfonds angeboten wird.

Wie gut ein Investmentfonds beim Gewinn abschneidet, hängt nicht nur von der Entwicklung der Kapitalmärkte, sondern auch vom Geschick und von der Kompetenz des Fondsmanagements ab. Vor der Auswahl eines Fonds sollten Sie sowohl die kurzfristige als auch die längerfristige Wertentwicklung in der Vergangenheit unter die Lupe nehmen. Eine Garantie für künftige Gewinne gibt es nicht und somit sind die Zahlen der Vergangenheit der einzige Anhaltspunkt für die Einschätzung. Einen Überblick über die Wertentwicklung der letzten Jahre bietet Ihnen beispielsweise jeden Monat die Zeitschrift *Finanztest* der Stiftung Warentest.

Aktiv gemanagte Aktienfonds sind mit vergleichsweise hohen Nebenkosten verbunden: Die Fondsmanager müssen bezahlt werden, dazu kommen Kosten für Markt- und Unternehmensanalysen. Deshalb hatten vor einigen Jahren einige Finanzdienstleister eine pfiffige Idee: Sie entwickelten Fonds, die mithilfe von automatischen Handelssystemen einfach immer einen bestimmten Aktienindex – beispielsweise den DAX oder den EuroStoxx – abbilden. Weil man dafür kein Personal braucht, sind solche Indexfonds mit weitaus niedrigeren Nebenkosten verbunden.

Die Idee setzte sich durch und heute gibt es unter der Bezeichnung „ETF" (Exchange Traded Funds) eine Vielzahl an börsennotierten Indexfonds. Der Ein- und Ausstieg erfolgt über den Börsenhandel – nur eben mit dem Unterschied, dass man keine Aktie, sondern einen Anteilsschein an einem Indexfonds kauft oder verkauft. Außer den Ordergebühren fallen je nach Fondsgattung zwischen 0,1 und 0,5 Prozent an internen Verwaltungsgebühren an.

ETFs gibt es nicht nur auf Aktienindizes, sondern auch auf Anleihezinsen, Währungen und Rohstoffe. Sie sind eine kostengünstige Alternative zu aktiv gemanagten Investmentfonds, auch wenn sie von Banken meist kaum propagiert werden. Das hat einen ganz einfachen Grund: Während Banken beim Verkauf eines herkömmlichen Investmentfonds hohe Provisionen einstreichen, verdienen sie beim Handel mit ETFs nur an der Ordergebühr.

Achten Sie beim Vergleich von Investmentfonds darauf, dass Sie immer Fonds derselben Gattung miteinander vergleichen. Weil beispielsweise Aktienfonds und Rentenfonds vollkommen unterschiedliche Risikoprofile und Renditechancen haben, führt ein Vergleich zwischen unterschiedlichen Anlageklassen bzw. Fondsgattungen niemals zu einem brauchbaren Ergebnis.

Vorteile: Investmentfonds bieten Ihnen die Möglichkeit, schon kleine Beträge über die Kapitalmärkte breit zu streuen. Offene Immobilienfonds verbinden überdies eine gute Anlagesicherheit mit steuerlichen Vorteilen, können jedoch im Bedarfsfall nur mit langen Kündigungsfristen liquidiert werden.

Nachteile: Die Nebenkosten sind bei aktiv gemanagten Fonds ziemlich hoch und das Angebot ist aufgrund der Vielzahl an Fonds und Strategien recht unübersichtlich.

03

Checkliste: So können Sie Investmentfonds leicht vergleichen

Allgemeine Angaben
Anlagebetrag: _____ €

Gewünschte Fondsgattung:
○ Aktienfonds   ○ offene Immobilienfonds
○ Misch-/Dachfonds   ○ Geldmarktfonds   ○ Rentenfonds

Gewünschte Managementform:
○ aktiv gemanagter Fonds ○ ETF mit Nachbildung eines Indexes

Branchenausrichtung (nur bei Aktienfonds):
○ breit gestreut   ○ konzentriert
                        auf folgende Branche: _____

Regionale Anlageschwerpunkte:
○ Deutschland   ○ Euroländer   ○ Europa
○ weltweit

	Fonds 1	Fonds 2	Fonds 3
Fondsgesellschaft:			
Name des Fonds:			
Anbietende Bank/Vermittler:			
Kosten:			
Ausgabeaufschlag regulär:			
Ausgabeaufschlag bei Direktbank bzw. Discountbroker:			
Verwaltungsgebühr jährlich:			
Gebühr für Depotführung:			
Rendite:			
Weiterentwicklung 1 Jahr:			
Weiterentwicklung 5 Jahre:			
Weiterentwicklung 10 Jahre:			

DAS EIGENHEIM ALS KAPITALANLAGE

Auch das selbst genutzte Wohneigentum zählt zu den wichtigen Bausteinen der privaten Altersvorsorge. Den Wert sehen Sie zwar auf keinem Kontoauszug, wohl aber in Form einer handfesten Kostenersparnis: Wenn Sie als Rentner in den eigenen vier Wänden wohnen, müssen Sie keine Miete bezahlen und benötigen für die laufende Lebenshaltung entsprechend weniger Geld.

Das bringt Ihnen zumindest indirekt sogar eine Steuerersparnis: Wenn Sie für die Miete beispielsweise zusätzliche Zinseinkünfte einplanen müssten, wären diese bei Überschreiten des Sparerfreibetrags steuerpflichtig, während Sie die Mietausgaben nicht steuermindernd geltend machen können. Allerdings müssen Sie die Eigenheimfinanzierung sorgfältig planen, um rechtzeitig zum Rentenbeginn schuldenfrei zu sein. Worauf Sie dabei achten sollten, können Sie im Kapitel „Wie der Wechsel ins Rentnerdasein Ihre Finanzstrategie beeinflusst" (ab Seite 190) nachlesen.

Vorteile: Im Rentenalter sparen Sie nicht nur die Miete, sondern machen sich dadurch zumindest teilweise von der Inflation in Form von Mietpreissteigerungen unabhängig.

Nachteile: Wenn Sie die Finanzierung nicht so konzipiert haben, dass die letzte Kreditrate vor Rentenbeginn gezahlt wurde, kann das Eigenheim zur ernsthaften finanziellen Belastung werden. Überdies sollten Sie mit zunehmendem Alter der Immobilie ein ausreichendes finanzielles Polster für Instandhaltung und Renovierung einplanen.

NACHTEILIGE ANLAGEPRODUKTE

Ältere Menschen sind bei Bankberatern und Finanzvermittlern als Kunden sehr beliebt, denn ihnen kann man oft auch Finanzprodukte verkaufen, die von jüngeren Anlegern kritisch betrachtet werden. Gerade die ältere Generation bringt den Banken noch ein verhältnismäßig hohes Vertrauen entgegen, was zuweilen gnadenlos ausgenutzt wird, um aus der Gutgläubigkeit Profit zu schlagen.

03

Das führt immer wieder zu geradezu skandalösen Situationen in der Anlageberatung. Weil die Berater – oder besser gesagt die Verkäufer von Finanzprodukten – unter erheblichem Erfolgsdruck stehen, nutzen sie zuweilen das Vertrauen der oft vermögenden älteren Kunden aus, um ihre Verkaufsvorgaben zu erfüllen. Welche Risiken der Anleger damit eingeht und ob das Finanzprodukt auch wirklich zu seinen Bedürfnissen passt, steht dabei nicht selten auf einem ganz anderen Blatt.

So berichtete beispielsweise das Handelsblatt im März 2010 von 60 zumeist älteren Anlegern, die wegen Verlusten mit einem (hochriskanten) Anleihederivat Klage gegen das Geldinstitut einreichten, das ihnen die Papiere verkauft hatte. Viele der Betroffenen waren bereits über 70 Jahre alt, als sie das Papier auf Anraten der Bankberater erworben hatten. In einem der Fälle kam der Banker sogar eigens ins Seniorenheim, um der damals 86-jährigen Bewohnerin – die ausdrücklich eine hundertprozentig sichere Geldanlage gewünscht hatte – den Kaufvertrag zur Unterschrift vorzulegen.

Tipp

Auch wenn es Ihnen schwerfallen mag: Bringen Sie den Vertretern von Banken, Versicherungen oder anderen Finanzdienstleistern ein gesundes Maß an Misstrauen entgegen. Das betrifft auch diejenigen, die sich selbst als „unabhängige Berater" bezeichnen und Ihnen versprechen, Ihre Finanzen ganz neutral zu durchleuchten. Meist handelt es sich dabei um Vertriebsorganisationen, die zwar keiner Bank angehören, aber für jeden Abschluss hohe Provisionen kassieren. Prüfen Sie die Angebote sorgfältig und unterschreiben Sie im Zweifel lieber nicht, wenn Sie das Produkt nicht vollständig verstanden haben. Und studieren Sie die Unterlagen am besten zu Hause in aller Ruhe.

ANLAGEZERTIFIKATE

Anlagezertifikate bilden eine extrem unübersichtliche Gattung: Mehr als 100.000 unterschiedliche Produkte kursieren auf dem deutschen Markt. Als „Zertifikate" werden Schuldverschreibungen bezeichnet, deren Wertentwicklung von der Wertentwicklung anderer Finanzprodukte abhängt. Sie zählen zu den sogenannten strukturierten Finanzprodukten und werden von Banken herausgegeben und vorwiegend an Privatkunden verkauft.

Im Gegensatz zu klassischen Schuldverschreibungen, denen in der Regel ein Refinanzierungsgeschäft zugrunde liegt, gewähren diese Zertifikate keine feste Verzinsung. Erfolg und Misserfolg hängen vom zugrunde gelegten Börsengeschäft ab. Daher stehen hohen Ertragschancen auch hohe Verlustrisiken gegenüber.

Ist der Herausgeber wie im Fall Lehman zahlungsunfähig, erleidet der Anleger einen Totalverlust. In Fonds angelegtes Geld ist durch den rechtlichen Status als Sondervermögen in einer solchen Situation geschützt. Bei Sparanlagen liegt der Schutz in der Einlagensicherung.

Der Wert eines Anlagezertifikats hängt davon ab, was in den Zertifikatsbedingungen steht. Bei einem Indexzertifikat wird beispielsweise der Wert an die Entwicklung eines sogenannten Basiswerts gebunden. Dies kann ein Index sein oder auch der Kurs einer bestimmten Aktie. Dabei verläuft die Wertentwicklung des Zertifikats jedoch längst nicht immer parallel zur Entwicklung des Basiswerts. Welche Auswirkungen eine Veränderung des Basiswerts auf das Anlagezertifikat hat, hängt vom Typ des Zertifikats und von den festgelegten Bedingungen ab. Nachfolgend finden Sie eine kurze Erläuterung der gängigsten Zertifikatetypen.

- **Indexzertifikate:** Diese Zertifikate bilden einen bestimmten Aktien- oder Anleihenindex ab. Damit stehen sie im Wettbewerb zu börsennotierten Indexfonds (ETFs) – allerdings kann ein Indexzertifikat wertlos werden, wenn die emittierende Bank Insolvenz anmelden muss.

- **Themen- und Basketzertifikate:** Hier fungiert eine Auswahl bestimmter Aktien als Basiswert. Dieser Aktienkorb wird im Börsenjargon als „Basket" bezeichnet. Bei gemanagten Zertifikaten wird die Zusammensetzung einmal oder mehrmals pro Jahr geändert, dafür kassieren die Emittenten oft laufende Extragebühren.

- **Discountzertifikat:** Basiswert ist hier zumeist eine Aktie oder ein Index, die Laufzeit ist meist auf etwa ein Jahr begrenzt. Bei der Ausgabe ist das Zertifikat deutlich günstiger als der zugrunde liegende Aktienkurs oder Index. Dieser Abschlag ist der „Discount". Am Ende der Laufzeit erhält der Anleger den Aktienkurs oder den entsprechenden Gegenwert des Indexes ausgezahlt. Damit bleibt unterm Strich auch dann ein Gewinn, wenn der Verlust der Aktie geringer ist als der Discountabschlag beim Kauf. Allerdings ist die Rückzahlung meist gedeckelt, sodass der Anleger von einem starken Anstieg des Aktienkurses nur teilweise profitiert.

- **Rolling-Discount-Zertifikat:** Das ist ein Papier, bei dem meist in monatlichem Rhythmus Discountzertifikate auf den gleichen Basiswert aneinandergereiht werden. Damit kann die Laufzeit praktisch unbegrenzt ausgedehnt werden.

- **Bonuszertifikat:** Hier ist die Laufzeit oft länger als beim Discountzertifikat, sie kann bis zu sechs Jahre betragen. Am Ende der Laufzeit erhält der Anleger eine festgelegte Prämie – allerdings nur unter der Voraussetzung, dass der Basiswert während der Laufzeit eine bestimmte Kursschwelle nicht unterschreitet. Fällt die Aktie oder der Index unter die Schwelle, bekommt der Anleger am Ende nur den Kurswert der Aktie oder den Index-Gegenwert ausgezahlt, und macht dann zumeist Verlust. Im Gegensatz zum Discountzertifikat bietet diese Variante somit bei starken Aktienverlusten keinen Puffer.

- **Sprintzertifikat:** Hier wird festgelegt, dass bis zu einem bestimmten Kursgewinn der zugrunde liegenden Aktie das Zertifikat den doppelten Gewinn verbucht. Ist jedoch eine bestimmte Gewinngrenze erreicht, bleibt der Zuwachs gedeckelt. Damit kann beispielsweise das Zertifikat 16 Prozent Gewinn bringen, wenn die Aktie nur um 8 Prozent zulegt. Liegt das Limit hingegen bei 20 Prozent und steigt die Aktie um 30 Prozent, bekommt der Anleger am Ende nur 20 Prozent Gewinn ausgezahlt. Das Sprintzertifikat ist damit eine Spekulation auf leicht steigende Kurse.

- **Kapitalschutz-Zertifikat:** Dem Anleger wird garantiert, dass er am Ende der Laufzeit mindestens den Emissionswert zurückbekommt. Dafür profitiert er jedoch nur zu einem Bruchteil von den Steigerungen des zugrunde gelegten Aktienindexes.

Tipp

Je komplizierter ein Zertifikat aufgebaut ist, umso größer ist die Wahrscheinlichkeit, dass die Bank hohe versteckte Nebenkosten für sich abzweigt, und den Anleger im Vergleich zum eingegangenen Risiko nur unzureichend an den Renditechancen beteiligt.

Darüber hinaus gibt es noch eine Vielzahl weiterer Zertifikate, bei denen teilweise die Merkmale der hier erläuterten Papiere miteinander kombiniert werden oder die Reaktionsweise gehebelt wird, was das Risiko entsprechend vergrößert.

Für die Vermögensanlage im Ruhestand sind Anlagezertifikate wenig bis überhaupt nicht geeignet. Wenn Sie Kapitalmarktrisiken in Kauf nehmen können und wollen, sollten Sie lieber einen Aktienfonds wählen – und für risikoarme Anlagen sind Anleihen oder Zinsanlagen bei Banken die bessere und kostengünstigere Wahl.

BETEILIGUNGSMODELLE

Beteiligungsmodelle werden auch als „geschlossene Fonds" bezeichnet und verkörpern unternehmerische Beteiligungen. Der Initiator des Modells versucht, über Vertriebspartner weitere Geldgeber für ein bestimmtes Investitionsobjekt zu gewinnen. Ist genügend Kapital eingesammelt worden, wird der Fonds für weitere Investoren geschlossen – daher die Bezeichnung „geschlossener Fonds". Im Gegenzug wird den Investoren eine Beteiligung am Gewinn des Projekts versprochen. Häufig angebotene Investitionsobjekte sind:

03

- **Immobilien:** Bei dieser Fondskonstruktion fließt das Geld der Anleger in eine oder mehrere Großimmobilien. Im Gegensatz zu offenen Immobilienfonds erfolgt jedoch keine breite Streuung – vor allem auch deshalb, weil das eingesammelte Kapital viel geringer ist als bei offenen Immobilienfonds. Je nach Fondsstrategie kann es sich um Immobilien im Inland oder Ausland handeln, die Art der Nutzung reicht von Wohn- und Büroimmobilien über Hotels und Einkaufszentren bis hin zu Logistikimmobilien. Bei Auslandsimmobilien wird gern mit der Steuerersparnis geworben, da die Erträge nicht in Deutschland, sondern im Land des Immobilienstandorts zu versteuern sind.
- **Schiffe:** Hier investieren die Anleger in Schiffe, wobei es sich meist um Containerschiffe oder Tanker handelt. Die Schiffe werden dann an eine Chartergesellschaft weitervermietet und nach Abzug der Betriebs- und Verwaltungskosten wird die Charterrate unter den Anlegern aufgeteilt. Auch hier erfolgt eine steuerlich begünstigte Behandlung der Erträge.
- **Erneuerbare Energien:** Investitionsziel sind meist Windkraftwerke oder große Fotovoltaik-Anlagen. Hier bieten die Energieversorger zwar meist fest kalkulierbare Einspeisungspreise. Allerdings können die Erträge je nach Sonnen- bzw. Windintensität stark schwanken und auch bei den Wartungskosten brachte so mancher Fonds seinen Investoren schon unangenehme Überraschungen.
- **Private Equity:** Hinter diesem Fachbegriff verbirgt sich die Investition in nicht börsennotierte und zumeist mittelständische Unternehmen. Die Risiken sind bei solchen Beteiligungsmodellen meist sehr hoch, weil der unterneh-

merische Erfolg stark schwanken kann. Zusätzliche Risiken kommen noch hinzu, wenn über einen solchen Fonds Forschungs- und Entwicklungsvorhaben von noch jungen Firmen finanziert werden.

- **Leasing:** Bei Leasingfonds werden die Investoren Eigentümer von Wirtschaftsgütern, die an unternehmerische Nutzer verleast werden. Die Palette erstreckt sich dabei über unterschiedliche Güter wie Flugzeuge, Eisenbahnwaggons, Transportcontainer oder Fahrzeugflotten von Autovermietern.

Die Beteiligung an solchen unternehmerischen Modellen erfolgt in der Regel durch den Beitritt als Gesellschafter. Gängige Rechtsformen sind Gesellschaften bürgerlichen Rechts (GbR) sowie Kommanditgesellschaften, bei denen der Investor als Kommanditist fungiert. Ebenfalls häufig ist der Eintritt als „stiller Gesellschafter" in ein Unternehmen, dessen Rechtsposition eher der eines Kreditgebers als der des Mitunternehmers gleicht. Kaum von Bedeutung ist hier die direkte Beteiligung an einer GmbH, weil dabei der Beitritt neuer Gesellschafter mit hohem finanziellen Aufwand für die notarielle Beglaubigung und den Eintrag ins Handelsregister verbunden ist – und außerdem haben GmbH-Gesellschafter weitreichende Mitspracherechte bei Unternehmensentscheidungen, was den Anbietern nicht unbedingt recht ist.

Dass diese Anlagemodelle für die private Altersvorsorge ungeeignet sind, resultiert aus der mangelnden Flexibilität, der hohen Kostenbelastung, dem oftmals großen Verlustrisiko und der hohen Anzahl an schwarzen Schafen auf dem Markt.

Die Laufzeiten von Beteiligungsmodellen betragen üblicherweise 5 bis 20 Jahre. Während der Laufzeit werden die laufenden Erträge an die Anleger ausgeschüttet, sofern nach Abzug der internen Kosten genügend Geld übrig ist. Am Ende wird das Investitionsobjekt verkauft und der Verkaufserlös unter den Investoren verteilt. Allerdings ist ein vorzeitiger Ausstieg nicht möglich, sodass dem Anleger bei einer Änderung der Lebenssituation oder bei einer erkennbaren Verschlechterung des Anlageerfolgs die Hände gebunden sind.

03

Gerade für ältere Anleger ist schon die langfristige Bindung ein zwingendes Ausschlusskriterium: Es ist wenig sinnvoll, sich im Alter von 70 Jahren für zwei Jahrzehnte an eine nicht veräußerbare Kapitalanlage zu binden.

Die Kosten werden von den Anbietern der Beteiligungsmodelle auf vielfältige Weise abgezweigt: Üppige Vermittlerprovisionen und großzügige Managementgebühren sorgen dafür, dass bei manchen Modellen mehr als ein Viertel der eingeworbenen Anlegergelder gleich wieder in Auszahlungen an die Verkäufer und Verwalter umgewandelt wird. Die Folge: Im Verhältnis zum Anlagerisiko werden die Anleger nur unzureichend am Gewinn beteiligt.

Eine Kontrolle durch staatliche Aufsichtsbehörden wie bei Investmentfonds oder Banken gibt es für die Initiatoren geschlossener Fonds nicht.

Vorsicht

Trotz vollmundiger Renditeprognosen sollte das Verlustrisiko nicht außer Acht gelassen werden. Immerhin handelt es sich um unternehmerische Beteiligungen, bei denen im schlimmsten Fall der Totalverlust eintreten kann. Erhöht wird das Risiko durch die häufig angewandte Praxis, dass zusätzlich zu den eingesammelten Anlegergeldern noch Bankkredite aufgenommen werden, um die Investition zu finanzieren. Weil die Banken gegenüber den privaten Kapitalgebern Vorrang haben, kann bei schlechter wirtschaftlicher Entwicklung das Eigenkapital nur allzu schnell aufgezehrt sein.

Daher zählen diese Produkte zum „grauen Kapitalmarkt". Zwar gibt es durchaus seriöse und solide kalkulierte Angebote, aber mangels einer rechtlichen Kontrollinstanz ist in diesem Anlagesegment der Anteil schwarzer Schafe recht hoch. Das verdeutlichen zahlreiche Schadenersatzprozesse nach Fondspleiten, so etwa im Bereich der sogenannten Schrottimmobilien oder bei Beteiligungen an Containerschiffen, bei denen weit überteuerte Investitionsobjekte über dubiose Fondskonstruktionen schöngerechnet wurden.

AUSSERBÖRSLICHE WERTPAPIERE

Immer mal wieder findet sich im Briefkasten Werbepost von Unternehmen, die mit Anleihen oder Genussscheinen Geld von privaten Anlegern einsammeln wollen. Das Gefährliche dabei: Der gute Ruf der Anleihe als vergleichsweise sichere und gut kalkulierbare Anlagegattung hat auch Anbieter auf den Plan gerufen, mit deren Solidität es nicht zum Besten bestellt ist. Um den strengen Augen von Börsenaufsicht und Ratingagenturen zu entgehen, werden Anleihen mit fragwürdiger Bonität häufig nur im Direktverkauf und ohne anschließende Börsennotierung angeboten.

Für Sie als Anleger birgt dies außer dem bereits bestehenden Ausfallrisiko noch einen weiteren Nachteil: Weil die Papiere nicht über die Börse verkauft werden können, ist es dem Inhaber nicht möglich, sich während der Laufzeit bei schwindendem Vertrauen in das Unternehmen von den Anleihen über einen Verkauf zu trennen.

Ein konkretes Beispiel: Im Frühjahr 2011 warb das Solarstrom-Unternehmen Solar Millennium AG mit dem Werbespruch „Von der Sonne profitieren" für seine Anleihe, die bei einer Laufzeit von fünf Jahren einen festen Jahreszins von 6 Prozent versprach. Das war zu jenem Zeitpunkt mehr als doppelt so viel, wie sich mit sicheren Banksparbriefen oder Bundeswertpapieren erzielen ließ.

Gerade mal ein gutes halbes Jahr später war es dann vorbei mit der lukrativen Geldanlage, denn das hoffnungslos überschuldete Unternehmen meldete im Dezember desselben Jahres Insolvenz an. Statt sonnige Renditen einzustreichen, mussten Anleger nun den größten Teil ihrer vermeintlich sicheren Geldanlage in den Wind schreiben. Rund 16.000 Sparer hatten sich von den hohen Zinsen locken lassen und mit ihren Anleihekäufen dem maroden Unternehmen mehr als 200 Millionen Euro anvertraut.

Mit der spektakulären Pleite reihte sich Solar Millennium in die Liste der Unternehmen ein, die mit dem Direktverkauf von Hochzinsanleihen und der anschließenden Insolvenz Anlegergelder in Millionenhöhe vernichtet haben. Eine Auswahl:

- der ebenfalls im Bereich der regenerativen Energie tätige Projektentwickler EECH AG (2008),
- das Immobilien-Beteiligungsunternehmen First Real Estate AG (2007),
- die in Düsseldorf ansässige DM Beteiligungen AG, die nichts mit der ähnlich firmierenden Drogeriemarktkette zu tun hat (2006),
- die Wohnungsbaugesellschaft Leipzig-West AG (2006),
- das Beteiligungsunternehmen VermögensGarant AG (2005).

Insgesamt haben vor allem private Anleger mit den Anleihen und Genussscheinen dieser Firmen einen hohen dreistelligen Millionenbetrag verloren. Teils wurden solche Papiere über Vermittler an den Sparer gebracht, teils im Direktverkauf. Mit breit gestreuten Werbesendungen, Hochglanzprospekten und Anzeigenkampagnen wurde den Anlegern suggeriert, die außerbörsliche Unternehmensanleihe sei eine sinnvolle und renditeträchtige Alternative zum Sparbrief oder Festgeldkonto.

Als Argument für die scheinbare Solidität solcher hochriskanten Anleihen dient regelmäßig der Hinweis darauf, dass das Unternehmen mit seinem gesamten Vermögen für die Rückzahlung der Papiere geradesteht. Das mag zwar formal richtig sein, ist aber in der Praxis meist weitaus weniger wert, als viele vermuten. Denn: Im Insolvenzfall müssen sich die Anleihegläubiger ihre Ansprüche mit den Banken und Lieferanten des Unternehmens teilen. Privilegiert sind hierbei in aller Regel die

Banken, die für ihre Kredite zumeist Sicherheiten in Form von Grundschulden oder Pfandrechten auf Maschinen oder Firmenwagen verlangen. Auf diese Vermögenswerte haben dann im Ernstfall die Inhaber von Anleihen keinen Zugriff mehr.

Tipp

Wenn Sie eine Werbesendung mit einem Anleihe- oder Genussscheinangebot erhalten, sollten Sie diese einfach ignorieren und umgehend entsorgen. Gleiches gilt, wenn Ihnen ein Finanzvermittler solche „Wertpapiere" schmackhaft machen will. Die zahlreichen Pleiten der vergangenen Jahre haben deutlich bewiesen, dass bei diesen Geldanlagen der Totalverlust näher ist, als viele vermutet haben.

Vorsicht! Noch riskanter als außerbörsliche Anleihen sind Genussscheine, die außer den Merkmalen einer Anleihe auch bestimmte Eigenschaften der Aktie mit sich bringen. Hier werden im Insolvenzfall die Inhaber ähnlich wie Aktionäre erst dann bedient, wenn alle Schulden komplett getilgt sind. Dazu kommt: Wenn der Jahresgewinn für die Zahlung der Zinsen für die Genussscheine nicht ausreicht, fällt diese aus. Zwar stellen viele Genussschein-Herausgeber ihren Investoren in Aussicht, dass in solchen Fällen der ausgefallene Zins in den Folgejahren nachgezahlt wird. Aber dafür muss erst einmal wieder ausreichend Gewinn erwirtschaftet werden. Wie groß die Risiken in der Praxis sind, verdeutlicht der Fall des Windenergie-Unternehmens Prokon, das über Genussscheine viele Millionen Euro von privaten Anlegern eingesammelt hat und Anfang 2014 pleiteging. Für die Investoren dürfte der größte Teil ihrer Kapitalanlage unwiederbringlich verloren sein.

WIE DER WECHSEL INS RENTNERDASEIN IHRE FINANZSTRATEGIE BEEINFLUSST

Wie bereits erwähnt, verändern sich mit dem Übergang in den beruflichen Ruhestand die Anforderungen an Ihre finanzielle Strategie. Dabei geht es nicht allein um die Tatsache, dass Ihnen auf der einen Seite im Rentenalter ein geringeres Einkommen als zuvor zur Verfügung steht und Sie andererseits meist auch mit niedrigeren Ausgaben auskommen. Dazu kommt nämlich, dass sich bei der gesamten Geldstrategie eine fundamentale Änderung vollzieht: Während des Berufslebens liegt Ihr Hauptaugenmerk üblicherweise auf dem Aufbau des Vorsorgevermögens; im Rentenalter verlagert sich der Schwerpunkt auf den Erhalt des Vermögens und auf die regelmäßige Nutzung der daraus erzielten Erträge. In den folgenden Abschnitten lesen Sie, wie Sie die wichtigsten Anforderungen realisieren können:

03

- im Rentenalter keine Schulden mehr zu haben,
- das Vermögen sicher, rentabel und steuerlich optimiert anzulegen,
- ausreichende Geldreserven für ungeplante Ausgaben und die Gesundheitsvorsorge aufzubauen,
- die Übertragung von Vermögen an die nächste Generation strukturiert zu planen.

SCHULDENFREI IN DEN RUHESTAND

Wenn das niedriger gewordene Einkommen im Rentenalter nicht zu Einschränkungen bei der Lebenshaltung führen soll, ist die Reduzierung von Kreditkosten ein sinnvoller und notwendiger Schritt. Ob Anschaffungskredit oder Baufinanzierung: Stets sollte die Devise gelten, mit dem Eintritt ins Rentenalter keine Schulden mehr zu haben.

Tipp

Um dieses Ziel zu erreichen, ist die Überprüfung Ihrer Finanzierungspläne schon einige Zeit vor dem Rentenbeginn erforderlich. Würden Sie erst zwei oder drei Jahre vor dem Abschied aus dem Berufsleben merken, dass Ihre Baufinanzierung noch zehn Jahre laufen wird, wäre selbst mit Sondertilgungen die Schuldenfreiheit zum Rentenbeginn kaum noch erreichbar.

Gerade bei der Baufinanzierung ist eine weitsichtige Vorausplanung notwendig. So sollte ab dem 50. Lebensjahr eine laufende Finanzierung auf eine möglichst schnelle Tilgung ausgerichtet sein. Dazu kombinieren Sie im Idealfall die beiden nachfolgend geschilderten Instrumente.

Tipp

Zur Schuldentilgung brauchen Sie nicht allein Ihr laufendes Einkommen zu verwenden. Oft werden nach und nach Kapitalanlagen oder Sparpläne fällig, die Sie dann zur Rückzahlung von Krediten mit einsetzen können – das ist auf jeden Fall günstiger und sinnvoller, als Geldanlagen und Kredite parallel laufen zu lassen.

- **Hohe vertragliche Tilgung:** Bei Baufinanzierungen brauchen Sie sich mit den Modellrechnungen, die 1 Prozent anfängliche Tilgung vorsehen, überhaupt nicht mehr befassen. Im Alter von 50 Jahren ist bei Baukrediten mit gleichbleibender Rate (Annuitätendarlehen) eine Anfangstilgung von mindestens 5 Prozent pro Jahr erforderlich, mit jedem zusätzlichen Lebensjahr kommen ein paar Prozentpunkte zusätzliche Anfangstilgung hinzu. Lassen Sie sich vor Abschluss des Finanzierungsvertrags genau ausrechnen, wann Sie schuldenfrei sind.

- **Sondertilgungen:** Mit einer Sondertilgungsklausel im Kreditvertrag eröffnen Sie sich die Möglichkeit, bis zu einer jährlichen Obergrenze zusätzliche Tilgungen leisten zu können. Damit lässt sich nicht nur die Rückzahlung erheblich beschleunigen, sondern auch der Zinsaufwand kräftig senken.

Gleiches gilt auch bei Anschaffungskrediten: Jeder Kredit sollte so ausgelegt sein, dass von der letzten Rückzahlungsrate bis zum Rentenbeginn möglichst noch eine gewisse Zeitreserve besteht.

ABSICHERUNG DER VERMÖGENSWERTE

Solange Sie in absehbarer Zeit auf Ihr Guthaben nicht zugreifen müssen, können Sie ein gewisses Maß an Wertschwankungen in Kauf nehmen und beispielsweise Geld am Aktienmarkt oder in Währungen außerhalb des Euroraums investieren.

Doch mit dem näher rückenden Rentenbeginn ändern sich die Anforderungen an die Sicherheit Ihrer Kapitalanlagen. Auch wenn Sie das Guthaben im Rentenalter nicht verbrauchen, so ist doch oft der Zugriff auf die daraus resultierenden Erträge eingeplant. Das passt weder mit Fremdwährungsanlagen noch mit Aktien zusammen: In beiden Fällen müssten Sie stark schwankende Einnahmen in Kauf nehmen. Bei Aktien

können in schlechten Jahren Dividendenausfall und Kursver-
luste für herbe Verluste sorgen und bei Anlagen in fremden
Währungen würde ein nachhaltiger Devisenkursverlust den
Wertverfall Ihres Guthabens nach sich ziehen.

Daher sollten Sie bei dem Teil Ihres
Vermögens, der die Altersversorgung mit abdecken soll, für hundertprozentige Sicherheit sorgen.
Schrittweise sollten Sie den Anteil
an Aktien und Fremdwährungen –
inklusive der entsprechenden Investmentfonds – reduzieren und
in sichere Anlagen bei Banken und
Bausparkassen oder in Pfandbriefe
bzw. Bundeswertpapiere umschich-
ten. Bei Letzteren sollte die Rest-
laufzeit möglichst passgenau auf Ihre finanzielle Planung
abgestimmt sein, damit Sie im Bedarfsfall keine Kursverluste
verbuchen müssen, wenn die Papiere mehrere Jahre vor der
Fälligkeit veräußert werden müssen und zwischenzeitlich die
Marktzinsen gestiegen sind.

Tipp

Wenn Sie die Umschichtungsaktion über einen
Zeitraum von rund fünf Jahren laufen lassen,
können Sie gezielt Zeiten hoher Börsenkurse
nutzen, um beim Wechsel der Anlageform die
optimalen Kursgewinne erzielen zu können. Als
Faustregel gilt dabei: Je mehr Zeit Sie dafür
einplanen, umso weniger stehen Sie unter Druck
und müssen womöglich bei Umschichtungen im
Börsentief Renditeeinbußen in Kauf nehmen.

STEUERLICHE OPTIMIERUNG DER KAPITALANLAGEN

Auch in der Geldanlage sollten Sie im Hinblick auf den beruflichen Ruhestand Ihre steuerliche Situation neu ordnen. Zunächst einmal gilt: Wären Sie vor dem Jahr 2006 in Rente ge-
gangen, hätten 50 Prozent der gesetzlichen Renteneinnahmen
als **steuerpflichtiges Einkommen** gezählt. Mit jedem Jahr
des späteren Rentenbeginns stieg dieser lebenslang gültige
Satz um 2 Prozentpunkte an. Beim Renteneintritt im Jahr 2014
liegt der zu versteuernde Anteil schon bei 68 Prozent.

Dann gibt es für jeden Bürger den **Sparerpauschbetrag:** Pro Anleger sind Kapitalerträge bis zu 801 Euro pro Jahr steuerfrei. Gehen Zinsen, Dividenden und realisierte Kursgewinne darüber hinaus, werden 25 Prozent plus Solidaritätszuschlag und gegebenenfalls Kirchensteuer als Abgeltungsteuer fällig.

Wenn Sie Einnahmen aus Vermietung erwirtschaften, kommt als weiterer Freibetrag der **Altersentlastungsbetrag** hinzu. Dieser Freibetrag wird jedoch jährlich reduziert, im Jahr 2014 liegt er bei maximal 1.216 Euro. Der Altersentlastungsbetrag greift auch dann, wenn Sie als Rentner noch einen Nebenjob haben oder selbstständig tätig sind (siehe dazu auch ab Seite 133).

Besondere Regelungen gelten bei **privaten Rentenversicherungen.** Weil hier das eingezahlte Kapital nach und nach aufgezehrt wird, muss nur ein Teil der Auszahlungen als Einkommen versteuert werden – das ist der sogenannte Ertragsanteil. Dessen Höhe ist von Ihrem Alter bei Auszahlungsbeginn abhängig. Je später die erste Auszahlung erfolgt, umso niedriger wird der Ertragsanteil bewertet. Wenn die privaten Rentenzahlungen im Alter von 65 Jahren beginnen, liegt der Ertragsanteil bei 18 Prozent. Das ist wie folgt zu verstehen: Wenn Sie jährlich 1.000 Euro Privatrente beziehen, stuft das Finanzamt davon nur 180 Euro als steuerpflichtiges Einkommen ein, das dann zu Ihren anderen steuerpflichtigen Einkünften addiert wird.

Weil das steuerpflichtige Einkommen im Rentenalter in aller Regel vergleichsweise niedrig ausfällt, können oftmals selbst ehemals Gutverdienende wieder von der staatlichen Förderung beim **Bausparen**

Tipp

Manchmal kann es auch sinnvoll sein, Erträge aus Geldanlagen ganz gezielt ins Rentenalter zu verschieben. Dies ist dann der Fall, wenn Sie bereits vor Erreichen der Altersgrenze den Sparerfreibetrag ausgeschöpft haben und aufgrund Ihres Einkommens einen vergleichsweise hohen Steuersatz bei der Besteuerung Ihrer Zinseinkünfte in Kauf nehmen müssen.

profitieren. Zwar gibt es für Rentner keine Arbeitnehmersparzulage mehr. Die Wohnungsbauprämie können Sie jedoch in Anspruch nehmen, wenn Ihr zu versteuerndes jährliches Einkommen unter der Grenze von 25.600 Euro für Ledige bzw. 51.200 Euro für Verheiratete liegt. Bis zu 512 Euro können Ledige als jährliche Sparleistung für die Wohnungsbauprämie geltend machen, bei Verheirateten sind es 1.024 Euro. Die Prämie beträgt pro Beitragsjahr 8,8 Prozent der Sparleistung und wird nach sieben Jahren als Gesamtsumme dem Vertrag gutgeschrieben – allerdings nur unter der Voraussetzung, dass das Geld für wohnwirtschaftliche Zwecke wie Renovierung oder Modernisierung verwendet wird.

Zu weiteren steuerlichen Aspekten, die Sie als Rentner berücksichtigen sollten, finden Sie detaillierte Informationen in Teil 2, „Einkommensteuerrechtliche Fragen", ab Seite 84.

ANLAGE FÄLLIGER LEBENSVERSICHERUNGEN

Mit dem absehbaren Ende der beruflichen Tätigkeit neigt sich auch die Phase des Vermögensaufbaus dem Ende zu und die bisher aufgebauten Kapitalanlagen werden nach und nach fällig. Besonders große Auszahlungen auf einen Schlag können Sie erwarten, wenn Sie eine kapitalbildende Lebensversicherung angespart haben.

Dann stellt sich natürlich die Frage: Wie kann das ausgezahlte Geld am sinnvollsten angelegt werden?

Zuallererst sollten Sie noch eventuell bestehende Schulden wie beispielsweise Konsumentenkredite tilgen. Im Anschluss daran hängt die Antwort vor allem davon ab, wie hoch Ihre zu erwartende gesetzliche Rente ist, welches regelmäßige Zusatzeinkommen Sie erzielen wollen und welche Beträge für spätere Anschaffungen oder Investitionen erst einmal auf die Seite gelegt werden sollen.

Wenn Ihre gesetzliche Rente vergleichsweise niedrig ausfällt, weil Sie beispielsweise nur wenige Beitragsjahre vorweisen können, kann die Investition eines Teils des Auszahlungsbetrags in eine **private Rentenversicherung** sinnvoll sein. Damit sichern Sie sich Ihr ganzes Leben lang eine garantierte regelmäßige Rentenzahlung, dazu kommen noch die steuerlichen Vorteile durch die Besteuerung des niedrigen Ertragsanteils.

Allerdings sollten Sie bedenken, dass auch ein Teil Ihres Vermögens später einmal kurz- oder mittelfristig wieder zur Verfügung stehen sollte – und das ist mit einer privaten Rentenversicherung nicht machbar. Die Gründe können vielfältig sein: Sie reichen von der Unterstützung der Kinder beim Immobilienerwerb über die mittelfristig geplante Anschaffung eines neuen Autos oder die Finanzierung von Reisen bis hin zur Vorsorge für altersgerechte Umbaumaßnahmen in der Wohnung. Hier kommt es darauf an, wie schnell im Bedarfsfall das Geld zur Verfügung stehen soll. Bei Sparbriefen haben Sie einen interessanten Zinssatz, der Zugriff ist jedoch während der Laufzeit nicht möglich.

Tipp

Wenn Sie flexibel bleiben wollen, sollten Sie Anlagen mit steigendem Zins bevorzugen – etwa Banksparverträge mit steigendem Zins –, die den kurzfristigen Zugriff ermöglichen, und gleichzeitig bei langer Anlagedauer gute Zinsen bringen.

Wenn Sie sich mithilfe privater Kapitalanlage ein Zusatzeinkommen verschaffen wollen, müssen Sie überlegen, ob dabei ein Kapitalverzehr stattfinden soll oder nicht. Weil manchmal das Vermögen nicht ausreicht, um allein aus den Zinsen die Zusatzrente zu bestreiten, bieten viele Banken und andere Geldanlageinstitute auch **Auszahlpläne** mit Kapitalverzehr an. Bei dieser Variante bekommen Sie nicht nur die Zinsen, sondern auch Jahr für Jahr einen kleinen Teil des angesparten Kapitals aufs Girokonto gutgeschrieben.

Beispiel

Sie haben ein Vermögen von 50.000 Euro und benötigen daraus eine jährliche Ausschüttung von 3.000 Euro. Da Ihnen nur 2 Prozent Zinsen geboten
werden, entscheiden Sie sich dafür, pro Jahr zusätzlich 4 Prozent aus der
Substanz zu entnehmen, um auf den erforderlichen Ausschüttungsbetrag
zu kommen.

Wenn Sie nun glauben, dass Sie somit über 25 Jahre hinweg eine
gleichbleibende jährliche Gutschrift erhalten: Das ist ein weitverbreiteter
Irrtum. Sie müssen nämlich berücksichtigen, dass mit dem schwindenden
Kapital auch die Zinserträge niedriger werden. Wenn Sie immer dieselbe
Ausschüttung erhalten wollen, müssen Sie somit immer mehr Geld aus
der Substanz zuschießen. Bei 4 Prozent anfänglichem Kapitalverzehr und
einem Zinssatz von 2 Prozent ist das Guthaben bereits nach rund 20 Jahren aufgebraucht, bei 2 Prozent Kapitalverzehr und gleichem Guthabenzins
können Sie mit rund 35 Jahren „Haltbarkeit" kalkulieren.

Der Effekt aus dem Beispiel ist auch aus den Annuitätendarlehen bei der Baufinanzierung bekannt, dort fällt er positiv
auf. Sie beginnen zwar auch nur mit 1 Prozent anfänglicher
Tilgung, aber dennoch brauchen Sie längst keine 100 Jahre,
um Ihre Schulden bei gleichbleibender Kreditrate wieder los-
zuwerden.

FINANZIELLE VORSORGE FÜR GESUNDHEIT UND PFLEGE

Wer mit 63 oder 65 Jahren in den Ruhestand geht und körper-
lich fit ist, mag sich oft nur ungern mit eventuellen künftigen
körperlichen Problemen des Alters befassen. Doch die Reali-
tät zeigt, dass das Leben im hohen Alter beschwerlich werden
kann. Dann kann es notwendig sein, die Wohnung baulich so
umzugestalten, dass die Mühen des Alltags auf ein Minimum
beschränkt bleiben – das kann beispielsweise durch den Einbau eines Treppenlifts geschehen oder durch die Anpassung
des Badezimmers an körperliche Einschränkungen.

Solche Investitionen kosten eine ordentliche Stange Geld und Sie wissen im Voraus nicht genau, wann sie erforderlich sein werden. Die ideale finanzielle Vorsorge für diesen Fall liegt damit in Anlageformen, die langfristig gute Gewinne bringen und bei Bedarf innerhalb weniger Monate in Anspruch genommen werden können. Dies können sowohl sichere Anleihen bzw. entsprechende Fonds als auch vergleichbare Bankanlagen sein.

In diesem Zusammenhang wird Rentnern häufig der Erwerb eines Appartements in einem Pflegeheim empfohlen – zunächst als Kapitalanlage und später mit der Option auf die Selbstnutzung. Allerdings kosten die Wohnungen je nach Größe, Ausstattung und Lage zwischen 100.000 und 500.000 Euro, dazu kommen die laufenden Wohnnebenkosten. Auch mit der späteren Selbstnutzung ist es so eine Sache: Wenn Ihre Kinder in ein paar Jahren von Hamburg nach München ziehen und Sie im hohen Alter einen Pflegeplatz in deren Nähe suchen wollen, werden Sie ein zuvor erworbenes Pflegeappartement in Hamburg nicht selbst nutzen können. Vor diesem Hintergrund sollten vor einer Entscheidung sowohl der eigene Bedarf als auch die Seriosität des Anbieters und das Finanzierungs- und Ertragsrisiko kritisch geprüft werden.

ÜBERTRAGUNG AN DIE NÄCHSTE GENERATION

Ein wichtiger Aspekt bei der Vermögensplanung im Rentenalter ist oftmals auch die Übertragung von Kapital an Kinder oder Enkel. Hier können Sie sich die gesetzlichen Regelungen bei der Erbschaftsteuer zunutze machen: Demnach gilt nämlich, dass bei Schenkungen die vollen Freibeträge nach Ablauf von zehn Jahren wieder zur Verfügung stehen.

Das bedeutet in der Praxis: Wenn Sie einem Ihrer Kinder oder Enkel einen bestimmten Betrag übergeben, reduziert sich der erbschaftsteuerliche Freibetrag für die nächsten zehn Jahre um diese Summe. Nach Ablauf dieser Frist gilt wieder der volle Freibetrag, sodass Sie auch ein größeres Vermögen in Zehnjahresschritten steuerschonend an die nächste Generation übertragen können.

Je nach persönlicher Situation können Sie Sachwerte wie Grundstücke und Wohnungen oder auch Geldwerte an Ihre Nachkommen weitergeben. Bei Geldwerten muss es sich nicht zwangsläufig um Überweisungen vom Girokonto handeln. Auch Sparbriefe oder Wertpapiere können an Kinder und Enkel übertragen werden, diese treten dann an Ihrer statt in den laufenden Vertrag ein.

Tipp

Eine Besonderheit bietet der Bausparvertrag. Hier können Sie nämlich nicht nur das Guthaben, sondern auch den Darlehensanspruch auf Angehörige umschreiben lassen. Der Vorteil: Wenn die nächste Generation gerade vor dem Erwerb von Wohneigentum steht, steht ihr bei einem zuteilungsreifen Bausparvertrag sowohl Eigenkapital in Form des bereits eingezahlten Guthabens als auch der Darlehensanspruch zum Festzins zur Verfügung. Im Gegensatz zu vielen Banken verlangen Bausparkassen keinen Zinsaufschlag, wenn die Kreditsumme 60 Prozent des Immobilienwerts überschritten hat – und somit können Sie mit der Weitergabe eines zuteilungsreifen Bausparvertrags bei der Einsparung von Finanzierungskosten mithelfen.

Wenn Sie nicht riskieren wollen, nachträglich Ihren bereits sicher geglaubten Anspruch auf die Wohnungsbauprämie zu verlieren, sollten Sie beachten, dass der Bausparvertrag nur für die Finanzierung einer Wohnimmobilie oder deren Renovierung bzw. Modernisierung eingesetzt wird.

Formal betrachtet ist eine Übertragung des Bausparvertrags an Dritte – auch an Verwandte – von der Zustimmung der Bausparkasse abhängig. Insbesondere die Erteilung des Darlehens setzt eine positiv verlaufene Prüfung der Bonität voraus. Die Erfahrungen der Praxis haben jedoch gezeigt, dass bei geordneten finanziellen Verhältnissen in der Familie normalerweise keine Probleme oder Einwendungen zu befürchten sind.

LIQUIDITÄTSRESERVE NICHT VERGESSEN

Auch im Rentenalter ist es wichtig, für unvorhergesehene Ausgaben eine finanzielle Reserve auf der hohen Kante zu haben. Bei Erwerbstätigen gilt die Faustregel, dass etwa zwei bis drei Nettomonatsgehälter ständig verfügbar sein sollten. Im Rentenalter sollten Sie den Betrag sogar noch etwas höher ansetzen, da einerseits Ihre laufende Rente geringer ist als das einstige Arbeitseinkommen und damit weniger finanzielle Flexibilität bietet und auf der anderen Seite eher einmal öfter eine ungeplante Ausgabe ansteht. Vor allem in Anbetracht immer höher werdender Eigenbeteiligungen bei Gesundheits- und Behandlungskosten sollten Sie für solche Fälle genügend Freiraum einplanen.

Tipp

Das Girokonto ist ein denkbar ungeeigneter Aufbewahrungsort für die „eiserne Reserve" – denn kaum eine Bank zahlt Zinsen für Guthaben auf dem Konto. Abgesehen von einem kleinen Puffer, der beispielsweise für eine höher als erwartet ausgefallene Telefonrechnung oder den einen und anderen Spontankauf reichen sollte, sollten Sie lieber ein gut verzinstes Tagesgeldkonto oder ein Sparbuch für Ihre finanzielle Reserve in Betracht ziehen.

Bei der Auswahl des passenden Tagesgeldkontos oder Sparbuchs sollten Sie nicht nur auf den Zinssatz, sondern auch auf das Kleingedruckte achten. Wenn Sie öfter einmal größere Beträge abrufen wollen, sollten Sie sicherstellen, dass das Konto nicht als Sparkonto geführt wird. Der Unterschied: Beim Sparkonto ist die monatliche Verfügbarkeit in der Regel auf 2.000 Euro limitiert, größere Beträge gibt es nur mit dreimonatiger Kündigungsfrist. Tagesgelder können hingegen ohne Limit aufgelöst werden.

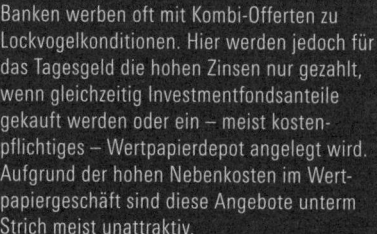

Vorsicht

Banken werben oft mit Kombi-Offerten zu Lockvogelkonditionen. Hier werden jedoch für das Tagesgeld die hohen Zinsen nur gezahlt, wenn gleichzeitig Investmentfondsanteile gekauft werden oder ein – meist kostenpflichtiges – Wertpapierdepot angelegt wird. Aufgrund der hohen Nebenkosten im Wertpapiergeschäft sind diese Angebote unterm Strich meist unattraktiv.

Außerdem sollten Sie berücksichtigen, dass die Zinssätze beim Vergleich der einzelnen Offerten einander nicht immer direkt gegenübergestellt werden können. Dies ist etwa dann der Fall, wenn es sich um Staffelzinsen handelt, die mit steigenden Anlagesummen immer höher werden. Einige Banken zahlen den höheren Zins nämlich nur für den Anteil, der über der Anlagestaffel liegt – und dann ist die Gesamtverzinsung deutlich niedriger. Zahlt etwa ein Institut bis 10.000 Euro 1,5 Prozent und nur für den übersteigenden Betrag 2,5 Prozent Zins, muss in zwei Stufen gerechnet werden. Legt der Kunde 15.000 Euro an, erhält er bei dieser Regelung nicht die erhofften 2,5 Prozent als Gesamtverzinsung, sondern lediglich 1,83 Prozent – denn für den Sockelbetrag von 10.000 Euro werden dann auch bei höheren Summen nur 1,5 Prozent Zins gutgeschrieben.

03

BEISPIELE FÜR DIE FINANZPLANUNG IM RENTENALTER

Zwar ist es wohl ziemlich unwahrscheinlich, dass eins der nachfolgenden Beispiele hundertprozentig auf Ihre Situation zutrifft – es ist nun mal jeder Mensch ein „Unikat". Doch Beispiele haben den Vorteil, dass sie Ihnen Anregungen liefern können, wenn es um die wichtigen Gesichtspunkte bei der Umsetzung Ihrer Finanzstrategie geht. Lesen Sie daher einfach die nachfolgenden Beispielfälle durch und ziehen Sie aus jedem einzelnen die Informationen, die Sie brauchen.

Beispiel 1: die langjährigen Arbeitnehmer

Ein Ehepaar, beide Ende fünfzig, steht kurz vor dem Beginn der Altersrente. Der Ehemann ist seit dem Beginn der Lehre im Alter von 15 Jahren ununterbrochen berufstätig, die Ehefrau kann trotz Kinderpausen immerhin 35 Beitragsjahre vorweisen. Gesetzliche Rente und Betriebsrente werden ausreichen, um die Lebenshaltungskosten zu decken.

Allerdings ist das Eigenheim noch nicht komplett abgezahlt, der Schuldenstand liegt bei 20.000 Euro. Eine Liquiditätsreserve von 4.000 Euro ist vorhanden. In zwei Jahren kommt eine Lebensversicherung zur Auszahlung, zu erwarten sind rund 100.000 Euro.

Die Strategie: Die Liquiditätsreserve sollte weitergeführt werden, bei Bedarf kann das Geld auf ein möglichst gut verzinstes Konto umgeschichtet werden. Aus der Ausschüttung der Lebensversicherung sollten vorrangig die restlichen Schulden komplett getilgt werden. Danach bleiben 80.000 Euro übrig, die bei einem durchschnittlichen Zins von 2,5 Prozent pro Jahr 2.000 Euro an Zinseinkünften verursachen. Unter Berücksichtigung des Sparerpauschbetrags und nach Abzug der Abgeltungsteuer bleiben davon knapp 1.900 Euro übrig. Als längerfristige Vorsorgemaßnahme für Gesundheit und Pflege können rund 40.000 Euro steuerschonend in einen offenen Immobilienfonds angelegt werden, da hier der Anlagehorizont mehr als zehn Jahre beträgt. Die Kündigungsfrist beträgt nach Ablauf von 24 Monaten ein Jahr, das bei entsprechenden anderen Reserven überbrückt werden kann. Der Rest des Geldes kann je nach Bedarf auf Bankanlagen, Pfandbriefe oder Bundeswertpapiere verteilt werden. Eine sinnvolle Anlageform sind beispielsweise Bankprodukte, die jährlich steigende Zinsen bei flexiblem Zugriff bieten.

Beispiel 2: die Gutverdienenden

Im Beispiel des Ehepaars mit vergleichsweise hohem Arbeitseinkommen hat sich zwar ein recht ansehnliches Vermögen aufgebaut. Doch weil der Verdienst über der Beitragsbemessungsgrenze lag und beim Ehemann nur 35 Beitragsjahre zu verzeichnen sind, ist die Differenz zwischen letztem Arbeitseinkommen und gesetzlicher Rente recht groß. Um den gewohnten Lebensstandard halten zu können, benötigt das Paar aus der privaten Vorsorge ein monatliches Extraeinkommen von 400 Euro. Der Renteneintritt ist in drei Jahren geplant.

Die Vermögensseite sieht wie folgt aus: Aus zwei Lebensversicherungen, die fällig werden, sind 150.000 Euro zu erwarten. Dazu kommen noch Anteile an Aktienfonds in Höhe von 60.000 Euro, Bundeswertpapiere im Wert von 25.000 Euro und ein Tagesgeld-Guthaben von 15.000 Euro. Außerdem ist ein schuldenfreies Eigenheim vorhanden.

Um die Einkommenslücke zu schließen, zahlt das Ehepaar 80.000 Euro in eine private Sofortrente mit zeitlich begrenzter Hinterbliebenenabsicherung ein. Damit wird eine monatliche Garantierente von rund 300 Euro sichergestellt, die dank der günstigen Ertragsanteilbesteuerung bei Auszahlungsbeginn mit 65 (also in drei Jahren) nur als steuerpflichtiges Monatseinkommen von

63 Euro bewertet wird. Die Überschussanteile werden für eine jährliche Erhöhung der Rente verwendet.

Damit bleiben aus der Lebensversicherung noch 70.000 Euro übrig, die ebenfalls steuerschonend in offene Immobilienfonds angelegt werden. Das Guthaben auf dem Tagesgeldkonto und in Bundeswertpapieren wird weitergeführt, die Anteile der Aktienfonds werden über drei Jahre hinweg schrittweise reduziert, sodass insgesamt die Hälfte des Fondsvermögens in sichere Bundeswertpapiere oder Rentenfonds investiert wird. Mit dem restlichen Aktienkapital will das Ehepaar auch künftig die Chancen der Aktienmärkte nutzen – dem steht auch nichts entgegen, da die sicher angelegten finanziellen Reserven üppig genug sind.

Beispiel 3: der Mieter

Nach etwas mehr als 40 Rentenbeitragsjahren geht ein alleinstehender Arbeitnehmer mit 63 Jahren in den Ruhestand. Weil er beruflich bedingt häufig den Wohnort gewechselt hat, wohnt er in Miete und plant auch nicht den Erwerb von Wohneigentum.

Die betriebliche Altersvorsorge fand in Form einer Direktversicherung statt, die nun in Höhe von 20.000 Euro zur Auszahlung kommt. Aus einer privaten Rentenversicherung mit Kapitalwahlrecht kann er nun entscheiden, ob der angesparte Betrag von 30.000 Euro verrentet oder auf einen Schlag ausgezahlt werden soll. Des Weiteren sind 10.000 Euro in Aktienfonds und 10.000 Euro auf einem Tagesgeldkonto vorhanden.

Mit einer regelmäßigen und stetig steigenden Zusatzrente sollte sich der Mieter gegen Mietsteigerungen im Rentenalter absichern. Somit bietet es sich an, die private Rentenversicherung verrenten zu lassen – und zwar in Form einer dynamischen Rente, die jährlich um 2 Prozent oder etwas mehr ansteigt. Weil das Gesamtvermögen den Sparerpauschbetrag nicht ankratzt, sollte der Schwerpunkt auf sichere Zinsanlagen gelegt werden. Der Aktienfondsanteil sollte auf jeden Fall deutlich reduziert werden. Im Interesse einer höheren Gesamtverzinsung kann auch das Tagesgeldguthaben reduziert und teilweise in besser verzinste Produkte wie Bundesobligationen, Pfandbriefe oder vergleichbare Bankprodukte umgeschichtet werden.

Beispiel 4: die Unterstützer von Kindern und Enkeln

Ein Ehepaar, das dank langjähriger Arbeitnehmerschaft und einer guten Betriebsrente keine Versorgungslücken im Rentenalter hat, tritt in den beruflichen Ruhestand. Die jüngere Tochter hat vor Kurzem geheiratet und in einigen Jahren möchte sie mit ihrem Mann zusammen eine Wohnung kaufen. Der ältere Sohn hat bereits ein Reihenhaus gekauft und steckt mitten in der Finanzierung. Einer der Enkel steht vor dem Abitur und möchte studieren.

Die Vermögenslage: Aus einer Kapitallebensversicherung werden demnächst 80.000 Euro fällig. Auf Sparbüchern befinden sich 10.000 Euro, weitere 20.000 Euro sind in Bundeswertpapieren angelegt und sollen bis zur Fälligkeit dort verbleiben. Das Eigenheim wurde erst vor Kurzem umfassend renoviert und ist schuldenfrei.

Um die Kinder bei der Finanzierung von Haus und Wohnung zu unterstützen, werden in zwei Bausparverträge jeweils 10.000 Euro als Startguthaben eingezahlt. Mit regelmäßigen jährlichen Zusatzeinzahlungen in Höhe von insgesamt 1.024 Euro wird die staatliche Wohnungsbauprämie genutzt. Wenn in einigen Jahren die Verträge zuteilungsreif sind, werden sie an die Kinder überschrieben, und diese können dann Guthaben und Darlehensanspruch in ihre Finanzierung einbauen. Wenn beide Bausparverträge für die Immobilienfinanzierung eingesetzt werden, ist auch kein Verfall der Ansprüche auf Wohnungsbauprämie zu befürchten.

Auch der Enkel benötigt voraussichtlich finanzielle Unterstützung beim Studium. Für diesen Zweck werden 5.000 Euro zunächst für ein Jahr fest angelegt. Danach wird bei Bedarf das Guthaben auf ihn überschrieben und in einen fünfjährigen Auszahlplan mit Kapitalverzehr angelegt, sodass dem Enkel für diese Zeit ein zusätzliches Taschengeld zur Verfügung steht.

Die 10.000 Euro auf dem mager verzinsten Sparbuch werden als eiserne Reserve auf ein besser verzinstes Tagesgeld umgeschichtet. Für künftige Anschaffungen sowie die Gesundheits- und Pflegevorsorge wandert der Rest der ausgezahlten Lebensversicherung in einen Banksparvertrag mit jährlich ansteigendem Zins und der Möglichkeit der bedarfsweisen vorzeitigen Kündigung.

Beispiel 5: die Selbstständigen

Ganz anders müssen Selbstständige kalkulieren, die aus der gesetzlichen Rentenversicherung ausgestiegen sind und schwerpunktmäßig auf die private Altersvorsorge setzen. Dies könnte beispielsweise jemand sein, der als selbstständiger Dienstleister tätig war, sein Unternehmen nun verkauft hat, und sich – aus seiner früheren Arbeitnehmertätigkeit – mit einem minimalen Anspruch auf gesetzliche Rente in Höhe von 400 Euro monatlich zur Ruhe setzen will. Die Ehefrau hat eine Monatsrente von 500 Euro zu erwarten.

03

Aus dem Verkauf des Betriebs erhält er nach Abzug der Steuern 85.000 Euro. Eine Kapitallebensversicherung kommt zur Auszahlung, aus der er 175.000 Euro erhält. Den Ertrag aus der Lebensversicherung benötigt er jedoch, um die Finanzierung einer vermieteten Wohnung in der nahe gelegenen Großstadt abzulösen. Damit bleibt unterm Strich vom Versicherungsguthaben nichts übrig, doch immerhin bringt die Wohnung eine Kaltmiete von 600 Euro im Monat. Nach Abzug der selbst zu tragenden Nebenkosten sowie der Instandhaltungsrücklage bleiben davon immer noch 500 Euro erhalten.

Eine weitere Kapitallebensversicherung bringt nochmals 125.000 Euro, die dann frei zur Verfügung stehen. In Aktienfonds sind weitere 50.000 Euro investiert, in Pfandbriefen stecken 25.000 Euro. Eiserne Reserve: 10.000 Euro auf einem Tagesgeldkonto. Ein schuldenfreies Eigenheim ist vorhanden.

Hier ist der Übergang zum beruflichen Ruhestand mit einigen finanziellen Umschichtungen verbunden. Zunächst müssen die magere gesetzliche Rente von 400 Euro und die Nettomiete aus der vermieteten Wohnung von gut 500 Euro monatlich mit einer sicheren privaten Rentenversicherung aufgestockt werden. Hier ist jedoch zu bedenken, dass im Fall des Ablebens des Ehemannes die Ehefrau nur eine minimale gesetzliche Witwenrente erhält. Daher werden die privaten Rentenzahlungen auf zwei Versicherungen verteilt: Eine läuft auf den Ehemann und eine läuft auf die Ehefrau. 175.000 Euro aus der freien Lebensversicherung und aus dem Verkaufserlös des Unternehmens werden jeweils zur Hälfte in eine Sofortrente für sie und ihn eingezahlt, sodass beiden zusammen rund 700 Euro als garantierte und jährlich ansteigende private Monatsrente zur Verfügung stehen. Damit lässt sich neben den laufenden Lebenshaltungskosten auch das eine oder andere Extra finanzieren.

Nun bleiben aus dem Unternehmensverkauf 35.000 Euro sowie die Guthaben aus Aktienfonds, Pfandbriefen und Tagesgeld in Höhe von insgesamt 85.000 Euro, was in der Summe 120.000 Euro ergibt. Dies wird wie folgt neu aufgeteilt: Der Anteil an Aktienfonds wird zunächst einmal deutlich auf 20.000 Euro reduziert; um die Steuerlast zu senken, werden 60.000 Euro in offene Immobilienfonds angelegt; der Bestand an Pfandbriefen wird auf 30.000 Euro erhöht; die eiserne Reserve von 10.000 Euro bleibt erhalten.

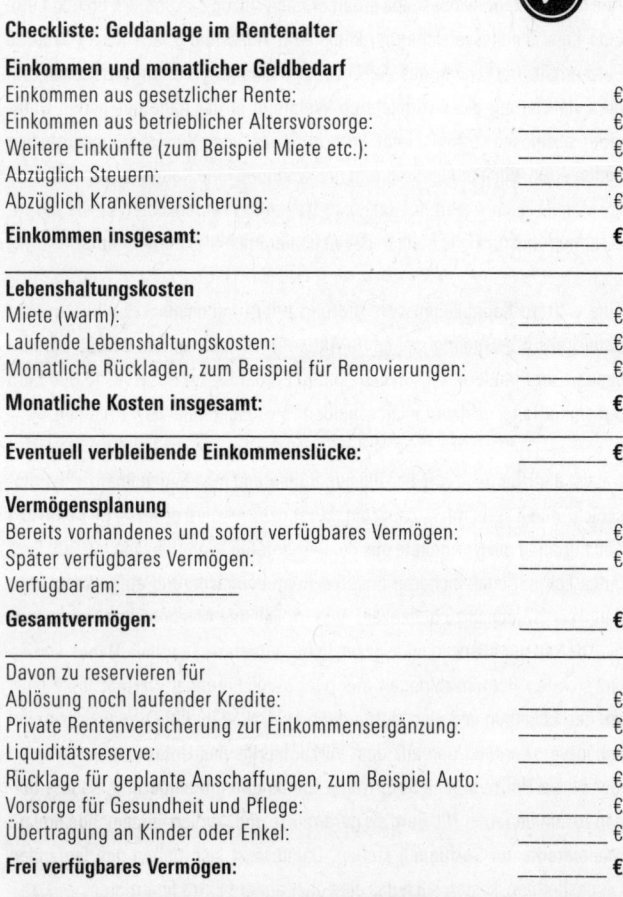

Checkliste: Geldanlage im Rentenalter

Einkommen und monatlicher Geldbedarf
Einkommen aus gesetzlicher Rente: _____ €
Einkommen aus betrieblicher Altersvorsorge: _____ €
Weitere Einkünfte (zum Beispiel Miete etc.): _____ €
Abzüglich Steuern: _____ €
Abzüglich Krankenversicherung: _____ €
Einkommen insgesamt: _____ €

Lebenshaltungskosten
Miete (warm): _____ €
Laufende Lebenshaltungskosten: _____ €
Monatliche Rücklagen, zum Beispiel für Renovierungen: _____ €
Monatliche Kosten insgesamt: _____ €

Eventuell verbleibende Einkommenslücke: _____ €

Vermögensplanung
Bereits vorhandenes und sofort verfügbares Vermögen: _____ €
Später verfügbares Vermögen: _____ €
Verfügbar am: _____
Gesamtvermögen: _____ €

Davon zu reservieren für
Ablösung noch laufender Kredite: _____ €
Private Rentenversicherung zur Einkommensergänzung: _____ €
Liquiditätsreserve: _____ €
Rücklage für geplante Anschaffungen, zum Beispiel Auto: _____ €
Vorsorge für Gesundheit und Pflege: _____ €
Übertragung an Kinder oder Enkel: _____ €
Frei verfügbares Vermögen: _____ €

KONTOFÜHRUNG UND KARTEN: SO SPAREN SIE ALS RENTNER GELD

Auch wenn die Differenz bei den monatlichen **Kontoführungsgebühren** einzelner Banken oft gering erscheint: Über die Jahre addieren sich solche vermeintlich kleinen Unterschiede zu stattlichen Beträgen – wenn Sie beispielsweise pro Monat 5 Euro bei der Kontoführung sparen können, ergibt das im Lauf von fünf Jahren eine Ersparnis von immerhin 300 Euro.

03

Wenn Sie sich ohnehin schon in der Vorbereitung auf den Renteneintritt mit Ihrer Finanzlage befassen, können Sie gleich Ihr Girokonto und Ihren Bestand an Kreditkarten auf Sparpotenziale prüfen.

Allerdings hat die Praxis gezeigt, dass – zur Freude der Finanzbranche – Kunden oft auch dann nicht die Hausbank wechseln, wenn es anderswo günstigere Angebote gibt. Grund für die Zurückhaltung beim Bankwechsel ist vor allem der damit verbundene Papierkrieg. Denn: Beim Wechsel der Bank sind viele Formalitäten für die Kontoeröffnung sowie Änderung von Daueraufträgen und Lastschriften zu erledigen und dafür muss der Bankkunde einige Stunden mühseliger Schreibarbeit einkalkulieren. Außerdem sollten uber einige Monate hinweg das alte und neue Konto parallel geführt werden, um unnötige Mahnungen und Kosten wegen nicht eingelöster Lastschriften zu vermeiden, was zunächst zusätzlichen Aufwand verursacht.

Auch die oftmals undurchschaubaren Gebührenstrukturen der Banken fördern nicht unbedingt die Bereitschaft zum Wechsel der Bankverbindung. Welcher Anbieter am Ende wirklich am günstigsten ist, können Sie meist nur anhand einer Modellrechnung feststellen.

Deshalb ist es empfehlenswert, vor dem eigentlichen Vergleich eine Liste mit den Buchungen der letzten drei Monate sowie den in Anspruch genommenen Zusatzprodukten wie Scheck- oder Kreditkarte zu erstellen. Erst dann ist aus den Preisverzeichnissen zu entnehmen, welche Angebote unterm Strich am günstigsten sind.

Je nach Verhalten des Kunden kann die persönliche Hitliste der Banken unterschiedlich aussehen. Verbraucher mit wenig Kontobewegung sollten vor allem die Höhe der festen Kontoführungsgebühren vergleichen, während für Vielnutzer auch die Preise für einzelne Buchungsvorgänge durchaus bedeutend sind. Wer sein Geld vorzugsweise am Automaten holt, sollte darauf achten, dass dabei möglichst keine Kosten anfallen. Das dichteste Automatennetz haben die Sparkassen (ca. 25.000) und die Volks- und Raiffeisenbanken (ca. 19.500). Die Cash Group von Deutscher Bank, Commerzbank, Hypo-Vereinsbank, Postbank sowie den Direktbanken Comdirect, Norisbank und DAB Bank sowie einigen kleineren Kreditinstituten verfügen zusammen über ein Netz von bundesweit rund 9.000 kostenlos nutzbaren Geldautomaten.

Insbesondere Bankkunden in ländlichen Gebieten sollten bedenken: Wer auf fremde Geldautomaten angewiesen ist und bei jeder Abhebung die üblichen 2 bis 4 Euro an Gebühren zahlen muss, landet übers Jahr schnell bei einer zusätzlichen Belastung von 50 bis 80 Euro. Manche Banken verlangen pro Fremdabhebung sogar bis zu 7,50 Euro. Da ist so mancher Kostenvorteil bei den reinen Kontoführungsgebühren oft schnell dahin.

Doch um Kontogebühren zu sparen, müssen Sie nicht einmal unbedingt die Bank wechseln. Manche Banken bieten speziell für Rentner günstige Girokonten an – allerdings erfolgt die Umstellung häufig erst auf Nachfrage. Wenn Sie mit dem Computer vertraut sind, können Sie mit der Umstellung auf ein Online-Konto Kosten sparen. Hier sollten Sie jedoch bedenken, dass Sie hohe „Strafgebühren" zahlen müssen, wenn Sie einmal doch eine Überweisung auf Papier ausfüllen oder am Schalter einen Scheck einreichen wollen.

Auch die Kosten für Kontoauszüge lassen sich drastisch reduzieren, wenn der Auszug nicht mehr nach jeder Buchung, sondern ein Mal pro Monat ins Haus flattert oder am Kontoauszugdrucker selbst erstellt wird. Je nach Bank kann hier das Einsparpotenzial bis zu 25 Euro pro Jahr betragen.

03

Ohnehin sind die Gebührensätze für Kontoführung und Buchungen längst nicht immer so festzementiert, wie es den Anschein hat. Legt der Kunde die Konditionen der billigen Konkurrenz auf den Tisch und droht mit dem Wechsel, erhält er in manchen Fällen bis zu 50 Prozent Rabatt. Aber nicht immer: Das gilt nämlich nur für die Kundenkreise, die eine Bank nicht gern ziehen lässt. Die besten Karten haben Sie, wenn Sie bei der Bank auch Geld anlegen oder Fonds- und Versicherungsprodukte kaufen – und vor allem dem Institut nicht mit unpünktlichen Kreditzahlungen oder übermäßiger Kontoüberziehung Ärger machen.

Auch bei den **Kreditkarten** ist eine Überprüfung des Bestands oft lohnend. Was viele nicht wissen: Mit der Maestro-Karte – der ehemaligen EC-Karte – haben Sie praktisch eine vollwertige Kreditkarte schon im Geldbeutel. Der einzige Unterschied zu den meisten gängigen Kreditkarten besteht darin, dass die damit bezahlten Beträge sofort und nicht erst am Monatsende Ihrem Girokonto belastet werden. Doch mit der Maestro-Karte können Sie inzwischen nicht nur europaweit in vielen Geschäften bargeldlos bezahlen und an Bankautomaten Geld holen, sondern sogar auf der ganzen Welt. Damit stellt sich die Frage, ob Sie weitere Kreditkarten überhaupt benötigen. Dies ist eigentlich nur der Fall, wenn Sie in vergleichsweise exotische Länder verreisen – und selbst dann sind Reiseschecks eine brauchbare Alternative. Falls Sie eine Kreditkarte besitzen wollen, ist es sinnvoll, das Girokonto bei einer Bank zu führen, bei der die Kreditkarte schon in der Kontoführungsgebühr enthalten ist. Wenn Sie nämlich eine eigenständige Kreditkarte erwerben, müssen Sie mit jährlichen Gebühren von mindestens 20 Euro rechnen.

SO ORDNEN SIE IHRE VERSICHERUNGEN NEU

Mit dem Eintritt ins Rentenalter verändert sich Ihr Versicherungsbedarf grundlegend. So wird beispielsweise die private Berufsunfähigkeitsversicherung, die für Arbeitnehmer und Selbstständige dringend empfehlenswert ist, überflüssig – denn als Rentner üben Sie ja keinen Beruf mehr aus und beziehen unabhängig von Ihrem gesundheitlichen Zustand Altersrente. Kapitallebens- und Privatrentenversicherungen sind nun zur Auszahlung gekommen und wie in diesem Kapitel bereits beschrieben wieder investiert worden.

Jedoch ist die Wahrscheinlichkeit groß, dass nun Versicherungsvertreter mit Ihnen Kontakt aufnehmen, um Ihnen „speziell auf Senioren zugeschnittene" Versicherungspakete zu verkaufen.

Da kommt schnell Verwirrung auf und es stellt sich für Sie die Frage: Welche Versicherungen sind im Rentenalter sinnvoll und welche Policen nützen eher der Versicherungsgesellschaft als dem Versicherten?

Private Haftpflichtversicherung: ein Muss für alle

Die private Haftpflichtversicherung schützt Sie vor Schadenersatzansprüchen bei Missgeschicken und ist ganz klar auch im Rentenalter ein Muss. Denn von Gesetzes wegen gilt: Für einen Schaden, den Sie auch bei nur leichter Fahrlässigkeit verursacht haben, können Sie zur Rechenschaft gezogen werden. Wenn dabei Personen zu Schaden kommen oder hoher Sachschaden entsteht, können die Erstattungsansprüche der Geschädigten Sie im schlimmsten Fall finanziell ruinieren, sofern Sie keine private Haftpflichtversicherung abgeschlossen haben.

03

Daher ist diese Versicherung so wichtig: Sie springt ein und zahlt den Schaden, den Sie verursacht haben. Allerdings übernimmt die Versicherungsgesellschaft den Schaden nicht in jedem Fall, denn in den jeweiligen Versicherungsbedingungen wird die Haftungsübernahme bei manchen Konstellationen ausgeschlossen. So gibt es meist keine Haftungsübernahme bei Schäden an ausgeliehenen Gegenständen. Vorsätzlich und widerrechtlich verursachte Schäden sind grundsätzlich vom Schutz ausgenommen.

Diese Versicherung bietet Ihnen im In- und Ausland Schutz. Dennoch gibt es einige Bereiche, für die eine spezielle Versicherung erforderlich ist, um sich im Schadensfall vor Regressansprüchen zu schützen. Hier die wichtigsten Ausschlüsse:

- **Auto und Motorrad:** Für Autos, Motorräder und die meisten anderen motorisierten Fahrzeuge benötigen Sie eine gesonderte Haftpflichtversicherung.
- **Haustiere:** Je nach Art des Haustiers ist eine Extraversicherung empfehlenswert, wenn diese nicht in der Haftpflichtversicherung mitversichert sind. Vor allem Pferde- und Hundebesitzer sollten eine solche Police haben. Kleintiere wie Katzen, Vögel oder Kaninchen sind hingegen über die normale Privathaftpflichtversicherung mitversichert.

Wenn Sie einen Schaden verursacht haben, müssen Sie den Fall unverzüglich – das bedeutet in der Regel spätestens innerhalb einer Woche – der Versicherung melden. Ist die Forderung berechtigt, übernimmt die Versicherung die Regulierung. Ansonsten wird der Anspruch von der Versicherung abgewie-

Vorsicht

Sie dürfen auf keinen Fall zuerst den Schaden bezahlen und dann erst der Versicherung melden. In diesem Fall würde ein Schuldanerkenntnis Ihrerseits vorliegen – und dann verlieren Sie Ihren Versicherungsschutz!

Tipp

Beim Vergleichen sollten Sie unbedingt auf eine eventuelle Selbstbeteiligung achten, die bei manchen Billigtarifen bis zu 250 Euro betragen kann. Fällt ein Schaden an, müssen Sie die Selbstbeteiligung auf jeden Fall aus eigener Tasche zahlen. Andere Anbieter verlangen eine Mindestschadenssumme in gleicher Höhe. Hier wird der Schaden nur dann komplett bezahlt, wenn er über der Mindestgrenze liegt. Zwar riskieren Sie mit solchen Policen im Ernstfall nicht den finanziellen Ruin. Doch weil sich für einen um 10 oder 20 Euro höheren Jahresbeitrag Versicherungen ohne Selbstbeteiligung abschließen lassen, ist diese Variante meist sinnvoller.

sen und dann sind auch Sie als Kunde aus dem Schneider.

Speziell für Rentner bieten manche Versicherer besonders günstige Versicherungstarife an, da in aller Regel keine Kinder im eigenen Haushalt mehr mitversichert werden müssen. Daher lohnt es sich, beim Übergang in den beruflichen Ruhestand die Tarife neu zu vergleichen und bei Bedarf zu einem günstigeren Anbieter zu wechseln.

Versicherung von Gebäude und Hausrat

Wenn Sie Hauseigentümer sind, sollten Sie unbedingt Ihr Gebäude zumindest gegen Feuer versichern – das gilt unabhängig davon, ob Sie jung oder alt sind. Beim Übergang ins Rentenalter ändert sich bei der Wohngebäudeversicherung nichts. Spezielle Seniorentarife sind hier nicht zu finden, weil die Versicherungsprämie nicht von Ihrer Person, sondern von Wert und Risikoeinstufung Ihres Hauses abhängt. Die Wohngebäudeversicherung ist eine verbundene Versicherung und deckt nicht nur Schäden am Gebäude durch Feuer ab, sondern auch durch Blitzschlag und Explosion.

Die **Sturm- und Hagelversicherung** versichert Schäden durch Unwetter. Dieser Baustein ist – gerade angesichts der in Deutschland häufiger gewordenen Wetterkapriolen – auf jeden Fall empfehlenswert.

Die **Leitungswasserversicherung** springt dann ein, wenn durch Defekte an Wasserrohren Schäden an der Bausubstanz entstehen – unabhängig davon, ob es sich um Wasser- oder

Heizungsrohre handelt. Dieser Zusatzbaustein ist ebenfalls eine sinnvolle Ergänzung des Basisschutzes.

Für manche Hauseigentümer bleiben dennoch Lücken – denn die Wohngebäudeversicherung umfasst keine sogenannten Elementarschäden. Darunter fallen Schäden durch Überschwemmungen, Lawinen, Erdrutsch und Erdbeben. Diese sind nur in speziellen Policen versicherbar. Dabei sortieren die Versicherer jedoch gnadenlos aus: Als branchenüblich gilt, dass Sie eine solche Versicherung nur problemlos abschließen können, wenn Sie in den vergangenen zehn Jahren keine entsprechenden Schadensfälle hatten. Ansonsten müssen Sie zumindest mit hohen Risikoaufschlägen oder Selbstbehalten rechnen, im ungünstigsten Fall erhalten Sie überhaupt keinen Versicherungsschutz.

Tipp
Um die Wohngebäudeversicherung müssen Sie sich nur dann selbst kümmern, wenn Sie Eigentümer eines Hauses sind. Bei Eigentumswohnungen zählt der Abschluss einer angemessenen Wohngebäudeversicherung zu den Aufgaben der Hausverwaltung.

03

Unabhängig davon, ob Sie Hausbesitzer, Wohnungseigentümer oder Mieter sind, stellt sich überdies die Frage nach einer **Hausratversicherung**. Denn: Einrichtungsgegenstände wie Möbel, Schmuck und Haushaltsgeräte werden im Ernstfall nicht von der Gebäudeversicherung ersetzt.

Dabei gilt der Grundsatz: Je wertvoller Ihre Einrichtungsgegenstände sind, umso sinnvoller ist eine Hausratversicherung. Gerade bei Rentnern, wo sich oftmals im Lauf der Jahrzehnte wertvolle Einrichtungsgegenstände angesammelt haben, ist diese Versicherung daher in vielen Fällen empfehlenswert.

Die Höhe der Prämie richtet sich bei der Hausratversicherung nach dem Wert der zu versichernden Gesamtsumme. Dabei gibt es eine sogenannte Unterversicherungsgrenze: Um zu vermeiden, dass mit zu niedrigen Wertansätzen die Prämie nach unten geschummelt wird, zahlt bei solchen Konstellationen die Versicherung selbst bei kleinen Schäden nur anteiligen Ersatz. Wenn Sie Ihre Einrichtung umfassend absichern wollen, sollten Sie daher auf jeden Fall eine realistische Bewertung ansetzen.

Anteilig kürzen darf die Versicherung die Zahlung im Fall der groben Fahrlässigkeit. Das kann beispielsweise schon der Fall sein, wenn Sie in den Urlaub fahren und Ihre Haustür nur zuziehen, statt sie abzuschließen. Auch wenn Sie einen Tag lang unterwegs sind und im Erdgeschoss ein Fenster offen lassen, wird im Fall eines Einbruchs nur anteilig Schadenersatz geleistet.

Krankenversicherung: Entscheidungsbedarf bei Auslandsreisen

Je nachdem, ob Sie in der aktiven Berufszeit gesetzlich oder privat versichert waren, bleiben Sie auch im Rentenalter Ihrer Krankenkasse oder privaten Krankenversicherung erhalten. Der Abschluss von Zusatzversicherungen, die beispielsweise Heilpraktikerkosten oder Chefarzt-Behandlungen übernehmen, ist im Rentenalter zumeist so teuer, dass er sich nicht lohnt.

Tipp

In manchen Tarifen von privaten Krankenversicherungen ist bereits eine Auslandsreise-Krankenversicherung enthalten. Wenn Sie privat versichert sind, sollten Sie daher zunächst prüfen, ob Sie diesen Schutz vielleicht schon haben. Falls dieser in ausreichendem Umfang vorhanden ist, können Sie sich den Neuabschluss sparen.

Dennoch bleibt in diesem Segment ein wichtiges Produkt übrig, bei dem Sie sich möglicherweise um einen Neuabschluss kümmern sollten: die Auslandsreise-Krankenversicherung. Wenn aufgrund eines Unfalls oder einer Erkrankung im Ausland eine Behandlung notwendig wird, bleiben Sie als „Kassenpatient" oft auf hohen Kosten sitzen – vor allem bei Reisen außerhalb Europas. Auch die Kosten für einen medizinisch notwendigen Krankenrücktransport aus dem Ausland werden nicht übernommen. Diese Lücke kann mit einer Auslandsreise-Krankenversicherung geschlossen werden. Die Versicherungen gelten immer bis zum Ende des Vertrags- und Kalenderjahres und können sich automatisch verlängern, wenn sie nicht drei Monate vorher gekündigt werden.

Beim Vergleich der Angebote ist für Rentner nicht nur die Höhe der Jahresprämie wichtig. Zunächst einmal sollten Sie sich erkundigen, ob Sie aufgrund Ihres Alters noch von der Versicherung angenommen werden. Falls Sie von einer privaten Auslandsreise-Krankenversicherung abgelehnt werden und dies im Vorfeld Ihrer Reise nachweisen können, ist Ihre GKV dazu verpflichtet, die Kosten im Ausland (auch außerhalb Europas) zu übernehmen (6 Wochen, § 18 Abs. 3 SGBV). Insbesondere Billiganbieter setzen manchmal schon Altersgrenzen von weniger als 60 Jahren. Ein weiterer wichtiger Fakt ist die Dauer der Reise: Viele Policen gelten nur für Auslandsreisen, die höchstens 42 Tage dauern. Wenn Sie so reiselustig sind, dass Sie sich mehrere Monate am Stück im Ausland aufhalten, sollten Sie eine entsprechend maßgeschneiderte Versicherung abschließen.

Unfallversicherung: sinnvolle Police, wenige Anbieter

Wenn es um Unfallversicherungen für Kinder oder Berufstätige geht, reißen sich die Versicherer um die Kunden. Doch deutlich zurückhaltender werden die Anbieter bei Unfallversicherungen für Rentner. Dabei wird gerade mit zunehmendem Alter die Unfallversicherung wichtiger, denn mit nachlassenden Körperkräften steigt die Unfallgefahr.

Je nach Funktionsfähigkeit einzelner Körperteile zahlt die Unfallversicherung nach einem Unfall eine bestimmte Summe, die sich aus der sogenannten Gliedertaxe errechnet. So wird beispielsweise bei einer Querschnittslähmung mehr gezahlt als beim Verlust einer Hand.

Allerdings bauen die Versicherungen für ältere Menschen oft hohe Hürden auf. So ist meist der Abschluss nicht mehr möglich, wenn das 65. Lebensjahr überschritten ist, und bestehende Verträge werden häufig mit der Vollendung des 75. Lebensjahres von der Versicherung automatisch gekündigt.

Um zumindest bis zum 75. Lebensjahr Versicherungsschutz zu haben, sollten Sie sich vor dem Renteneintritt um den Abschluss einer Unfallversicherung kümmern. Ansonsten haben Sie kaum noch Auswahl und müssen auf teure „Sonderpolicen" ausweichen.

Ein wichtiges Kriterium bei der Auswahl ist, dass im Ernstfall die Versicherung eine ausreichende Summe zahlt, um einen eventuellen Umbau Ihrer Wohnung zu finanzieren. Manche Versicherer zahlen nur eine sogenannte Unfallrente – doch die bringt Ihnen wenig, wenn Sie hohe Einmalinvestitionen finanzieren müssen.

Manche Unfallversicherungen sind – ähnlich wie die kapitalbildende Lebensversicherung – mit einem Sparvertrag verknüpft. Doch die Erfahrung hat gezeigt, dass es oftmals lohnender ist, nur eine reine Risikoversicherung abzuschließen und den Sparanteil auf eigene Faust in einen rentablen Sparplan zu investieren.

Versicherungspakete für Senioren: nicht immer nützlich

Immer mehr Branchen entdecken die Rentner als kaufkräftige und somit interessante Zielgruppe – so auch die Versicherungsbranche. Zahlreiche Anbieter stellen Versicherungspakete zusammen, die laut Werbeaussage speziell auf die Bedürfnisse älterer Menschen abgestimmt sind. Doch in Wirklichkeit nutzen sie eher dem Geldbeutel des Versicherungsvertreters als dem Kunden.

Zum Teil werden die Pakete um eine abgespeckte Unfallversicherung herumgestrickt, die im Ernstfall nur eine monatliche Rente leistet und somit wenig finanziellen Schutz bietet. Dazu kommen ein paar Dienstleistungen, die die Versicherung wenig kosten und dem Kunden ebenso wenig Nutzen bringen. Zwei Beispiele:

- Ein Mal pro Woche wird die Wäsche gewaschen und es wird täglich gekocht – aber nur maximal sechs Monate lang.
- Bei einem Unfall wird die Unterbringung des Haustiers organisiert – aber für den Transport und die laufenden Kosten der Versicherung muss weiterhin der Kunde aufkommen.

Wenn Sie mit einer vergleichsweise teuren „Seniorenversicherung" liebäugeln, sollten Sie darauf achten, dass als Mindestumfang die Kostenübernahme für die Hilfeleistungen und nicht lediglich die Vermittlung von solchen Leistungen gegeben ist und die Leistungsdauer mindestens sechs Monate beträgt. Die Versicherung sollte auch bei einem Oberschenkelhalsbruch zahlen, der allein durch Knochenermüdung verursacht wurde. Manche Anbieter schließen auch Schlaganfälle in den Leistungsumfang ein.

Sterbegeldversicherung: lieber selbst vorsorgen

Die Sorge vieler Senioren, dass im Todesfall die Angehörigen nicht mit hohen Beerdigungskosten belastet werden, ist Wasser auf die Vertriebsmühlen der Versicherungen. Bei der oft beworbenen Sterbegeldversicherung handelt es sich um nichts anderes als eine ganz normale Lebensversicherung. Im Todesfall wird eine feste Summe ausgezahlt.

Allerdings sind die Versicherungen zumeist sehr unrentabel, auch wenn sie oft als „günstige Gruppentarife" angepriesen werden, zum Beispiel von Gewerkschaften oder anderen. Die sinnvollere Vorsorgeform ist ebenso einfach wie effektiv: Auch wenn der Gedanke daran nicht leichtfällt, sollten Sie einen gewissen Teil Ihres Vermögens dafür vorsehen, dass Ihre Angehörigen im Falle Ihres Ablebens finanziell entlastet sind. Nur wenn sowohl bei Ihnen als auch bei Ihren Angehörigen so wenig Geld vorhanden ist, dass die Finanzierung einer würdigen Trauerfeier nicht gewährleistet ist, kann – sofern sie in diesem Fall noch finanzierbar ist – der Abschluss einer Sterbegeldversicherung sinnvoll sein.

04 ANHANG

Kurz und kompakt: die wichtigsten Begriffe samt Erklärung als Glossar, ein Stichwortverzeichnis, das Ihnen hilft, schnell auf die richtigen Seiten zu gelangen, sowie die Adressen Ihrer Verbraucherzentralen in Deutschland.

GLOSSAR

04

Abgeltungsteuer

Die Einkommensteuer, die auf private Kapitalerträge wie Zinsen oder Dividenden direkt von der auszahlenden Bank einbehalten und ans Finanzamt abgeführt wird. Sie beträgt – unabhängig von der Höhe des Gesamteinkommens – pauschal 25 Prozent der abgeltungsteuerpflichtigen Erträge.

Abzugsverbot

Verbot, Aufwendungen steuerlich geltend zu machen. Beispielsweise gilt ein generelles Abzugsverbot für Aufwendungen, die anfallen, um steuerfreie Erträge zu erzielen.

Alterseinkünftegesetz

Das Gesetz, mit dem die Besteuerung von Alterseinkünften grundlegend reformiert wurde. Durch das Alterseinkünftegesetz wurden mit Wirkung ab 2005 weite Teile des Einkommensteuergesetzes geändert und der Übergang auf eine nachgelagerte Besteuerung von Renten und anderen Alterseinkünften eingeleitet. Der Übergang von der vorgelagerten auf die nachgelagerte Besteuerung erfolgt sukzessive bis zum Jahr 2040.

Altersentlastungsbetrag

Vergünstigung, die ab Vollendung des 64. Lebensjahres unter anderem für Arbeitslöhne, für Einkünfte aus selbstständiger Arbeit, aus Vermietung und Verpachtung und für Kapitalerträge gewährt wird. Der Altersentlastungsbetrag wird durch das Alterseinkünftegesetz von zurzeit (2014) maximal 1.216 Euro sukzessive bis auf 0 Euro (2040) abgesenkt.

Altersrente

Unter Altersrenten sind alle Versichertenrenten zu verstehen, die im Zusammenhang mit Altersgrenzen möglich sind.

Altersrenten sind frühestens ab Vollendung des 60. Lebensjahres möglich.

Es gibt folgende Altersrenten:

- Regelaltersrente
- Altersrente für langjährig Versicherte
- Altersrente für besonders langjährig Versicherte
- Altersrente für schwerbehinderte Menschen
- Altersrente wegen Arbeitslosigkeit oder nach Altersteilzeitarbeit
- Altersrente für Frauen

Altersteilzeitarbeit

Wenn im Zusammenhang mit rentenrechtlichen Regelungen von Altersteilzeitarbeit gesprochen wird, muss es sich um Altersteilzeitarbeit im Sinne des Altersteilzeitgesetzes handeln. Das Gesetz zur Förderung eines gleitenden Übergangs in den Ruhestand – Altersteilzeitgesetz – trat am 1.8.1996 in Kraft. Es soll unter bestimmten Voraussetzungen einen sozial verträglichen Übergang vom Erwerbsleben in den Ruhestand ermöglichen. Die Altersteilzeit ist für Arbeitnehmer ab dem 55. Lebensjahr gedacht. Es gibt zwei Möglichkeiten: die Halbierung der wöchentlichen Arbeitszeit und das Blockmodell. Beim Blockmodell arbeitet der Arbeitnehmer in der ersten Hälfte der Altersteilzeit zeitlich unverändert weiter (aktive Phase), um in der zweiten Hälfte von der Arbeit freigestellt zu werden (passive Phase). Im Anschluss an die passive Phase sollte die Zahlung einer Altersrente möglich sein.

Anpassungsgeld

Anpassungsgeld ist eine Leistung für knappschaftlich Versicherte, die für aus dem Bergbau ausgeschiedene Bergleute vor der Rente gezahlt wird.

Anrechnungszeiten
Anrechnungszeiten gehören zu den beitragsfreien Zeiten. Es sind solche ohne Beitragszahlung, die trotzdem für die Höhe der Rente von Bedeutung sind. Dazu gehören unter anderem Zeiten der Schul-, Fachschul- und Hochschulausbildung nach dem 17. Lebensjahr, Zeiten der Arbeitsunfähigkeit und der Arbeitslosigkeit, für die keine Beiträge gezahlt worden sind, Mutterschutzfristen und Zeiten des Bezugs einer Rente, in der eine Zurechnungszeit enthalten ist.

04

Basis-Krankenversicherungsaufwendungen
Beiträge zur gesetzlichen Krankenversicherung und der Teil der Beiträge zur privaten Krankenversicherung, der einen der gesetzlichen Krankenversicherung gleichwertigen Versicherungsschutz abdeckt. Basis-Krankenversicherungsbeiträge und Beiträge zur Pflegepflichtversicherung sind stets in voller Höhe als Sonderausgaben abziehbar.

Beitragsfreie Zeiten
Beitragsfreie Zeiten sind rentenrechtlich von Bedeutung, obwohl dafür keine Beiträge gezahlt wurden. Es sind Anrechnungs-, Zurechnungs- und Ersatzzeiten.

Beitragsgeminderte Zeiten
Das sind Zeiten, in denen in einem Kalendermonat eine Beitragszeit mit einer Anrechnungs-, Zurechnungs- oder Ersatzzeit zusammentrifft.

Beitragszeiten
Das sind Zeiten, für die Pflicht- oder freiwillige Beiträge gezahlt wurden oder für die Beiträge als gezahlt gelten.

Berücksichtigungszeit wegen Kindererziehung
Die Berücksichtigungszeit hat anwartschaftserhaltende und anspruchsbegründende sowie im Zusammenhang mit der Gesamtleistungsbewertung indirekt eine rentenerhöhende

Funktion. Sie zählt vom Tag der Geburt eines Kindes an für höchstens zehn Jahre. Bei Selbstständigen sind Besonderheiten zu beachten.

Berücksichtigungszeit wegen Pflege

Die Zeit der nicht berufsmäßigen Pflege eines Pflegebedürftigen zwischen Januar 1992 und längstens März 1995 wirkt sich wie die Berücksichtigungszeit wegen Kindererziehung anwartschaftserhaltend, anspruchsbegründend und im Zusammenhang mit der Gesamtleistungsbewertung indirekt auch anspruchserhöhend aus.

Besteuerungsanteil

Der Teil von gesetzlichen Renten oder Rürup-Renten, der zu versteuern ist. Der Besteuerungsanteil wird im Zuge des Übergangs auf die nachgelagerte Besteuerung bis 2040 jährlich erhöht. Entscheidend für den individuellen Besteuerungsanteil einer Rente ist das Kalenderjahr, in dem sie erstmals gezahlt wurde (bei Folgerenten: das Kalenderjahr, in dem die vorhergehende Rente erstmals gezahlt wurde).

Bruttorente

Die Rente, die sich vor Abzug der Beiträge zur Kranken- und Pflegeversicherung ergibt.

Einkünfte

Die Einkünfte ergeben sich, indem von steuerpflichtigen Einnahmen (bzw. Betriebseinnahmen) die Werbungskosten (bzw. Betriebsausgaben) abgezogen werden.

Entgeltpunkte

Entgeltpunkte sind Teil der Rentenberechnung. Für die Berechnung der Entgeltpunkte wird das individuelle versicherte Entgelt ins Verhältnis zum Durchschnittsverdienst aller Versicherten gesetzt. Hat der Versicherte ein Einkommen in Höhe des Durchschnittseinkommens aller Versicherten erzielt, resultiert

daraus 1 Entgeltpunkt. Derzeit (Stand Juli 2014) entspricht
1 Entgeltpunkt einer monatlichen Rente von 28,61 Euro in den
alten bzw. 26,39 Euro in den neuen Bundesländern.

Ertragsanteil

Der Anteil an den regelmäßigen Auszahlungen einer privaten,
nicht steuerlich oder durch Zulagen begünstigten Rente, der
als Einkommen versteuert werden muss. Da bei diesen Renten in der Beitragszeit keine Vergünstigungen in Anspruch
genommen werden konnten, werden sie nicht auf die nachgelagerte Besteuerung umgestellt und ihre Ertragsanteile sind
entsprechend niedrig. Der Ertragsanteil wird anhand einer Tabelle des Gesetzgebers je nach Alter des Policeninhabers zum
Zeitpunkt der ersten Auszahlungsrate festgelegt und bleibt
über den gesamten Auszahlungszeitraum gleich. Je älter der
Versicherungsnehmer zu Beginn der Auszahlung, desto niedriger ist der Ertragsanteil.

Erwerbsminderungsrente

Es wird zwischen teilweiser und voller Erwerbsminderung
differenziert. Teilweise erwerbsgemindert ist, wer aus gesundheitlichen Gründen nur mindestens drei, aber weniger
als sechs Stunden täglich auf dem allgemeinen Arbeitsmarkt
arbeiten kann. Bei voller Erwerbsminderung sind es weniger
als drei Stunden täglich.

Erziehungsrente

Diese Rente erhalten geschiedene Ehegatten, wenn die Ehe
nach dem 30.6.1977 geschieden wurde und der frühere Ehepartner verstorben ist. Voraussetzung: Sie erziehen ein eigenes Kind oder das des geschiedenen Ehegatten. In den neuen
Ländern wird die Erziehungsrente bei Vorliegen der Voraussetzungen auch bei Scheidungen vor dem 1.7.1977 gewährt.

Folgerente

Eine Rente, die auf eine bereits vorher gewährte Rente folgt, beispielsweise eine Witwen-/Witwerrente, die auf die Rente des verstorbenen Ehegatten folgt. Für die Folgerente gilt derselbe Besteuerungsanteil wie für die vorhergehende Rente.

Freibetrag

Teil der Einkommensanrechnung bei Renten wegen Todes. Ein Einkommen in Höhe des Freibetrags hat keine Auswirkung auf die Höhe der Rente. Ein darüber hinausgehendes Einkommen wird zu 40 Prozent auf die Rente wegen Todes angerechnet.

Freistellungsvolumen

Maximalbetrag, bis zu dem bei Banken Freistellungsaufträge eingereicht werden können, zurzeit 801 Euro pro Person und Jahr. Auf die freigestellten Kapitalerträge wird keine Abgeltungsteuer einbehalten, sondern sie werden zu 100 Prozent an den Sparer ausgezahlt.

Fremdrentengesetz (FRG)

Das FRG dient in der Hauptsache der Eingliederung von Aussiedlern und Spätaussiedlern in die gesetzliche Rentenversicherung der Bundesrepublik.

Fünftelungsregelung

Kompliziertes Verfahren, mit dem für Einkünfte, die in mehreren Jahren erwirtschaftet wurden, aber in einem Jahr „zusammengeballt" versteuert werden müssen, der Steuersatz ermäßigt wird, indem die Einkünfte rechnerisch sozusagen auf fünf Jahre verteilt werden. Die Fünftelungsregelung kommt beispielsweise zur Anwendung, wenn in einem Jahr eine Rentennachzahlung für mehrere vorhergehende Jahre vereinnahmt wird.

Gesamtleistungsbewertung

Durch die Gesamtleistungsbewertung wird die Bewertung der beitragsfreien Zeiten geregelt.

Grundsicherung

Die Grundsicherung ist als Existenzsicherung bei voller Erwerbsminderung und im Alter gedacht. Erreicht die eigene Rente nicht eine bestimmte Höhe, dann fügen die Rentenversicherungsträger dem Rentenbescheid einen Antrag auf Grundsicherung bei.

Hinzuverdienstgrenzen

Es sind die Grenzen, die den unschädlichen Hinzuverdienst bei Renten angeben. Ein Überschreiten der Hinzuverdienstgrenzen führt, abhängig von der Höhe, zu einer teilweisen Minderung der Rente beziehungsweise zu deren Wegfall.

Krankenversicherung der Rentner (KVdR)

Rentner, die in einer gesetzlichen Krankenkasse oder in einer Ersatzkasse versichert sind und bestimmte anwartschaftsrechtliche Voraussetzungen erfüllen, werden mit dem Rentenbezug in der Krankenversicherung der Rentner versicherungspflichtig. Der Beitragssatz bei einem Pflichtversicherten bestimmt sich nach dem allgemeinen Beitragssatz der gesetzlichen Krankenkasse oder Ersatzkrankenkasse, in der er versichert ist. Mit Stand Januar 2014 sind es 15,5 Prozent der Rente, der Anteil des Rentenversicherungsträgers beträgt 7,3 Prozent. Den Rest trägt der Rentner. Hinzu kommt der Beitrag zur Pflegeversicherung, der 2,05 Prozent (Rentner mit Elterneigenschaft) beträgt. Bei Rentnern ohne Elterneigenschaft beträgt der Beitragssatz 2,30 Prozent. Der Beitrag des pflichtversicherten Rentners wird automatisch vom Rentenversicherungsträger einbehalten. Ist jemand privat versichert oder freiwillig bei einer gesetzlichen Krankenkasse oder Ersatzkasse, so zahlt ihm der Rentenversicherungsträger auf Antrag einen

Beitragszuschuss in Höhe von derzeit 7,3 Prozent, höchstens die Hälfte des Beitrags zur privaten Krankenversicherung.

Leibrenten
Renten, die bis zum Lebensende der berechtigten Person gezahlt werden. Zeitrenten bzw. abgekürzte Leibrenten werden dagegen nur für eine im Vorhinein festgelegte Maximaldauer gezahlt.

Nachgelagerte Besteuerung
Bei der nachgelagerten Besteuerung von Alterseinkünften werden die in der Ansparphase gezahlten Beiträge steuerlich entlastet; die später bezogene Rente/Pension ist folgerichtig in voller Höhe steuerpflichtig. Durch das Alterseinkünftegesetz werden gesetzliche Renten und sogenannte Rürup-Renten sukzessive auf die nachgelagerte Besteuerung umgestellt. Für sogenannte Riester-Renten gilt sie bereits von Anfang an.

Nettorente
Rente nach Abzug der Beiträge zur Kranken- und Pflegeversicherung.

Nichtveranlagungsbescheinigung
Bescheinigung, dass die betreffende Person (bzw. die Ehegatten) nicht verpflichtet ist, sich zur Einkommensteuer veranlagen zu lassen. Es besteht dann keine Pflicht zur Abgabe einer Einkommensteuererklärung. Die Nichtveranlagungsbescheinigung (NV-Bescheinigung) gilt für jeweils drei Jahre. Die Banken, denen eine NV-Bescheinigung vorgelegt wird, behalten für die betreffende Person (bzw. die Ehegatten) keine Abgeltungsteuer ein.

Persönliche Entgeltpunkte (PEP)
Die persönlichen Entgeltpunkte sind Teil der Rentenformel. Sie errechnen sich aus der Summe aller Entgeltpunkte und dem Zugangsfaktor.

Pflegeversicherung der Rentner (PVdR)

Zusammen mit dem Beitrag zur Krankenversicherung der Rentner wird auch der Beitrag zur Pflegeversicherung einbehalten. Einen Zuschuss zur Pflegeversicherung gibt es vom Rentenversicherungsträger nicht.

04

Regelaltersgrenze

Mit Erreichen der Regelaltersgrenze können Sie die Regelaltersrente in Anspruch nehmen, wenn Sie über die Mindestversicherungszeit von 60 Beitragsmonaten (Wartezeit) verfügen. Für Geburtsjahrgänge 1946 und früher lag die Regelaltersgrenze beim 65. Geburtstag. Für Geburtsjahrgänge 1947 bis 1963 wird die Regelaltersgrenze schrittweise auf das 67. Lebensjahr angehoben. Neben der Regelaltersrente kann unbegrenzt hinzuverdient werden.

Rentenanwartschaft

Die Rentenanwartschaft ist der erworbene Rentenanspruch zu einem bestimmten Zeitpunkt aufgrund der bis dahin erworbenen rentenrechtlichen Zeiten, ohne dass eine Rente gezahlt wird.

Rentenartfaktor

Der Rentenartfaktor (RAF) ist Teil der Rentenformel und regelt das Sicherungsziel der jeweiligen Rentenart. So haben zum Beispiel die Altersrenten und die Renten wegen voller Erwerbsminderung mit Lohnersatzfunktion den Rentenartfaktor 1,0. Die Rente wegen teilweiser Erwerbsminderung hat eine Lohnzuschussfunktion und den Rentenartfaktor 0,5.

Rentenformel

Die Rentenformel besteht aus vier Faktoren: Entgeltpunkte x Zugangsfaktor x Rentenartfaktor x aktueller Rentenwert bzw. aktueller Rentenwert (Ost).

Rentenfreibetrag
Für gesetzliche Renten und sogenannte Rürup-Renten wird vom Finanzamt im zweiten Jahr des Rentenbezugs ein Rentenfreibetrag ermittelt und festgesetzt. In dieser Höhe ist die betreffende Rente für den Rest des Lebens von der Einkommensteuer befreit.

Rentensplitting
Das Rentensplitting ist dem Versorgungsausgleich nachempfunden. Die Ehepartner/Lebenspartner einer eingetragenen Lebenspartnerschaft können unter bestimmten Umständen die während der Ehezeit/Partnerschaftszeit erworbenen Rentenansprüche so gegeneinander ausgleichen, dass beide über den gleichen Rentenanspruch verfügen.

Rentnerausweis
Der Rentnerausweis ist ein Beleg darüber, dass eine Rente gezahlt wird. Er ist als Anlage im Rentenbescheid und in der Rentenanpassungsmitteilung enthalten.

Rentnerquotient
Der Rentnerquotient ist Teil der Rentenanpassungsformel. Er zeigt das Verhältnis der Zahl der Rentner zur Zahl der Beitragszahler. Nimmt die Zahl der Beitragszahler in Relation zur Zahl der Rentner ab, führt das zu einer geringeren Rentenanpassung. Erfolgt die Entwicklung umgekehrt, führt das grundsätzlich zur Erhöhung der Renten.

RV-Altersgrenzenanpassungsgesetz
Mit dem RV-Altersgrenzenanpassungsgesetz vom 20.4.2007 wurde die gesetzliche Grundlage für die Anhebung der Regelaltersgrenze auf das 67. Lebensjahr geschaffen. Die Anhebung dient der Anpassung an die demografische Entwicklung und der Stärkung der Finanzierungsgrundlagen der gesetzlichen Rentenversicherung. Das Gesetz trat am 1.1.2008 in Kraft.

Sonderausgaben

Sonderausgaben werden bei der Ermittlung des Einkommens zugunsten der betreffenden Person von den Einkünften abgezogen. Besonders wichtig – da stets in voller Höhe abziehbar – sind die Basis-Krankenversicherungsbeiträge und die Beiträge zur Pflegepflichtversicherung sowie die gezahlte Kirchensteuer. Der Höhe nach begrenzt abziehbar sind bestimmte Spenden und bestimmte andere Versicherungsbeiträge.

04

Sparerpauschbetrag

Für Erträge aus Zinsen, Dividenden und Wertpapiergewinnen können Anleger den jährlichen Sparerpauschbetrag in Anspruch nehmen. Die Höhe des Pauschbetrags liegt bei 801 Euro für Ledige bzw. 1.602 Euro für Verheiratete. Darüber hinausgehende Kapitalerträge unterliegen der Abgeltungsteuer. Mit dem Sparerpauschbetrag werden die Werbungskosten bei den Einkünften aus Kapitalvermögen in Höhe von 801 Euro je Person und Jahr pauschaliert. Das heißt, dieser Betrag wird bei der Ermittlung der Einkünfte stets abgezogen, egal wie hoch die tatsächlichen Werbungskosten sind.

Sterbevierteljahr

Als „Sterbevierteljahr" wird im Rentenrecht die Zeit vom Tod des Versicherten bis zum Ende des dritten Kalendermonats bezeichnet. Die Witwen-/Witwerrenten werden in dieser Zeit wie eine Altersrente mit dem Rentenartfaktor 1,0 berechnet. Während dieser Zeit erfolgt auch keine Einkommensanrechnung. Die Regelungen gelten auch für Lebenspartner einer eingetragenen Lebenspartnerschaft.

Steuerermäßigung

Steuerermäßigungen (beispielsweise für haushaltsnahe Beschäftigungsverhältnisse/Dienstleistungen oder Handwerkerleistungen) werden nicht bei der Ermittlung des Einkommens, sondern von der Steuerschuld abgezogen. Es wird sozusagen ein Teil der festzusetzenden Steuer – unabhängig vom individuellen Steuersatz – zurückgezahlt. Von Steuerermäßigungen profitieren daher besonders Menschen mit niedrigerem bis mittlerem Einkommen.

Umlageverfahren

Finanzierungsverfahren für die gesetzliche Rentenversicherung. Aus den aktuellen Beitragszahlungen, dem Bundeszuschuss und den sonstigen Einnahmen werden die aktuellen Ausgaben der Rentenversicherung wie zum Beispiel die Renten und die Rehabilitationsleistungen gezahlt.

Versorgungsausgleich

Beim Versorgungsausgleich werden im Zusammenhang mit einer Scheidung alle von den Ehepartnern während der Ehezeit erworbenen Versorgungs- und Rentenansprüche ausgeglichen, sodass beide Ehepartner über die gleichen Ansprüche verfügen. Die Regelungen gelten auch für Lebenspartner einer eingetragenen Lebenspartnerschaft.

Versorgungsfreibetrag

Der Freibetrag, der für vom früheren Arbeitgeber gezahlte Betriebsrenten und für Beamtenpensionen (= sogenannte Versorgungsbezüge) gewährt wird. Er wird durch das Alterseinkünftegesetz von zurzeit (Stand 2014; inklusive Zuschlag) maximal 2.496 Euro sukzessive auf 0 Euro (2040) abgesenkt.

Vollrente

Als „Vollrente" wird die volle Altersrente in Abgrenzung zur Teilrente bezeichnet. Zur Teilrentenzahlung kommt es immer dann, wenn die Rente aufgrund von Hinzuverdienst in verminderter Höhe gezahlt wird. Entsprechendes gilt auch für Erwerbsminderungsrenten.

Vorgelagerte Besteuerung

Bei der vorgelagerten Besteuerung von Alterseinkünften müssen die Beiträge in der Ansparphase aus voll versteuertem Einkommen geleistet werden. Die später bezogenen Renten sind folgerichtig weitgehend steuerbefreit; nur ein relativ geringer Ertragsanteil – dieser steht für die Verzinsung des angesparten Kapitals – muss versteuert werden. Die vorgelagerte Besteuerung gilt nur noch für private, ungeförderte Kapitallebens-/Rentenversicherungen.

04

Waisenrente

Anspruch auf Waisenrente haben die Kinder eines verstorbenen Versicherten bis zum 18. Lebensjahr, wenn dieser die allgemeine Wartezeit von 60 Beitragsmonaten erfüllt hat. Solange sich die Waise in Ausbildung befindet, wird die Waisenrente über das 18. Lebensjahr hinaus bis zum 27. Lebensjahr gezahlt. Wurde die Ausbildung durch Wehrpflicht oder Zivildienst unterbrochen, wird die Waisenrente für die weitere Dauer der Ausbildung im Umfang des geleisteten Dienstes über das 27. Lebensjahr hinaus gezahlt. Während des Bundesfreiwilligendienstes wird die Waisenrente für höchstens 18 Monate, in besonderen Fällen bis zu 24 Monate gezahlt. Zu den Kindern gehören auch Stiefkinder, Pflegekinder, die in den Haushalt des Verstorbenen aufgenommen waren, sowie Enkel und Geschwister, die im Haushalt des Verstorbenen lebten oder von ihm überwiegend unterhalten wurden. Die Waisenrente wird als Halbwaisenrente beim Tod eines Elternteils beziehungsweise als Vollwaisenrente beim Tod beider Elternteile gewährt. Bei über 18-jährigen Waisen sind Hinzuverdienstgrenzen zu beachten. Zwischen zwei Ausbildungsabschnitten wird die Waisenrente für maximal vier Monate, zum Beispiel zwischen Ende der Schulausbildung und Beginn des Studiums gezahlt.

Wartezeit

Um einen Rentenanspruch zu haben, muss, neben weiteren Voraussetzungen, eine bestimmte Wartezeit erfüllt werden. Das heißt, es muss eine Mindestversicherungszeit vorliegen, deren Höhe und Zusammensetzung von der Rentenart abhängig ist. Für die Regelaltersrente sind zum Beispiel 60 Beitragsmonate erforderlich. Für die Altersrente für langjährig Versicherte sind es 35 Jahre an rentenrechtlichen Zeiten. Außer Beitragszeiten werden dabei auch beitragsfreie Zeiten und Berücksichtigungszeiten berücksichtigt.

Werbungskosten

Werbungskosten können zugunsten des Steuerpflichtigen bei der Ermittlung der sogenannten Überschusseinkünfte (= die Einkünfte der Arbeitnehmer, Miet- und ähnliche Erträge, Kapitalerträge, sonstige Einkünfte) abgezogen werden.

Witwen- und Witwerrente

Anspruch auf Witwen-/Witwerrente hat der überlebende Ehepartner, wenn der verstorbene Ehegatte die allgemeine Wartezeit erfüllt hat oder diese als erfüllt gilt. Bei Tod des Ehegatten nach dem 31.12.1985 wird ein bestimmtes Einkommen, zum Beispiel aus Erwerbstätigkeit, angerechnet, soweit der Freibetrag überschritten wird. Der überlebende Ehegatte erhält eine „kleine" Witwen-/Witwerrente, es sei denn, er

• hat ein bestimmtes Lebensalter erreicht

oder

• ist erwerbsgemindert

oder

• erzieht ein eigenes Kind oder das des verstorbenen Versicherten, welches das 18. Lebensjahr noch nicht vollendet hat.

Es sind Hinzuverdienstgrenzen zu beachten. Die Regelungen gelten auch für Lebenspartner einer eingetragenen Lebenspartnerschaft.

Zeitrenten

Renten wegen Erwerbsminderung werden grundsätzlich als Zeitrenten gezahlt, wenn begründete Aussicht besteht, dass die Erwerbsminderung in absehbarer Zeit zu beheben ist. Eine Zeitrente beginnt frühestens mit dem siebten Monat nach Eintritt der Erwerbsminderung. Eine Dauerrente ist nur möglich, wenn unwahrscheinlich ist, dass die Erwerbsminderung behoben werden kann.

04

Zugangsfaktor

Der Zugangsfaktor ist Bestandteil der Rentenformel. Er wird mit den Entgeltpunkten multipliziert, woraus sich die persönlichen Entgeltpunkte ergeben. Der Zugangsfaktor bestimmt sich nach dem Alter bei Rentenbeginn. Wird eine Rente vorzeitig in Anspruch genommen, erfolgt eine Minderung (Malus) von 0,3 Prozent pro Monat der vorzeitigen Inanspruchnahme. Bei der Regelaltersrente ist der Zugangsfaktor 1,0. Wird eine Altersrente erst nach Vollendung der Regelaltersgrenze in Anspruch genommen, obwohl die Voraussetzungen für einen Anspruch vorgelegen haben, gibt es einen Bonus von 0,5 Prozent für jeden Monat der späteren Inanspruchnahme.

ADRESSEN DER VERBRAUCHER-
ZENTRALEN

Verbraucherzentrale Baden-Württemberg e. V.
Paulinenstraße 47, 70178 Stuttgart
Telefon 0 18 05/50 59 99 (0,14 €/min., Mobilfunkpreis maximal 0,42 €/min.), Telefax 07 11/66 91-50
www.vz-bawue.de

Verbraucherzentrale Bayern e. V.
Mozartstraße 9, 80336 München
Telefon 0 89/5 39 87-0, Telefax 0 89/53 75 53
www.verbraucherzentrale-bayern.de

Verbraucherzentrale Berlin e. V.
Hardenbergplatz 2, 10623 Berlin
Telefon 0 30/2 14 85-0, Telefax 0 30/2 11 72 01
www.vz-berlin.de

Verbraucherzentrale Brandenburg e. V.
Templiner Straße 21, 14473 Potsdam
Telefon 03 31/2 98 71-0, Telefax 03 31/2 98 71-77
www.vzb.de

Verbraucherzentrale des Landes Bremen e. V.
Altenweg 4, 28195 Bremen
Telefon 04 21/1 60 77-7, Telefax 04 21/1 60 77-80
www.verbraucherzentrale-bremen.de

Verbraucherzentrale Hamburg e. V.
Kirchenallee 22, 20099 Hamburg
Telefon 0 40/2 48 32-0, Telefax 0 40/2 48 32-2 90
www.vzhh.de

Verbraucherzentrale Hessen e. V.
Große Friedberger Straße 13–17, 60313 Frankfurt am Main
Telefon 0 18 05/97 20 10 (0,14 €/min., Mobilfunkpreis
maximal 0,42 €/min.), Telefax 0 69/97 20 10-40
www.verbraucher.de

Verbraucherzentrale Mecklenburg-Vorpommern e. V.
Strandstraße 98, 18055 Rostock
Telefon 03 81/2 08 70-50, Telefax 03 81/2 08 70 30
www.nvzmv.de

Verbraucherzentrale Niedersachsen e. V.
Herrenstraße 14, 30159 Hannover
Telefon 05 11/9 11 96-0, Telefax 05 11/9 11 96-10
www.verbraucherzentrale-niedersachsen.de

Verbraucherzentrale Nordrhein-Westfalen e. V.
Mintropstraße 27, 40215 Düsseldorf
Telefon 02 11/38 09-0, Telefax 02 11/38 09-2 16
www.vz-nrw.de

Verbraucherzentrale Rheinland-Pfalz e. V.
Seppel-Glückert-Passage 10, 55116 Mainz
Telefon 0 61 31/28 48-0, Telefax 0 61 31/28 48-66
www.verbraucherzentrale-rlp.de

Verbraucherzentrale des Saarlandes e. V.
Trierer Straße 22, 66111 Saarbrücken
Telefon 06 81/5 00 89-0, Telefax 06 81/5 00 89-22
www.vz-saar.de

04

Verbraucherzentrale Sachsen e. V.
Katharinenstraße 17, 04109 Leipzig
Telefon 03 41/6 96 29-0, Telefax 03 41/6 89 28 26
www.verbraucherzentrale-sachsen.de

Verbraucherzentrale Sachsen-Anhalt e. V.
Steinbockgasse 1, 06108 Halle
Telefon 03 45/2 98 03-29, Telefax 03 45/2 98 03-26
www.vzsa.de

Verbraucherzentrale Schleswig-Holstein e. V.
Andreas-Gayk-Straße 15, 24103 Kiel
Telefon 04 31/5 90 99-0, Telefax 04 31/5 90 99-77
www.verbraucherzentrale-sh.de

Verbraucherzentrale Thüringen e. V.
Eugen-Richter-Straße 45, 99085 Erfurt
Telefon 03 61/5 55 14-0, Telefax 03 61/5 55 14-40
www.vzth.de

Verbraucherzentrale Bundesverband e. V.
Markgrafenstraße 66, 10969 Berlin
Telefon 0 30/2 58 00-0, Telefax 0 30/2 58 00-5 18
www.vzbv.de

STICHWORTVERZEICHNIS

IMPRESSUM

Herausgeber
Verbraucherzentrale Nordrhein-Westfalen e. V.
Mintropstraße 27, 40215 Düsseldorf
Telefon: 02 11/38 09-5 55
Telefax: 02 11/38 09-2 35
Internet: www.vz-nrw.de
E-Mail: ratgeber@vz-nrw.de

Autoren:	Joachim Fox, Gudrun Reichert, Thomas Hammer
Herausgeber:	Dr. Frank Bräutigam
Koordination:	Wolfgang Starke
Lektorat:	Dr. Doris Mendlewitsch, Düsseldorf
	www.mendlewitsch.de
Produktion:	bretzinger : media.production, Baden-Baden
Satz:	typografie & layout, Evelyn Haller, Gaggenau
Gestaltungskonzept:	Ute Lübbeke, Köln, www.LNT-design.de
Umschlaggestaltung:	Ute Lübbeke, Köln, www.LNT-design.de
Umschlagfoto:	© Eric Audras/PhotoAlto/Corbis
Druck/Bindung:	Kraft Druck GmbH, Ettlingen
	Gedruckt auf 100 Prozent Recyclingpapier

Redaktionsschluss: 30. September 2014